中国石化公文处理实务手册

本书编委会◎编

ZHONGGUO SHIHUA GONGWEN CHULI SHIWU SHOUCE

规范的公文处理方法，是中国石化总部机关及企事业单位的**效能催化剂**，能够增加有效沟通，提高工作效率。

本手册总结了中国石化常用公文的**标准格式、行文技巧与注意事项**，所选范文注重针对性和实用性，对广大员工具有指导意义。

中国石化出版社
HTTP://WWW.SINOPEC-PRESS.COM

图书在版编目(CIP)数据

中国石化公文处理实务手册 / 本书编委会编. —北京：中国石化出版社，2017.3（2023.4重印）
中国石化员工培训教材
ISBN 978-7-5114-3626-9

Ⅰ.①中… Ⅱ.①中… Ⅲ.①石油化工企业—公文—写作—技术培训—教材 Ⅳ.①H152.3

中国版本图书馆CIP数据核字(2017)第032918号

中国石化出版社出版发行
地址:北京市东城区安定门外大街 58 号
邮编:100011 电话:(010)57512500
发行部电话:(010)57512575
http: //www. sinopec-press. com
E-mail: press@ sinopec. com
北京科信印刷有限公司印刷
全国各地新华书店经销
*
700 × 1000 毫米 16 开本 27.5 印张 409 千字
2017 年 4 月第 1 版 2023 年 4 月第 6 次印刷
定价：68. 00 元

前　言

公文处理是上情下达、下情上传的“桥梁”，在企业管理中发挥着重要作用。公文是“产品”，在一定程度上代表着单位形象，体现着干部员工素质，反映着工作的严细实程度，更关乎内部管理与对外沟通的效能。

公文具有规范体式。在掌握基本的生产经营管理知识的同时，还必须学习掌握公文特定的规范体式，遵守其标准和程序要求，才能为提高办文质量提供保证。近年来，中国石化办公厅在贯彻落实集团公司党组加强“三基”工作要求过程中，制定和修订一系列文件管理制度、规范标准、工作流程，同时适应国际化和现代化办公趋势，积极推进文件管理创新，有序实施公文无纸化和移动办公，制定中国石化公文格式标准，对严格和规范总部机关和企事业单位的办文程序、提高办文质量、加快文件流转、改进文风作风起到了促进作用。

出版一本符合企业实际，具有石化特点，权威性、指导性、操作性强的公文指导用书，对改进和加强中国石化的公文处理工作很有帮助。基于这种考虑，中国石化办公厅组织编撰了这本实务手册，既包括公文基础知识、常用公文写作要求、案例分析、问题举例等公文写作知识，又包括签报、工作表单以及工作总结、计划、介绍信等非法定公文写作等方面的内容，还附录了党政机关公文处理工作条例及相关标准、中国石化有关制度以及其他参考资料。相信这本书对于中国石化广大干部员工特别是办公室系统的同志会有很大帮助。

石油石化战线具有“三老四严”“四个一样”、精细严谨的光荣传统，公文处理工作应将这些传统和精神融入每一个环节。公文的作用和特点要求每一位干部员工严细认真、字斟句酌地对待公文和其他文字材料，做到严从细中来、实在严中求，追求过得硬、不求过得去。希望这本书能为加强中国石化公文处理工作、提升干部员工特别是办公室系统同志的公文处理水平发挥积极作用。

本书编委会

2017年1月

目　录

第一编　公文基础知识

第一章　公文概述

第二章　公文格式

第三章　行文规范要求

第六章 收文办理

第七章 电子文件

第二编　公文写作概述

第八章　常用公文写作

第九章　公文制发常见问题

第十章　公文案例分析与参考模板

第三编　非法定公文写作

第十一章　内部文书

第十二章　部分非法定公文

附　录

第一编

公文基础知识

本手册所讲公文，主要是指中共中央办公厅、国务院办公厅《党政机关公文处理工作条例》(中办发〔2012〕14号)中所定义的公文，也就是大家常见的红头文件，属法定公文。作为一种应用文，公文是中国石化及其所属机关部门和企事业单位进行公务活动的最具效力、最规范、最常用的重要工具。准确、高效、安全、保密地做好公文处理工作，对于提高管理效率、加强内部管控、促进科学决策和推动决策执行都具有十分重要的意义。从这个意义上讲，公文代表着一个企业的形象，体现着一个企业的管理质量、效率和水平，做好公文处理工作任务光荣、责任重大。因此，公文写作是中国石化系统各级机关工作人员必备的一项技能，特别是对于从事办公室工作的文秘人员而言，是一项基本技能，是本职职责，必须熟练掌握、娴熟运用，并努力打造公文“精品”工程，着力提升公文处理工作质量和水平，充分体现个人的素质能力和价值创造。本编将主要介绍公文基础知识。作为公文写作基础的基础，从事公文处理工作或有意掌握公文处理技能的干部员工，首要的任务是予以细读、掌握、领悟和运用，做到知其然并知其所以然。

第一章 公文概述

本章重点讲述公文的概念、特点、作用和文种，直接呈现出公文自身所具有的特点及排他性，强调公文与其他文书甚至文章的区别，有利于大家更好地认识公文、掌握公文和运用公文，帮助大家了解国家和中国石化对公文的基本要求。把握住公文的概念、特点和作用，就能真正地熟悉公文，更好地驾驭好公文这个从事机关工作的重要工具。

一、公文的概念

对于公文的概念，中共中央办公厅、国务院办公厅《党政机关公文处理工作条例》（中办发〔2012〕14号）中明确规定：党政机关公文是党政机关实施领导、履行职能、处理公务的具有特定效力和规范体式的文书，是传达贯彻党和国家方针政策，公布法规和规章，指导、布置和商洽工作，请示和答复问题，报告、通报和交流情况的重要工具。

中国石化以《党政机关公文处理工作条例》（中办发〔2012〕14号）为蓝本，结合实际，在《中国石化公文处理办法》（中国石化办〔2012〕394号）中明确指出：中国石化公文（包括电报）是在生产经营建设和管理过程中形成的具有法定效力和规范体式的文书，是传达贯彻党和国家的方针政策，发布规章制度，施行管理措施，指导、布置和商洽工作，请示和答复问题，报告、通报和交流情况的重要工具。由此可见，中国石化公文这个概念既来源于《党政机关公文处理工作条例》（中办发〔2012〕14号），又注重企业的实际效用，体现了中国石化公文的特点：一是强调“是在生产经营建设和管理过程中形成的具有法定效力和规范体式的文书”；二是结合实际，补充完善“施行管理措施”的行文要求，充分体现了中国石化对公文行文的实际需要。

在中国石化系统范围内，做好公文处理工作，必须牢记中国石化公文具备的“传达贯彻党和国家的方针政策，发布规章制度，施行管理措施，指导、布置和商洽工作，请示和答复问题，报告、通报和交流情况”六大功用。牢记了才能更好地应用，且不会发生偏差，以免贻误工作、延误时机。

二、公文的特点

公文的性质决定了公文所必有的特点，认识和掌握了公文的特点，能更加精准地领会公文、把握公文、撰写公文。对于公文的特点，有不少的观点和提法，从公文写作的角度，可以从以下七个方面去理解和把握：

（一）法定的权威性

中国石化制定的方针、政策、措施、规章制度等，主要是以中国石化公文形式发布的，凡是在中国石化职权范围内制发的公文，均代表本级机关的要求，体现本级机关领导和管理意图。中国石化公文中常用的决定、通知、通报、批复等下行文，是中国石化方针、政策、措施等管理意图的具体体现，代表中国石化行使职权、实施领导和指挥，要求所属企事业单位、机关部门必须严格遵照执行，并配套相应的纪律和行政措施持续加以约束和保证。因而，中国石化公文具有依法行政的权威性和依法依规管理的约束力。

（二）作者和读者的特定性

公文作者的特定性，是指公文的作者是法定的作者，即依法行使权力的中国石化、机关部门、企事业单位及其领导人，其他人员不得担任，否则，公文就不具有法定效力。因此，公文的落款并不是实际起草文稿的部门和文秘人员，公文作者也完全不同于一般文章作者。以领导人个人名义发布的公文，也不是以该领导人个人的私人身份发布，而是代表他所在的机关发布，该领导人是作为职权的代表制发公文的，例如公布令。公文读者的特定性，是指公文的读者对象是明确的、特定的，读者非读不可，该贯彻的贯彻、该落地的落地、该反馈的反馈，有着强有力的行政约束力。例如报告、请示是主送给上级机关的，上级机关办公室和领导人必须按程序进行处理；通知、批复是上级机关下达给下级机关的，受文下级机关必须遵照执行，必要时还需要报告贯彻执行情况。这些都不存在读者对象愿不愿处理的问题，均为岗位职责所使然，分内工作必须完成。

（三）主旨的直白性

简要而言，公文主旨的表述具有“直白性”的特点，不同于文学作品的主题，它是以事论理、据理明事，从具体的客观事实中直截了当地阐明行文机关的意图和指向，是什么，不是什么；赞成什么，反对什么，应当怎样行为，不应当怎样行为，都必须准确无误地明确地传达给受文机关。公文的主旨主要由目的和主张两个要素构成，其中目的是主张的依据，主张是目的的落实。实际工作中，因表达的需要，公文内容有时也可只取其一，未必俱全。例如《中共中央关于社会主义精神文明建设指导方针的决议》一文，其主旨为：适应新的形势，进一步明确社会主义精神文明建设的指导方针，加强这方面的工作，对于保证社会主义现代化建设事业的顺利发展，具有重大的现实意义和长远意义。这一主旨只交代出了行文的意图（目的）。因此，讲公文的“直白性”，就是强调公文的主旨表达必须把行文机关的目的、观点、理念、思想、意图、措施，用简洁明了的语言在公文中直截了当、开宗明义、清楚明白地表述出来，而绝不能含蓄蕴藉、绕弯子、有歧义，让受文机关不得要领。

（四）材料的真实性

讲公文材料的真实性，主要是指公文所选用的一切材料必须客观、真实、准确，体现实践性和时代性。因为公文是传达和贯彻党和国家方针政策、中国石化决策部署的重要工具，是用来指导实践、推动工作、处理实际问题的严肃文件。它所选用的材料，无论是现实材料还是历史材料，理论材料还是事实材料，都要有根有据，都必须是客观存在的事实上的真实，既不能夸大或缩小，也不能虚美或溢恶。它不仅要求所写的人名、地名、时间、数字、引文等必须准确无误，而且要求所选用的事例、情况、背景等材料也必须真实可靠、符合实际，绝不允许臆造虚构。例如：通报这种公文，不论是表彰性的、批评性的，还是情况性的，均涉及到对人对事的定性问题。因此，对所表述的具体事实乃至细节应反复进行核实核对，绝不可马马虎虎、敷衍了事，确保无误。一旦失误，影响面是非常大的。

（五）程式的规范性

中国石化公文经过长期的理论创新和实践积累，逐渐形成了当前比较固定的规范程式。例如：公文格式、行文规则、行文关系等。《党政机关公文处理工作条例》（中办发〔2012〕14号）作了明确规定，国家专门出台了《党政机关公文格式》（GB/T 9704—2012），中国石化正在制定《中国石化公文处理规范》企业标准，各级机关和部门必须严格遵照执行，关键是各级办公室工作人员要深刻领会、准确把握、规范使用，不得违反。不同的公文文种，其习惯用语也不相同，例如：报告的结尾惯用语是“特此报告”，而请示的结尾语则是“请予批复”“妥否，请批复”等，绝不能混用。公文的这种特定的规范程式是公文长期写作经验的结晶，是公文权威性和时代性在形式上的体现，也是时代发展、精细管理、聚焦质量、提高效率之必然。掌握和遵循这些规范的程式，便于写作，便于阅读，便于用它处理和解决相应的实际问题，有利于公文处理的标准化、制度化和科学化管理，有利于提高办事效率，有利于公文的分类、归档和查询等。

（六）语言的严肃性

中国石化公文以传达贯彻党和国家的方针政策、发布规章制度、施行管理措施等为主要内容，具有法定的权威性，是企业生产经营管理等活动的准绳，所以在语言表达上具有庄重严肃的格调，容不得半点含糊其辞、模棱两可。这种庄重严肃具体表现在公文语言的确切、简明和平实上。

1. 用语确切。就是指语言要合乎事实、合乎逻辑、合乎语法，判断要准确，推理要周严，所用引语和数据等要精确无误。在词语方面，要使用规范化的书面语汇，慎用或少用口语、方言，多用直言义，少用婉言义；在句式方面，多用完全句，少用省略句，选用的修饰和限制成分要恰当。

2. 用语简明。就是指语言要简洁明快，用精练的文字表达最丰富最明确的内容，杜绝一切大话空话套话。在了解意义和用法的前提下，可以正确使用惯用语、简称和文言词。

3. 用语平实。就是指语言要平易朴实，通俗易懂，自然无华。在行文时，一般不用抒情、描写等表达方式，不追求华丽的词藻，忌用夸张、双关、反复、象征等修辞手法。

（七）效用的时限性

公文是依法行政和进行公务活动的重要工具，为解决实际问题和为现实工作服务的，因此公文的撰写、传递或传输、处理均有时间上的要求和限制，延误了时间，便贻误工作，失去自身价值。如规章制度类和行政措施类公文，均明确规定了生效时间；针对某些紧急情况作出的决定等必须限时发出、限期送达与处理。当然，公文时间上的限制或长或短，一旦客观情况发生了变化，该公文就有可能失去现实的效用，发文机关应视情况及时做出调整，或者部分执行，或者暂停执行，或者明令废除。

三、公文的作用

中国石化公文是中国石化及其所属机关部门和企事业单位在处理公务活动中形成有着特定的效能和广泛用途的文书。从这个意义上讲，可从以下五个方面认识和把握其作用。

（一）规范和准绳

载明中国石化规章制度及其他有行政约束力的管理措施，是所属机关部门和企事业单位组织各项工作、开展各项活动的基本依据。例如发布的令，作出的决定，或制定的章程、规定、办法、细则，等等。这些公文一经制定和发布生效，就必须坚决执行，具有规范约束作用。

（二）领导和指导

通过公文表达上级机关领导和管理意图，组织、协调、指挥、指导下级开展工作。如公文中的决定、通知、批复、意见等均起这个作用。

（三）联系和关照

在上下级、平级和相互不隶属机关间互通情况，联络工作，商洽事务，沟通信息。例如通过“函”的形式，互相了解情况，请求批准等。

（四）宣传和教育

宣传道理，阐明意义，进行宣传、教育、动员、启示。例如决定、通知、通告、公告等。

（五）凭证和史料

公文具有法定效力，可以作为办事的依据、工作的指针以及联系工作事项和开展公务活动的书面依据，立此存照，使公文的效力突破时空限制，而且精确无误；真实地记载一个时期单位生产经营管理等活动，归档后成为可靠的史料。如会议纪要、函等，还具有某项活动和公务联系的凭证作用。

第二章 公文格式

公文格式是公文规范化、标准化、制度化的重要体现，是直观评价一份公文质量高低的主要内容和标准之一。通常，将版心内的公文格式各要素划分为版头、主体、版记三部分。公文首页红色分隔线以上的部分称为版头；公文首页红色分隔线（不含）以下、公文末页首条分隔线（不含）以上的部分称为主体；公文末页首条分隔线以下、末条分隔线以上的部分称为版记。页码位于版心外。本章所讲公文格式是结合中国石化实际，对《党政机关公文格式》（GB/T 9704—2012）的细化和具体化，更具操作性和实用性。实际工作中，公文格式不需要单位或个人发挥，牢记格式规范和标准并遵照执行即可。下面主要对中国石化公文的版头、主体、版记进行阐述。

一、版头

（一）文件份数序号

如需标注份号，一般用6位黑体阿拉伯数字，顶格编排在版心左上角第一行。

（二）密级、保密期限和知悉范围

经认定后的保密事项，应按相应类别、级别进行密级、保密期限和知悉范围的标识。密级和保密期限使用3号黑体字，顶格编排在版心左上角第二行；保密期限中的数字用阿拉伯数字标注；国家秘密事项的密级和保密期限用“★”隔开。如秘密级的国家秘密2年则标识为“秘密★2年”。未标明保密期限的国家秘密，绝密、机密、秘密级的分别按照30年、20年、10年认定。

商业秘密标识由权属单位简称（如“中国石化”）、密级、保密期限三部分组成。中国石化商业秘密分为核心商业秘密和普通商业秘密两级。如：中国石化核心商业秘密5年则标识为“中国石化 商密▲▲5年”，中国石化普通商业秘密3年“中国石化 商密▲3年”；未标明保密期限的商业秘密事项，其保密期限分别为核心商业秘密20年，普通商业秘密10年。不可预见时限的商业秘密应确定为“长期”或者“公布前”。

知悉范围应当在文件上标明。

中国石化核心商业秘密，参照国家秘密事项管理标准进行管理。

（三）紧急程度

如需标注紧急程度，一般用黑体字，顶格编排在版心左上角。如需同时标注份号、密级和保密期限、紧急程度，按照份号、密级和保密期限、紧急程度的顺序自上而下分行排列。

（四）发文机关标志

居中排布，页面上边缘至版心上边缘为35毫米。推荐使用小标宋体字（中国石化结合实际，总部公司层级和部门层级文件的发文机关标志一般使用文鼎CS长美黑体字），颜色为红色，字号应当不大于上级机关的发文机关标志字号，以醒目、美观、庄重为原则。

联合行文时，如需同时标注联署发文机关名称，一般应当将主办机关名称排列在前，其他机关按照党、政、群的顺序排列，上下居中排布；如有“文件”二字，应当置于发文机关名称右侧，以联署发文机关名称为准，上下居中排布。

（五）发文字号

年份、发文顺序号用阿拉伯数字标注。年份应当标全称，用六角括号“〔 〕”括入；发文顺序号不加“第”字，不编虚位（即1不编为01），在阿拉伯数字后加“号”字。

普发性公文的发文字号编排在发文机关标志下空二行位置，居中排布；上行文的发文字号居左空一字编排，与最后一个签发人姓名处在同一行。

（六）签发人

由“签发人”三字加全角冒号和签发人姓名组成，居右空一字，编排在发文机关标志下空二行位置。“签发人”三字用仿宋体字，签发人姓名用楷体字。

如有多个签发人，签发人姓名按照发文机关的排列顺序从左到右、自上而下依次均匀编排，一般每行排两个姓名，回行时与上一行第一个签发人姓名对齐。

（七）版头中的分隔线

发文字号之下4毫米处居中印一条与版心等宽的红色分隔线，推荐高度为0.3～0.5毫米。

二、主体

（一）标题

一般用2号小标宋体字（中国石化总部公司层级和部门层级文件的发文标题一般使用方正大标宋体字），编排在红色分隔线下空二行位置，分一行或者多行居中排布。回行时，做到词意完整，排列对称，长短适宜，间距恰当。多行标题排列应当使用正梯形、倒梯形或者菱形，不采用上下长度一样的长方形和上下长、中间短的沙漏形。

标题中，除法规办法、规章制度可使用书名号或特指词使用引号外，一般不得使用其他标点符号，可使用“和”“等”“及”“暨”“以及”或空格等替代标点符号，也可使用断行的方式省略。如是“试行”的法规办法、规章制度，“试行”两字应在圆括号“（ ）”内放在标题后书名号内。两个词义相同、不易混淆的词语之间，勿使用顿号“、”。

（二）主送机关

编排在标题下空一行位置，居左顶格，回行时仍顶格，最后一个机关名称后标全角冒号。如主送机关名称过多导致公文首页不能显示正文时，应当将主送机关名称移至版记部分。

（三）正文

公文首页必须显示正文。一般用仿宋体字，编排在主送机关名称下一行，每个自然段左空二字，回行顶格。文中结构层次序数依次可以用“一、”“（一）”“1.”“（1）”标注，特殊情况下可以作适当调整；标点符号应当符合排版规则，数字、年份不拆行。

批转、转发的公文另页编排。

（四）成文时间

成文日期一般右空四字编排，成文日期用阿拉伯数字将年、月、日标全，年份应当标全称，月、日不编虚位（即1不编为01）。

（五）印章

印章用红色，单一机关行文时，一般在成文日期之上、以成文日期为准居中编排发文机关署名，印章端正，印章顶端应当上距正文（或者附件说明）一行之内。

联合行文时，一般将各发文机关署名按照发文机关顺序整齐排列在相应位置，印章之间排列整齐、互不相交或者相切。

当公文排版后，所剩空白处不能容下印章位置时，应采用调整行间距、字间距的措施予以解决，务使印章与正文同处一页，不得采用标识“此页无正文”的方法解决。

（六）附件说明和附注

如有附件，在正文下空一行、左空二字编排“附件”二字，后标全角冒号和附件名称。如有多个附件，使用阿拉伯数字标注附件顺序号（如“附件：1.×××”）；附件名称后不加标点符号。附件名称较长需回行时，应当与上一行附件名称的首字对齐。

附件应当另面编排，并在版记之前，与公文正文一起装订。“附件”二字及附件顺序号用三号黑体字加粗顶格编排在版心左上角第一行，不加冒号。

附件标题居中编排在版心第三行。附件顺序号和附件标题应当与附件说明的表述一致。附件格式要求同正文。如附件与正文不能一起装订，应当在附件左上角第一行顶格编排公文的发文字号并在其后标注“附件”二字及附件顺序号。

如有附注，居左空二字加圆括号编排在成文日期下一行。

（七）页码

一般用4号半角宋体阿拉伯数字，编排在公文版心下边缘之下，数字左右各放一条一字线；一字线上距版心下边缘7 毫米。单页码居右空一字，双页码居左空一字。公文的版记页前有空白页的，空白页和版记页均不编排页码。公文的附件与正文一起装订时，页码应当连续编排。

（八）公文中的横排表格

A4纸型的表格横排时，页码位置与公文其他页码保持一致，单页码表头在订口一边，双页码表头在切口一边。

（九）公文中计量单位、标点符号和数字的用法

公文中计量单位的用法应当符合GB 3100、GB 3101和GB 3102（所有部分），标点符号的用法应当符合GB/T 15834，数字用法应当符合GB/T 15835。

其中，汉语数字通常指“一、二、三、四、五、六、七、八、九、十”及其大写“壹、贰、叁、肆、伍、陆、柒、捌、玖、拾”。汉字数字使用的一般规定是定性的词、词组、成语、惯用语、缩略语或具有修辞色彩的词语中作为语素的数字，必须使用汉字。例如：二万五千里长征、三心二意、第三季度、十六届三中全会等等。中国的历史纪年、干支纪年、夏历月日、各民族非公历纪年等，均使用汉字，如：万历十五年、丙寅年十月十八日等。有时为了表达更加明白，在它们的后面用阿拉伯数字括注公历。例如：藏历阳木龙年八月二十六日（1964年10月1日）等。含有月日简称表示事件、节日或其他特定意义的词组，应用汉字数字。如果涉及一月、十一月、十二月，为避免歧义，要将表示月和日

的数字用间隔号“·”隔开，并外加引号。如：“一·二八”事变（1月28日）、“一二·九运动”（12月9日）等。涉及其他月份时，不用间隔号，是否使用引号，视事件的知名度而定。如五四运动、十一国庆节、“九一三”事件等。相邻的两个数字并列连用表示概数的，须使用汉字数字。连用的两个数字之间不能用顿号隔开，例如：三四天、五六米、四十五六岁等等。用“几”“多”“余”“左右”“上下”“约”等表示约数时，使用汉语数字。例如：几千年、百多次、八万左右、三十上下、约五十人等。如果文中出现一组具有统计意义和比较意义的数字，用“多”“约”等表示约数时，为保持局部体例上的一致，其约数也可以使用阿拉伯数字。例如：拿出近2000万元，调拨钢材3000多吨、水泥3万多吨、柴油1400吨等等。

阿拉伯数字使用的一般规定：公历世纪、年代、年、月、日、分、秒，要求使用阿拉伯数字。例如：公元前9世纪、20世纪80年代、公元1949年10月1日、15时20分45秒等等。年份一般不用简写，例如2005年，不应简写成05年。统计表中的数值，如正负整数、小数、百分比、分数、比例等，必须使用阿拉伯数字。物理量量值必须使用阿拉伯数字，并正确使用法定计量单位。如：300kg、15cm、35℃等。如果是多位的数字，不能换行。非物理量，也应使用阿拉伯数字，例如235元等等。公文编号、公文的成文时间、证件号码和其他序号，须使用阿拉伯数字。例如中国石化党组〔2016〕298号文件、90号汽油等等。引文标注中的版次、卷次、页码，除古籍应与所据版本一致外，一般要使用阿拉伯数字。例如：列宁《新生的中国》，见《列宁全集》中文2版，第22卷，208页，北京，人民出版社，1990。表示数字的范围，例如：3万～8万，不能写成“3–8万”；3日～5日，不能写成“3–5日”；5%～15%，不能写成“5～15%”。

三、版记

（一）抄送机关

如有抄送机关，一般用4号仿宋体字，在印发机关和印发日期之上一行、左右各空一字编排。“抄送”二字后加全角冒号和抄送机关名称，回行时与冒号后的首字对齐，最后一个抄送机关名称后标句号。

如需把主送机关移至版记，编排方法同抄送机关。既有主送机关又有抄送机关时，应当将主送机关置于抄送机关之上一行，之间不加分隔线。

版记中的分隔线：版记中的分隔线与版心等宽，首条分隔线和末条分隔线用粗线（推荐高度为0.35毫米），中间的分隔线用细线（推荐高度为0.25毫米）。首条分隔线位于版记中第一个要素之上，末条分隔线与公文最后一面的版心下边缘重合。

对于决定这种文种，一般将主送单位标记在版记内。

（二）印发机关和印发日期

一般用4号仿宋体字，编排在末条分隔线之上，印发机关左空一字，印发日期后加“印发”二字右空一字，用阿拉伯数字将年、月、日标全，年份应当标全称，月、日不编虚位（即1不编为01）。

版记中如有其他要素，应当将其与印发机关和印发日期（或者翻印机关和翻印日期）用一条细分隔线隔开。

四、公文的特定格式

（一）信函格式

发文机关标志使用发文机关全称或者规范化简称，居中排布，上边缘至上页边为30毫米，推荐使用红色小标宋体字。联合行文时，使用主办机关标志。

发文机关标志下4 毫米处印一条红色双线（上粗下细），距下页边20毫米处印一条红色双线（上细下粗），线长均为170 毫米，居中排布。

如需标注份号、密级和保密期限、紧急程度，应当顶格居版心左边缘编排在第一条红色双线下，按照份号、密级和保密期限、紧急程度的顺序自上而下分行排列，第一个要素与该线的距离为3号汉字高度的7/8。

发文字号顶格居版心右边缘编排在第一条红色双线下，与该线的距离为3号汉字高度的7/8。

标题居中编排，与其上最后一个要素相距二行。

第二条红色双线上一行如有文字，与该线的距离为3号汉字高度的7/8。

首页不显示页码。

版记不加印发机关和印发日期、分隔线。

（二）纪要格式

纪要标志由“××纪要”组成，居中排布，上边缘至版心上边缘为35 毫米，推荐使用红色小标宋体字。

标注出席人员名单，一般用3号黑体字，在正文或附件说明下空一行左空二字编排“出席”二字，后标全角冒号，冒号后用3号仿宋体字标注出席人单位、姓名，回行时与冒号后的首字对齐。

标注请假和列席人员名单，除依次另起一行并将“出席”二字改为“请假”或“列席”外，编排方法同出席人员名单。

纪要格式可以根据实际制定。其中，中国石化总部公司级纪要主要有两种格式，一种是党组会、董事长办公会、总经理办公会、总裁办公会、总经理总裁联席办公会的会议纪要格式（以下统称办公会纪要），另一种是中国石油化工集团公司和中国石油化工股份有限公司的专题会议纪要格式（以下统称专题会纪要）。办公会纪要和专题会纪要在格式方面的主要区别在于列出席人员名单时的细微差别，前者多因研究若干事项，每个事项参会人员不尽相同，需要分事项列出出席人员名单；后者则为专题会议，直接列出出席人员名单。中国石油化工集团公司各企事业单位、中国石油化工股份有限公司各分（子）公司会议纪要，可根据各自实际需要制定格式。

五、公文用纸幅面尺寸及版面要求

（一）公文用纸

公文用纸一般使用纸张定量为60 g/m^2～80 g/m^{2}的胶版印刷纸或复印纸。纸张白度80%～90%，横向耐折度≥15次，不透明度≥85%，pH值为7.5～9.5。

（二）幅面尺寸

公文用纸采用《印刷、书写和绘图幅面尺寸》GB/T 148—1997中规定的A4型纸，其成品幅面尺寸为：210 毫米×297 毫米。

（三）版面

1. 页边与版心尺寸。公文用纸天头（上白边）为37 毫米±1 毫米，公文用纸订口（左白边）为28毫米±1毫米，版心尺寸为156 毫米×225 毫米。

2. 字体和字号。如无特殊说明，公文格式各要素一般用3号仿宋体字。特定情况可以作适当调整。

3. 行数和字数。一般每面排22行，每行排28个字，并撑满版心。特定情况可以作适当调整。

4. 文字的颜色。如无特殊说明，公文中文字的颜色均为黑色。

（四）印制装订要求

1. 制版要求。版面干净无底灰，字迹清楚无断划，尺寸标准，版心不斜，误差不超过1毫米。

2. 印刷要求。双面印刷。页码套正，两面误差不超过2毫米。黑色油墨应当达到色谱所标BL100%，红色油墨应当达到色谱所标Y80%、M80%。印品着墨实、均匀；字面不花、不白、无断划。

3. 装订要求。公文应当左侧装订，不掉页，两页页码之间误差不超过4毫米，裁切后的成品尺寸允许误差±2毫米，四角成90度，无毛茬或缺损。

骑马订或平订的公文应当：订位为两钉外订眼距版面上下边缘各70 毫米处，允许误差±4毫米；无坏钉、漏钉、重钉，钉脚平伏牢固；骑马订钉锯均订在折缝线上，平订钉锯与书脊间的距离为3毫米～5毫米。

包本装订公文的封皮（封面、书脊、封底）与书芯应吻合、包紧、包平、不脱落。

第三章 行文规范要求

公文处理是一项制度化、程序化、精细化程度很高的工作，也是一项知识面较广专业性较强的业务。做好这项工作，除宏观上对上级机关、本级机关和下级机关的阶段性目标任务、理念措施、部署要求等一揽子材料有较全面的学习和掌握，微观上掌握本单位各路工作总体目标、思路和情况外，还需要扎实娴熟地运用行文规范要求，只有这样，才能具备胜任公文处理岗位的基本条件。遵守公文行文规范要求，有利于明确公文传递的正确方向、防止不必要的流转过程、最大程度地缩短行文时间，提高机关工作整体效能，杜绝无价值公文的产生。本章将就隶属关系、行文关系、行文方式、行文规则、拟制程序及公文保密工作等一系列行文规范要求进行讲述，让大家系统全面地进行学习和掌握，进一步加深对公文处理工作的认识和把握。

一、隶属关系

隶属关系也称管辖关系，有直接隶属关系和间接隶属关系之分。因此，具体实践中，要清楚直接隶属、间接隶属和不相隶属等三种隶属关系，准确掌握和区分这三种隶属关系，以更好地确定行文关系，进一步增强行文的方向性和精准性。例如：

（一）纵向上

国务院对省、自治区、直辖市人民政府构成直接隶属关系，对省级以下各级人民政府构成间接隶属关系，而对省级以下各机关有关业务部门就没有隶属关系。省、自治区、直辖市的各业务部门和机构是该机关行使职权处理有关业务的部门，直接为所属机关工作服务，对其所属机关负责，接受所属机关直接领导，这就构成直接隶属关系。此外，各级业务部门和机构还在全国整个业务系统内组成了一个由上而下的垂直领导结构，建立了自上而下的业务联系，或叫业务指导关系，例如国家财政部对省属财政厅、省属财政厅对市属财政局就有业务指导关系。从上下级机关之间来说，上级机关的业务部门有责任对下级机关的业务部门进行业务联系。业务部门由于受所属机关领导，因而对所属机关具有直接隶属关系，对下级机关不具有隶属关系，而对下级机关的所属业务部门就有隶属关系。对业务部门工作的领导，最直接最经常的还是由所隶属的机关进行，但又不排除所隶属业务部门的领导关系。

（二）横向上

省与省统属中央管辖，因而具有平行关系。省政府机关各部门统属省政府管辖，也具有平行关系。省属局与市属局若不是同一业务系统则没有隶属关系。同样，省政府机关某业务部门与市政府机关某业务部门若不是同一业务系统也没有隶属关系。

上述举例为国家和省级层面的，同理，在中国石化系统也存在着直接隶属、间接隶属和不相隶属等三种隶属关系，大家一定要熟悉掌握和准确区分。

二、行文关系

拟制一份公文，一项重要的任务是明确其受众，也就是通常所说的要确定向谁行文。从这个意义上讲，就不得不对行文关系加以解释和说明。通常所讲的行文关系是指同一组织系统内和非同一组织系统间机关公文的授受关系，它是由机关组织体系和职权范围来确定的。具体到中国石化而言，就是指总部与机关各部门、各企事业单位之间，机关各部门与各企事业单位之间，以及总部、机关各部门、各企事业单位与系统外组织机关和部门之间的公文授受关系。行文关系规定和约束着公文按照一定的方向和程序运行，只有确定正确的行文关系，才能有助于正常地指导生产经营和管理工作，提高机关工作效率和质量。一般来讲，行文关系主要有三种：一是上下级关系，即领导、隶属和被领导、被隶属的关系；二是平级关系，即同一组织系统中的同级关系；三是不相隶属关系，即非同一组织系统的机关之间与部门之间的关系。根据上述行文关系，可以确定以下三种行文方向：

（一）上行文

是指在垂直的领导、隶属系统和业务指导中，下级机关向上级机关的行文，通常使用的文种有“请示”“报告”“意见”等。例如：“请示”文种，中国石化集团胜利石油管理局对中国石油化工集团公司是最直接的隶属关系，无疑只能使用“请示”；中国石化集团胜利石油管理局对国务院国资委具有间接的隶属关系，只有在特殊必要时方可越过直接上级机关中国石油化工集团公司对其使用上行文，但必须同时报送中国石油化工集团公司。

（二）平行文

是指平级关系机关和不相隶属关系机关之间的行文，通常使用的文种有“函”“意见”。例如：中国石油化工集团公司机关的各部门是同属中国石油化工集团公司领导的平级部门，应使用平行文。

（三）下行文

是指上级领导机关对所属下级机关的行文，通常使用的文种有“通知”“批复”“通报”“意见”等。下行文可以依据隶属关系，根据不同的情况，采用逐级、多级的行文方式。

当然，在实际工作中特别是企业总要面对地方政府及其行政管理部门等，出于习惯、约定俗成、行平行文易受非公文因素影响等原因，未能严格按照行文关系行文。这就要求办公厅（室）文秘人员除了严格按照行文关系、保证工作顺利开展外，还要多加宣传和引导，使得行文过程中涉及的相关人员懂得行文关系、理解行文关系，以期更好地争取支持配合企业做好公文处理工作。

三、行文方式

行文方式就是根据中国石化行文关系、行文方向、公文性质和职权范围等确定的公文发布、传递的层次与形式。按照行文关系和公文的发送范围、职权效力，通常行文方式可分为逐级行文、多级行文、越级行文、直达行文和联合行文等类别。各级机关对外发文，应考虑工作需要和可能的条件，选择适宜的行文方式。《党政机关公文处理工作条例》（中办发〔2012〕14号）中强调逐级行文的方式，因为这种行文方式更加严谨、规范，不会出现文件横传或者多头传送导致处理意见不一的情况。这一点应值得大家在公文处理工作中重视和注意。

（一）逐级行文

是指一个机关向其直属或主管的机关行文，也是最基本、最常用的行文方式。上行文的逐级行文具体表现为发文的下级机关向其直接隶属的上级机关行文，下行公文的逐级行文具体表现为发文的上级机关向其直接隶属的下级机关行文。

（二）多级行文

是指一个机关同时向两级以上下级机关或上级机关行文。上级机关同时向两级以上下级机关行文，一般用于普发性文件，文件内容大多具有广泛性和普遍性，行文目的主要是部署工作、通报情况等，使多个受文机关都了解，达到提高效率、引起重视等效果。同时，向两级以上上级机关行文，仅限于因情况特别紧急而避免延误时机等特殊情况，但是这种方式存在容易引发上级机关或部门对请示或报告处理意见不一等问题，必须予以特别慎重。

（三）越级行文

是指下级机关越过其直属上级机关向更高的上级机关直至最高机关行文。这种行文方式仅限于遇到以下几种特殊情况可以使用，必须慎重：一是下级机关在工作中遇到特殊紧急情况，如果逐级行文会延误时机、造成严重损失和后果等。二是上级机关交办的事宜，并指定需要越级请示、报告上级机关的事项。三是多次请示、报告主管直属上级机关，因故长期未能解决或错误处理的问题。四是直属上级机关和下级机关之间在处理某项业务和解决某个问题时，存在着严重争议和分歧，需要越级上报上级机关给予裁定，以利于业务的开展和问题的解决。五是下级机关检举、控告直属上级机关的事项，越级上报更高的上级机关直至最高机关。六是询问只有直接上级机关的上级机关才能答复的某些重要问题或事项，且这些问题和事项与直接上级机关没有任何联系。

（四）直达行文

是指一个机关在发布普发性公文时，直接发送至基层一线或直接传达到广大干部员工，亦称通行行文。直达行文一般是内容牵涉到单位每个干部员工或需要广大干部员工了解、遵守的。有时为做到直达公文的家喻户晓，除正常渠道发布外，对非机密性的直达公文可借助报刊、广播、电视等大众传播媒介甚至新媒体发布的方式与广大干部员工见面。

（五）联合行文

是指因具体业务需要且又不能升级行文，而由两个或两个以上的同级机关、部门、单位共同行文。上行文、下行文、平行文均可联合行文。其中，联合上行文多用于因工作及问题涉及的多个单位共同向上一级机关请示或报告的情况；联合下行文，多用于不同系统、不同部门为更好地协同配合工作，以联合的名义向共同直属或各自直属下级机关行文的情况；联合平行文，多用于因事关双方或多方，需要共同协商或统一协调方可解决的情况。实际工作中，应从以下四个方面把握联合行文的合理性：一是工作的开展和问题的解决是否一定要联合行文。二是联合行文机关的职权范围是否协调匹配。三是联合行文必须是同级机关、部门和单位。四是联合行文必须由联合各方会签，行文方能生效。

四、行文规则

行文规则是指拟制和办理公文过程中需要共同遵守的制度，是中国石化所属机关各部门、各企事业单位拟制公文所必须遵循的原则，具有普遍性和约束力。主要包括以下规则：

（一）坚持党政分开的原则

这是指行政机关的公文不得向党的组织作指示、交任务，作部署、提要求。

（二）坚持隶属关系的原则

隶属关系是行文的一项重要准则。同一组织系统内，上级机关的业务部门可以对下级机关的相关部门行文，在得到授权后上级机关的业务部门也可对下级机关行文，但非隶属关系不能按隶属关系行文等。

（三）坚持行文权限的原则

这是强调，行文一定要在本机关或本部门职责范围，不得越权行文，对于事关其他机关或部门职责范围的事项，必须事前沟通协商一致方可。

（四）坚持联合行文的原则

涉及两个以上的同级机关、部门和单位的发文，原则上要联合行文。

（五）坚持提高质量和精简数量的原则

提高文件质量和精简文件数量是各级办公室的主要职责和不懈追求，是从事公文处理工作的必备境界，也是各级机关高效高质运转的重要体现。中央八项规定和中国石油化工集团公司党组《贯彻落实中央改进作风、密切联系群众“八项规定”实施细则》，均对提高公文质量、精简公文数量提出了明确要求。实际工作中，应当严格控制行文的规格和数量，做到对确有必要的行文提高质量和时效，对确无必要的行文坚决不发，真正发挥好公文的作用，维护好公文的权威性和严肃性。此外，经批准在报刊上全文发布的企业规章制度等，应当视为正式公文依照执行，具备同等法规效用，可以不再另行发文。

五、拟制程序

任何一项工作都有一个相对固定的程序需要服从和遵从，拟制公文也不例外。中国石化公文拟制经过大量实践积累，已形成自己的制作流程。假若把公文作为一种产品，就要对其全过程生产流程节点进行刻画和描述。下面将分流程节点逐一进行阐述：

（一）拟稿

简单地说，就是准备发文的机关安排所属部门起草文稿的过程。拟稿时一定要注意：一是内容和观点要明确，应该符合党和国家法律法规与方针政策、中国石化及本单位规章制度，符合本地区、本系统、本部门或本单位的实际；二是体例格式上要选用恰当的文种，符合所用公文文种的有关要求；三是结构层次上要条理、清楚、分明；四是语言文字上要规范、简洁、明了、庄重、生动，标点准确、书写工整；五是主送和抄送上要正确，有的还要拟定文件秘密等级和紧急程度。具体步骤主要包括：一是交拟。这是公文拟制的起点，需要将拟制任务交给拟稿人，清楚地交代发文的背景、素材、目的意图等，让拟稿人有的放矢；否则就让拟稿人一头雾水，无从下笔。二是拟议。是指拟稿人动笔前的酝酿过程，包括事实材料和文字材料准备和构思、列出提纲等。三是撰写初稿。就是按照具体文种的写作要求和列好的提纲，把构思和材料进行有序布局并形成文字材料，在此过程中须仔细推敲和修改，直至达到行文目的、实现管理意图为止。

（二）会签

一般情况下，一份公文的内容大都涉及多个部门，这就需要涉及的部门对文稿的内容从各自专业角度进行审核和把关。所以在实际工作中，文稿内容一旦涉及主办部门以外的其他部门的业务，主办部门就应主动找各有关部门会签。会签部门审核无误后，应由本部门负责人在发文稿纸上签署姓名、日期和意见。拟稿人和办公办公厅（室）文秘人员一定要认真梳理，找准找全文稿内容涉及的全部部门，避免会签遗漏，确保部门意见全面一致和办理时效。这里需要注意的是，会签前，主办部门负责人一定审核无误并签字。

（三）核稿

核稿是指公文文稿在呈送领导审批、签批前由办公厅（室）进行的审查修正把关工作，可以说是公文拟制过程最重要的节点，是办公厅（室）的一项重要职责。倘若这个节点审查修正把关不严不细不实，公文的“根”就歪了，再华丽的内容和再完整的架构也将无济于事。通常情况下，文稿起草完成，经主办部门负责人审核签字，再送达相关业务部门会签后，送交办公厅（室）核稿。核稿完毕，办公厅（室）应该将修改后的文稿返给主办部门再次确认，倘若存在问题，双方应对接沟通直至问题解决。从这个意义上讲，核稿的过程也是讨论沟通协同解决文稿存在问题、提高公文质量的过程。

（四）签发

办公厅（室）核稿完毕，应当按照单位领导分工及其职责权限，及时将文稿呈送分管领导审签、主要领导签批，必要时应将文稿的背景材料、政策依据和会签情况等一并呈送领导，便于领导正确决策和签署意见。领导审签和签批文件时，应签署自己的意见、姓名和时间。

（五）复核

领导签发文件时如对公文内容进行修改，办公厅（室）负责对修改处进行复核。复核是大家向领导同志学习的难得契机和重要途径，应做到：一是复核修改处是否妥当，如发现不妥或有疑问，应及时报告签发领导，建议其更正；未经批准，对领导签发的公文，不论是主办部门还是办公厅（室）一律不得擅自修改。二是复核修改处在文字上是否准确、顺畅，前后衔接是否紧密、自然，如发现不妥应予以调整。这里需要注意的是，领导修改的大多是主办部门或者办公厅（室）单纯从文字层面无法发现的问题，是大家学习的典范。同时，通过复核，还可以深入学习领导同志的文风、思想和处理解决问题的方式方法，提高自己的写作和工作水平。

（六）编号

文稿复核定稿后，办公厅（室）应及时进行公文登记编号。若单位文件数量较少，可以采用“固定式”编一个流水号；若单位文件较多，为便于管理和查阅，可以采用“分类式”分别编号。

（七）录入和排版

文稿登记编号后，应正确选用文件版头，按照公文格式予以录入和排版。当前，随着信息技术的快速发展升级和广泛应用，公文定稿均有电子版且事前排好版，直接套入公文格式即可，录入和排版的工作量不大，可由办公室文秘人员负责，也可配备专职文字录入员负责。这里需要注意的是，一要核实文稿中的修改部分，确保准确无误；二要核对版头、发文字号、文件标题、主送、版记、发文日期等各要素。

（八）校对

文稿录入和排版完毕，要以领导签发文稿为准对文稿清样的内容和格式进行校对。同时，在文稿内容、格式、文字、排版、发送范围方面对原稿和清样进行再通读、再核对，发现疑问和错情，应及时澄清和纠正。一般采用两校制，即先由主办部门进行初校，再由办公厅（室）终校。

（九）改字

就是对照校样，把校对出来的疑问和错情予以澄清并精准改正。

（十）复校

就是对错情改正情况进行复校并确认无误，注意有无漏改或错改。如果发现漏改或错改，一定要重新改正。

（十一）印刷

公文文稿复校完毕，要打印出胶印清样及时进行胶印。胶印时要确保所用文头纸与文稿要求相符，严格按标定份数印刷，印刷文件的字迹要清晰清楚，格式规整、版面整洁。

（十二）装订

将印刷出来的文件散页按照页码顺序分理装订并裁切。分理时要注意不要多页、漏页、倒页或错页；装订时要确保钉子的位置适中、美观和牢固。

（十三）用印

用印印模要完整清晰，位置正确，不歪不斜。一定要防止漏盖或错用公章。

（十四）分发

用印完毕，要按照文件要求的分发范围及时分发电子文件或装封发送纸质文件，千万不能错发或漏发。

目前，中国石化总部及各企事业单位均已实现无纸化办公，采用电子公文在网上流转、网上生成、网上发送，这些信息化技术的广泛应用，有效避免了传统纸质文件的横传和直传甚至丢失，极大地提高了处理的时效性和传递的精准性。因此，电子公文的处理自复校后依次为上传专网、加盖电子印章、分发，除涉密文件及其他不宜网上流转的文件外，基本不涉及或少量涉及印刷和装订，明显区别于传统纸质公文的拟制程序和要求，这既是顺应当今信息时代发展的要求，也是公文处理工作不断发展进步的必然。

六、涉密公文

涉密公文处理工作有着极端重要性，这既是公文处理工作的本质要求，也是各级机关工作人员的职责所在。特别是当今社会信息化程度高、网络覆盖率高，微信微博等新媒体发达，稍有不慎极可能造成文件泄密，甚至造成严重后果。各级机关工作人员一定要增强保密意识，注重学习和应用党和国家保密相关法律法规和中国石化、本单位保密管理制度，详细了解掌握文件密级划分的原则和标准，准确界定文件密级，在公文拟制、传输、分发等环节切实做好保密工作。同时，要做行文保密工作的宣传者、推动者和实践者，大力营造保密工作的良好氛围。

（一）准确划分公文密级

公文密级是指公文的涉密等级。做好公文保密工作，首先要准确划分公文密级，杜绝随意定密和不定密的现象。公文密级定高了，不仅增加了保密工作的成本，而且还会影响公文的效率；公文密级定低了，势必使国家和企业的安全利益受到损害；唯有定准了，才能有的放矢地采取针对性措施，确保公文安全。

1. 国家层面:《中华人民共和国保守国家秘密法》(以下简称国家《保密法》)规定:“涉及国家安全和利益的事项，泄露后可能损害国家在政治、经济、国防、外交等领域的安全和利益的，应当确定为国家秘密”；国家秘密载体的制作、收发、传递、使用、复制、保存、维修和销毁，应当符合国家保密规定。根据国家《保密法》规定以及文件的涉密程度,《党政机关公文处理工作条例》(中办发〔2012〕14号)将文件密级分作“绝密”“机密”“秘密”三级，划分规则如下：第一，绝密公文，是指涉及国家核心秘密内容的文件，一旦泄露会使国家的安全和利益遭受特别严重的损害；第二，机密公文，是涉及国家重要秘密内容的文件，一旦泄露会使国家的安全和利益遭受较大的损害；第三，秘密公文，是涉及国家一般秘密内容的文件，一旦泄露会使国家的安全和利益遭受一定的损害。除有特殊规定外，“绝密”“机密”“秘密”文件的保密期限一般分别为绝密级不超过30年、机密级不超过20年和秘密级不超过10年。

2. 集团公司层面：中国石油化工集团公司依据国家《保密法》和国务院国资委《中央企业商业秘密保护暂行规定》，于2011年印发《中国石化保密工作管理办法》(中国石化办〔2011〕116号，以下简称《保密办法》)、《中国石化商业秘密保护规定》(中国石化办〔2011〕112号)。《保密办法》将秘密分为“国家秘密”“商业秘密”“工作秘密”3类，其中“国家秘密”的分级和保密期限严格执行国家《保密法》规定；集团公司“商业秘密”分为核心商业秘密和普通商业秘密，保密期限可以预见时限的以年、月、日计，不可以预见时限的应当定为“长期”或者“公布前”，除有特殊规定外，核心商业秘密保密期限一般不超过20年，普通商业秘密保密期限一般不超过10年；“工作秘密”一般不划分等级，根据其被泄露会给工作造成被动和损失的程度，确定保密期限和知悉范围。据此，《中国石化公文处理办法》(中国石化办〔2012〕394号)规定：涉及国家秘密和企业商业秘密的公文，应当依据有关规定，根据涉密程度标注“绝密”“机密”“秘密”“核心商密”“普通商密”和“保密期限”“知悉范围”。

（二）规范涉密公文管理

1. 涉密公文的拟制。涉密公文是指涉及国家秘密和中国石化核心商业秘密的公文。在文件起草初时，应该按照密级文件管理要求进行标识，并在涉密计算机上进行。依据公文密级和办文要求，确定涉密公文拟制份数和发放范围，限制涉密公文的传播途径。有明确的阅文级别、印制份数的涉密公文，可按照固定范围制发。公文发放范围需要变更的，须经发文机关批准。发放涉密公文应当通过机要交通、机要通信或者指派专人（一般为两人）进行，涉密公文应包装密封。采用现代通信及计算机网络手段传输秘密信息，应严格遵守通信及计算机保密管理的相关规定。

2. 涉密公文的保存。涉密公文应当存放在符合安全保密要求的场所，配备必要的保密设备，与非涉密公文和材料分别存放，并定期进行清查、核对；涉密公文电子版（含过程稿）应当存储在涉密计算机或者专用涉密存储介质中。涉密公文未经批准，不得携带外出。确需携带外出的，必须经发文机关或者发文机关授权的公文管理机关同意。

3. 涉密公文的使用。

（1）组织阅读、传达、审议或者以其他方式使用涉密公文，应当在符合安全保密要求的场所进行，严格限定知悉范围，并提出明确保密要求。密级文件处理完毕应及时放入符合保密要求的文件柜，不得随时散放办公桌或文件夹里，不能带离办公室。

（2）借阅、复制、下载、汇编、摘抄涉密公文，应当符合有关规定并经本机关负责人批准。绝密级公文一律不得复制、汇编。复制、下载、汇编的公文视同原件管理。复制件应当加盖复制机关戳记。翻印件应当注明翻印的机关名称、日期。汇编本的密级按照编入公文的最高密级标注并进行管理。

（3）任何机关、单位、个人不得向无直接业务关系或者无隶属关系的机关、单位发送、索要涉密公文。

4. 涉密公文的传递。

（1）传递涉密公文，应当选择安全的交通工具和交通路线，并采取相应的安全保密措施。应当通过机要交通、机要通信或者指派专人进行。

（2）采用传真、网络等手段传输密级公文，应严格遵守通信及计算机保密管理的相关规定，必须使用密码传真，或者在涉密网络系统中传输。不得密电明传、明电密传。

（3）在本地传递绝密级存储介质，由发件或收件单位派专人专车直接传递，实行两人护送。

（4）传递涉密公文，应当包装密封，在信封或者袋牌上标明密级、编号和收发件单位名称。使用信封封装绝密级公文时，应当使用由防透视材料制作的、周边缝有纫线的信封，信封的封口及中缝中应当加盖封章或加贴密封条；使用袋子封装时，袋子的接缝处应当使用双线缝纫，袋口应当用铅志进行双道密封。

5. 涉密公文的撤销和废止。涉密公文的撤销和废止，由发文机关、上级机关或者权力机关根据职权范围和有关法律法规决定。公文被撤销的，视为自始无效；公文被废止的，视为自废止之日起失效。

6. 涉密公文的清理和销毁。涉密公文应当按照发文机关的要求和有关规定定期清理，对不具备归档和保存价值的公文，经批准后可以销毁。销毁涉密公文必须严格按照有关规定，报发文机关负责人审批并履行登记手续，送到国家保密工作部门指定的销毁场所销毁并派两（含）名以上工作人员到现场监督销毁。绝密级公文应当逐页清点登记，机密级公文应当逐份清点登记。销毁涉密公文应当使用符合国家保密标准的销毁设备和方法，确保涉密信息不可还原，确保涉密公文不丢失、不漏销。任何个人一律不得私自销毁、留存涉密公文。

7. 泄密处理。涉密公文遗失或者泄密的，应当立即采取补救措施，并及时报告发文机关或者经发文机关授权的公文管理机关，受理机关应当立即作出处理，并及时报告上级发文机关和同级保密部门。

第四章　公文文稿审核

公文文稿审核亦称公文核稿，是指公文文稿在呈送单位领导审批、签批前，由办公厅（室）对公文的内容、体式等进行的全面审查、核对、把关，修改、订正存在的各种问题的全过程，它是公文处理工作中最重要的环节之一，也是一项综合性、技术性、业务性很强的工作。一般来说，公文核稿必须首先摸清文稿形成的背景、过程、领导意图和会商情况等，在此基础上，抓住重点、疑点、难点等，对草拟文稿的文字、内容、格式进行修改、补充和完善，更重要的是确保党和国家的法律法规、方针政策和中国石化规章制度及领导意图的贯彻落实，直接为领导机关决策部署服务。这就要求办公厅（室）文秘人员以高度负责、严细认真的态度严格把关，高标准严要求，做到字斟句酌、精雕细刻、精益求精，努力打造“精品”工程，杜绝制发不准确、不规范的公文，从源头上确保企业政令质量。具体地讲，公文核稿主要是把好公文文稿的政策法规关、部门会签关、文字内容关、格式体例关、上会审议建议关和发文层级与范围关等。

一、政策法规关

中国石化系统公文作为传达党和国家政令及中国石化决策部署的重要工具，本身就具有强烈的政治色彩，要求公文审核人员必须强化政治政策观念和法律法规意识，把好政策法规关。

（一）政策关

审核公文所反映和体现的基本立场、观点，是否符合党和国家法律法规、方针政策及中国石化规章制度。公文审核人员要大力加强这方面知识的学习、积累和及时更新，否则就很容易出错。例如：党的十八大以来提出的新理论、新思想、新战略，包括道路、理论、制度和文化“四个自信”，政治建设、经济建设、文化建设、社会建设和生态文明建设“五位一体”等，在现行的公文中提及时就应体现新要求；再如，中国石化已确定“十三五”期间的战略目标，如果在现行的公文中再讲瞄准“十二五”战略目标发展的提法显然不合适。

（二）法规关

审核公文的具体事项是否符合党和国家法律法规、方针政策及中国石化规章制度。例如:《自然保护区条例》规定“严禁在自然保护区核心区、缓冲区开展任何开发建设活动，建设任何生产经营设施；在试验区不得建设污染环境、破坏自然资源或自然景观的生产设施”。在行文报批油气开发、装置建设等石化项目时，应加强这方面政策法规的把关，审核项目建设是否在自然保护区内，是否履行规定审批程序，规避行文风险。再如:《中国石化建设工程项目竣工验收管理规定》（中国石化建〔2011〕619号）中要求“消防、安全、环保设施等专项验收合格后，方可进行竣工验收”。在报批工程项目验收类文件时，应严格执行上述要求，避免出现违反中国石化管理制度的现象。

二、部门会签关

（一）会签

各级机关公文中涉及的事项，往往需要经过多部门、多方面的协商一致。把好部门会签关，主要是针对公文文稿涉及的各相关部门职权范围的事项，进行对接协调并取得一致意见。做好这方面的审核，要注意以下几点：一是关系到各有关部门职责范围内的事项，是否与这些部门协商一致，经协商未取得一致意见的，各方的意见是否表达清楚。二是需要会签的是否经过全部有关部门会签，会签的意见是否一致。三是有的部门若把有分歧的文稿送达办公厅（室），以机关名义发文，核稿人则有权提出意见，并将原稿退回部门进一步协商。若协商最终达不成一致意见，则应将各方意见随同文稿一并呈单位领导裁定。加强协调和会签主要有两个方面的作用：一是消除工作分歧。

只有经过充分协商、会签，消除彼此分歧，取得一致意见，才能有效防止公文互相“打架”的现象。二是推动工作落实。讲落实不够，有工作作风问题，有各方面的利益问题，也有在制定政策过程中协调协商不到位的问题，如果公文未发出就设置了障碍，使落实先天性不足。

（二）总师审核会签

这里需要注意的是，在中国石化总部层面，根据《总部内控权限指引》，党组会、董事长办公会、总经理办公会、总裁办公会审议的项目以及党组分管领导审批的项目中包含有技术方面决策内容的公文文稿，上会前或送党组分管领导签批前，必须经总师或副总师就技术方面进行审核签字，其他方面需总师级领导审核的，必须经相应总师审核签字。

三、文字内容关

公文的内容均是以一定的文字形式表现出来的，文字表达效果如何，直接关系到公文的质量，影响到公文的贯彻执行。核稿时，不仅要看公文的文字表达是否准确、简洁、明白、通顺，语气是否得当，语言是否合乎逻辑和规范，同时要看文稿的谋篇布局是否符合逻辑、科学合理、详略得当、层次分明，对文字表达不清楚、不清晰、不准确的词语进行修改。内容表达不清楚、不准确，下级机关领会不到位，更谈不上执行落实到位。

（一）修改文稿基本方式

1. 压。就是在文稿基本符合要求、保留其原意的情况下，把长篇压缩成短篇，长段压缩成短段，去掉多余累赘的词句，使文稿更加简洁精练，用最短的文字表达最准确的内容。

2. 删。就是将文稿叙述中与主题无关的部分、段落，重复繁缛的语句、词汇删除，立论偏颇、表意不妥甚至有错误的地方更要删除，使主题更加突出鲜明、语言更加准确、语句更加通顺、表意更加精准。

3. 改。就是小到标点符号、错别字、不当用词、不通顺语句、上下句间不合理的逻辑关系等要改动；大到文稿的谋篇布局、段落层次间的逻辑关系乃至于文稿的观点、材料的引用、论述的方式等，不合理不必要的都需要“抽梁换柱、剔筋动骨”，动大“手术”。

4. 顺。就是顺笔，使文稿在文字上通顺流畅，句与句之间、段落层次之间逻辑关系明晰，既要保持文稿的思维严谨，又要在语言上力求生动活泼。这就要求文秘人员有较高的综合文字驾驭水平和严谨的逻辑思维能力。

中国石化系统公文具有自身的性质、内容和功能，经过长期大量实践和理论创新，逐步形成了石化系统公文语言运用的通用语体，与其他文章的语体相比，个性特点十分鲜明。实际工作中应做到“十个注意”：一是注意辨析词义，善用附加语；二是注意巧选关联词，慎用模糊词；三是注意选用含意明确的词语，忌用易生歧义的词语；四是注意选择通俗易懂的词语，忌用晦涩冷僻的词语；五是注意语句成分是否恰当、完善，忌用不符合现代汉语语法规范的语句；六是注意多用陈述句、祈使句，慎用疑问句、感叹句、描写句；七是注意表述明白、深刻，慎用形容词和修辞语；八是注意直叙事实、直陈意见，力戒曲笔绕弯子；九是注意使用规范的书面语和文件专用语，一般不用口语和方言；十是注意标点符号的正确使用，戒遗漏或使用不当。这些要求，应视具体情况随机把握，重要的是必须确立修改的主体要求，或压、或删、或改、或顺。具体操作中，切忌“眉毛胡子一把抓”，见啥改啥，毫无章法，特别是看到质量较差的文稿，容易在烦躁埋怨的情绪中，轻易挥手动笔，难免失之偏颇。着笔的走向，应当是从宏观到微观，从全局到局部，从思想到内容，从结构到语句，先从大处着眼，再从小处着手，切不可“只见树木，不见森林”。

（二）修改文稿基本步骤

1. 要通读全文。对文稿有个整体的认识和把握，通过思量和分析，对文稿的主旨、思想、内容、逻辑、文字等方面进行整体消化和评价，在头脑中形成初步修改方案。如果仅仅是粗略浏览一下，迫不及待地就动笔修改，等于“站在那里远远地望一望，粗枝大叶地看到一点矛盾的形象，就想动手解决矛盾”（毛泽东语），肯定是要失败的。

2. 要顺序修改。先审核文稿各部分的排列是否顺理成章、合乎逻辑思维，以及有无需要进行合并、移位或拆开分述。接着审视各部分的主题是否鲜明突出，有无要增添和删除的内容，大标题是否能概括所述内容，是否简要醒目。这一步属于构筑文稿框架的工程，搭好架子以后，进入局部修改。

3. 要详审段落。修改的重点放在语句的配置上，使其层次分明、说理严谨、逻辑合理，能够互相连贯、烘托中心。凡是与段落中心无关的，均应坚决删去，使文字更加精简，这也是压缩、精炼全文的必要条件。

4. 要推敲文字。按照前面所说的通顺要求，反复、细致、认真地修改。小的地方都要照顾到，如错别字、标点符号、大小标题字体的使用与排列、阿拉伯和汉字数字的运用，等等。特别要注意改正那些生僻的、过时的、生造的、专业性太强的语句与词汇，使文稿朴实无华、通俗易懂。

（三）修改文稿注意事项

1. 戒下笔即改。拿到一篇初稿，不通观全文就边看边改，最容易出现顾此失彼、舍本求末的现象，费上好大劲，该删的没有删除，增添的反倒成为累赘；枝节、字句精雕细凿，观点、结构仍有纰漏。因此，着手修改文稿时，应该先把初稿从头至尾多看多读几遍，即使时间紧迫、篇幅较长，也要在透视“框架”的基础上，再仔仔细细地读上一遍，争取对文稿的思想内容和结构形式有一个完整的印象，然后确定观点和结构是否需要修改。这些大的方面确定下来了，字、句、段的推敲和修改才具备坚实基础。

2. 戒立点过低。规范性、权威性和政策性是公文的突出特点。而工作人员起草文稿时，往往在看事物、提问题、谈措施的角度和层次上带有某种局限性。例如为中国石油化工集团公司代拟文稿，过分强调本部门、本单位的地位和作用，提出的表扬或批评缺乏对全局范围内所产生影响的预测等。文秘人员接收修改文稿的任务后，不管职级高低，均不得以自己的身份、自己的体会来审视和衡量文稿，需要进行“换位思考”，高屋建瓴，总揽全局，从全局角度出发来审查，修改初稿中阐述的思想、提出的问题和作出的指令。

3. 戒照顾篇幅。一份文稿的长短，主要取决于内容，宜长则长，宜短则短。目前常见的公文初稿仍不同程度存在拖沓冗长的问题。究其原因，一是受“八股”文风的影响，东拉西扯、牵强附会。二是缺乏真实、典型的材料来说明和印证文稿中提出的思想、观点和见解。因此，文稿应在严格遵守公文格式的前提下，达到篇幅适中，言之有物、有理、有力。

4. 戒千篇一调。文秘人员在修改文稿时，对语言要注意区别不同文种的不同特点，根据行文方向和文种的不同，准确遣词造句，特别是语体方面，该谦恭的谦恭，该果断的果断，不能含糊不清、模棱两可。

5. 戒轻视标点。标点符号是书面语言的有机组成部分。在公文文稿中，常常出现诸如一逗到底、逗顿不分、引号有前无后等毛病。文秘人员在修改文稿时，应把检查标点符号当作严肃的工作，根据文意认真核对，以准确恰当地表达文稿的思想内容，更好地保证文稿质量。

四、格式体例关

公文写作具有程式化的特征，包括格式构成、书面版式、用纸装订都是在长期实践使用中由约定俗成而渐趋归一。这既是为了增强公文规范性、严肃性和权威性，也是有效地保证公文的高质量。要严格按照国家标准《党政机关公文格式》（GB/T 9704—2012）进行制发公文，具体把关时要做到“九查”：一查选用文种是否在《党政机关公文处理工作条例》（中办发〔2012〕14号）和《中国石化公文处理办法》（中国石化办〔2012〕394号）规定的文种范围内；二查是否依据发文者与受文者之间的工作关系选用适当文种；三查是否依据制文机关的职权范围选用适当文种；四查是否依据行文目的选用文种；五查选用相应文种后，是否按文种体裁特点来组织内容；六查版头部分，即文件名称、发文字号、签发人、份号、秘密等级、紧急程度等项目组成是否规范；七查主体部分，即标题、主送机关、正文、附件说明、落款、印章、成文时间、附注等项目组成是否规范；八查版记部分，即抄送部门或单位、印发部门或单位、印发日期和页码等项目组成是否规范；九查规定的格式项目是否一项不漏，选择的格式项目是否按需编制，多余的格式项目是否全部取消，附件是否完整规范。

五、上会审议建议关

公文核稿中，要特别注意加强文稿上会审议环节的核实，这是涉及重大事项集体决策的必要决策程序，不得逾越。特别是对于急件的处理，千万不能因为急而忽视这一环节的审核把关。须上会审议决策后方能发文的主要有以下情形：

（一）“三重一大”事项

凡公司的重大决策事项、重要人事任免事项、重大项目安排事项和大额度资金运作事项（“三重一大”事项），应坚持集体决策，以会议形式实行集体议事，体现集体意志，不得以个别征求意见、传阅会签、碰头会、个人拍板等形式代替集体决策会议。

（二）内控制度要求上会事项

凡内控制度要求上会决策的事项，均须上会审议。

（三）其他重大事项

向中国石油化工集团公司党组请示的事项，须经各企事业单位党委会研究确定；紧急情况下，来不及召开党委会的，党委书记可临机处置，事后应及时向党委会通报。研究决定经营管理方面的重大问题、涉及员工切身利益的重大事项、制（修）订或废止重要的规章制度，应当通过职工代表大会或者其他形式听取员工群众的意见和建议等。

六、发文层级和范围关

（一）合理确定发文层级

就中国石化总部机关而言，中国石化发文层级主要有中国石化公司级（党组、集团公司、股份公司，以下统称中国石化级）文件和部门级文件两个层级，中国石化级和部门级文件又分为红头文件和工作表单两类。在进行公文把关审核时，要严格执行《中国石化公文处理办法》（中国石化办〔2012〕394号）行文规则要求，按照中国石化与职能部门的职权范围行文，严把发文层级关，严控行文规格。属部门职权范围内的事务，由部门自行行文或联合行文，既不能超越规格行文，形成“文山”，也不能降低规格行文，影响公文效力。对于这些情况，要坚持原则，结合实际，合理确定发文层级，做好沟通解释说明工作，切实维护公文的严肃性、权威性。特别是中央八项规定以来，从上到下都要求精减文件。为什么要减文，就是事无巨细都要发文，给基层造成负担。提高文件执行力的关键不在于行文规格，关键在文件的内容是否对工作有指导性、措施是否切实可行等。在这种宏观背景下，作为文秘人员更应该坚持原则，从严把关。

公文层级确定后，要根据《中国石化公文处理办法》（中国石化办〔2012〕394号）和《总部文件管理创新方案》，合理确定发文的形式，也就是说选择是以红头文件行文，还是以工作表单行文。工作表单是中国石化在公文管理方面的一项创新，主要用于一般性、日常性、临时性的工作安排，多用于下行文，对于减少“红头文件”、简化工作程序、提高公文时效发挥了积极作用。在具体工作中，要根据文件的内容、重要程度、在全局中的地位和作用，合理进行确定。

就中国石化所属各企事业单位而言，则要根据所属中国石化集团公司、股份公司、资产公司等合理确定发文主体和主送单位。

（二）严格控制发放范围

公文的发放范围，是指公文的主送和抄送单位或部门。要根据公文的内容合理确定，既不能擅自扩大，给基层造成负担，影响公文的权威性；也不能擅自缩小，使公文安排的事项得不到落实，降低公文的执行力，影响公文的效力。主送单位或部门是指公文的主要受理单位或部门，即对公文负主办或答复责任的机关；抄送单位或部门是指需要知晓或遵照执行的单位或部门，一般应使用全称或者规范化简称、统称。另外，对于带有密级的公文，要按照中国石化保密管理规定，严格发放范围、发放渠道，避免失密、泄密情况的发生，确保公文运行安全。

第五章 公文印制及发送

公文印制与发送是公文处理工作的最后环节。具体地讲，公文印制就是将公文所要表达的内容和意图书面化、具体化后，以最后定稿的公文为依据，通过印制等方式批量制作文件的行为；公文发送就是将印制好或电子版的公文安全、保密、高效、及时地传递或传输给受文者的行为，是公文生效的重要条件。公文印制是否准确、规范、符合要求，发送范围是否恰当、发送途径是否安全、发送行为是否高效、发送对象是否精准，直接影响着公文效力的发挥。中共中央办公厅、国务院办公厅《党政机关公文处理工作条例》（中办发〔2012〕14号）、《中国石化公文处理办法》（中国石化办〔2012〕394号）和《党政机关公文格式》（GB/T 9704—2012），对公文印制及发送的技术性、规范性要求已作出明确规定，本章不作赘述。下面，结合中国石化公文处理工作的实际，对公文印制及发送全过程略作阐述。

一、收稿与复核

收稿与复核是指文秘人员接收文件底稿，在文稿正式付印前对文件底稿的最后一次审核的行为。文秘人员接收文件底稿首先应在文件接收台账上进行登记，主要记录收文时间、文件名称、文件份数、收文人员等内容；然后对文件底稿进行审核，主要审核文件编号、文件标题、密级及保密期限、紧急程度、主送、抄送等要素是否完整，拟稿部门、审核部门、会签部门、分管领导、主要领导等审签是否完备，文件印刷份数、发放范围等是否符合日常发文习惯及规范要求等。

二、排版与清样

文件收稿与复核后，文秘人员将文件底稿交付文印室，由文印人员进行录入排版；如有可编辑的其他电子版本，应及时传给文印人员，以降低文字录入工作量，同时降低出现文字录入错误的概率。文印人员严格按照文件底稿内容打印文稿，并按照《党政机关公文格式》（GB/T 9704—2012）进行排版。对提供的可编辑的其他电子版本，要仔细查看其内容与文件底稿的差异，如有不同应以文件底稿为准逐一对照修改；对文件底稿有疑问的，须与文秘人员沟通，不得主观臆断擅自修改。文件排版结束核对无误后，请文秘人员组织做好打印清样校对工作。

三、校对与清稿

校对就是以原稿和《党政机关公文格式》（GB/T 9704—2012）要求为基准，对文件清样进行全面核对检查，发现并纠正各种错漏，确保文件质量的行为。其主要内容为校正与原稿不符的被颠倒的字句、行段；删除多余成分，补正被遗漏的部分；校正标点符号、公式、图表方面的错漏；纠正格式方面的差错；解决统行、缩面等一般版式问题，以及图表与正文、注码与注文的衔接和页码编辑问题；进一步审核文稿中的疏漏，发现问题后及时处理。

纸质清样校对的要求：一是对原稿负责，校对最基本的要求就是忠于原稿，尽可能地发现原稿的差错并进行补正，不得对已经领导审定的原稿作原则性修改，或整句整段删减、添加等修改。拟稿人对原稿作出修改，须征得办公厅（室）同意；如对原稿内容有实质性的重大修改，须请示签发人同意，并做好登记备查。二是正确使用校对符号，校对时不要在原错误处增加、删除、改动内容，要用校对引线引出，在文件版心外修改，校对引线不可交叉，应从行间画出。校对符号使用须符合国家标准《校对符号及其用法》（GB/T 14706—93）。三是校对用笔和书写要求，校对用笔颜色应与校样字迹颜色有所区别，校改内容的书写要求准确、完整、整洁。四是签字留痕，校对完毕，拟稿人或受托校对人员须在文印单上签名，并注明校对时间。最后，根据校对结果，文秘人员对文件底稿进行准确、整洁地誊写，或者对电子版文档进行修改，务求与正式印制、发送的文件完全一致，这是清稿的基本要求。

四、印制与发送

印制是文件“成品”的最后一道工序，要按照要求做好纸张选择、页码套正、着墨平实均匀、装订美观牢固。涉密文件应当在符合保密要求的场所印制。

用印时印章要端正，特别是手工加盖印章，务必使印章清晰，不歪斜。成文日期一般右空四字编排，印章用红色，不得出现空白印章。

完成用印的文件，在对文件文字、格式和印制质量检查后，进入分发环节。电子公文在公文系统中分发（涉及国家秘密和企业核心商业秘密，以及向中国石化系统外行文的，仍以纸质文件分发）。

对于急件、特急件，或者有其他特殊要求的文件，属于纸质文件的，可由拟稿人或相关工作人员专送。

需要归档的文件及相关材料，应根据有关档案法律法规以及中国石化档案管理规定，及时收集齐全、整理归档。两个以上机关联合办理的文件，原件由主办机关归档，相关机关保存复制件。机关负责人兼任其他机关职务的，在履行所兼职务过程中形成的公文，由其兼职机关归档。

实施了电子公文管理的单位，上述流程的全部或多数工作主要是在公文管理系统中完成。

第六章 收文办理

收文办理是公文处理工作的一个重要环节，是各级办公室的一项主要职责，是各级机关对外对内公文来往的枢纽环节。高效高质地做好收文办理工作，对于机关整体工作质量和效率的提升、机关工作作风和文风的锤炼具有积极的推动作用。本章重点介绍收文处理的过程、方法、步骤及注意事项。

一、收文办理的概念

依据中央办公厅、国务院办公厅《党政机关公文处理工作条例》（中办发〔2012〕14号）和《中国石化公文处理办法》（中国石化办〔2012〕394号）精神，一般来说，收文办理是对接收到的公文进行传递、使用和加工处理等行为的总称，是各级机关日常业务的重要组成部分，其质量与效率对机关工作的成效有直接影响。

（一）收文办理基本要求

公文处理工作的性质，要求在收文办理工作中必须坚持及时、准确、保密等原则。

1. 及时。及时是收文办理的生命，这是由公文的时限性决定的。要统筹识别，区分轻重缓急，充分利用信息时代的便利条件，急件急办，特件特办，不误时，不误事。

2. 准确。准确是收文办理的灵魂。要认真领会领导意图，以认真负责、周密细致的态度，抓好督促催办，形成闭环管理，做到件件有落实，事事有回音，确保领导批示执行不走样、不缩水、不打折。

3. 保密。日常接触的公文有相当一部分是带有密级的，要严格按照国家和中国石化保密管理规定办理。要提高保密意识，不擅自扩大阅知范围，不误传、不丢失、不泄密，确保密件安全。

（二）收文办理主要程序

1. 签收。逐件清点收到的公文，核对无误后签字或者盖章，并注明签收时间。

2. 登记。详细记载公文的主要信息和办理情况。

3. 初审。对收到的公文进行初审，重点审核公文是否应当由本机关办理，是否符合行文规则，内容是否符合国家法律法规及中国石化规章制度，涉及其他部门职权范围内的事项是否已协商、会签，文种、公文格式是否规范。经初审不合规定的公文，应当及时退回来文单位并详细说明理由。

4. 承办。阅知性公文应当根据公文内容、要求和工作需要确定阅知范围后分送。批办性公文应当及时提出拟办意见送本机关领导批示或者转有关部门办理；需要两个以上部门办理的，应当明确主办部门。紧急公文应当明确办理时限。承办部门对交办的公文应当及时办理，不得延误、推诿。有明确办理时限要求的，应当在规定时限内办理完毕。

5. 传阅。根据领导批示和工作需要将公文及时送传阅对象阅知或者批示。办理公文传阅应当随时掌握公文去向，不得漏传、误传、延误。

6. 催办。及时了解掌握公文的办理进展情况，督促承办部门按期办结。紧急公文或者重要公文应当由专人负责催办。

7. 答复。公文的办理结果应当及时答复来文单位，并根据需要告知相关单位。

二、收文办理中审核的重点

（一）是否属本机关办理

检查来文内容是否确属本机关职权范围，如系误送的文件，应立即退回来文单位，并说明理由，不可搁置一旁或擅自处理，避免给工作带来不必要的麻烦。

（二）是否符合收文要求

办公厅（室）收到内、外部来文时，应进行初审，主要把握文件内容是否符合政策规定，行文规格是否妥当，文件是否齐全等。直属单位上报的请示类文件，要精简务实、直奔主题，原则上不超过1500字。

（三）是否急件、限办件

检查来文内容有无时限要求，是否属于急件、限办件。要根据文件时限要求统筹考虑，分清轻重缓急、厘清时间节点，急事急办，特事特办，避免贻误时机，给工作造成被动。

（四）不符合要求来文的处理

对不符合要求的来文要向来文单位解释说明原因，及时退回并做好登记，界定落实好责任，避免互相推诿扯皮。实施文件及时退回机制，可以督导来文单位提高公文质量、遵守行文规则，同时也为确保上级机关办文质量和效率提前把关。

三、来文分类与批分

（一）分类

办公厅（室）在签收文件时，可对文件清点、审核分类登记后，将不同类型的文件分送给单位领导阅批和机关有关部门办理。对收文进行合理分类，有利于提高收文办理的效率和质量。收文分类的标准既可以按照来文单位分类，也可以按文件内容、性质分类，具体可依据单位实际，本着提高工作效率和质量的原则自行确定。

（二）批分

批分是指根据文件的性质、重要程度、密级、办理时限、涉及业务的职权范围，以及机关部门的职责分工、有关程序规定等，将收文分门别类地分送给单位领导阅批和机关有关部门阅知或办理的行为。通过批分，使从各种途径汇集来的文件经办公厅（室）统一调动之后，又分成若干支线沿着文件运转路线有序流转，去实现各自的使命。能否准确、快速地做好批分工作，直接关系到办文的效率，一般来说应遵循以下原则：

1. “亲启”件，呈送单位领导或收件人本人。

2. 阅批件，即需送单位领导阅批的文件和不能判定承办单位的文件，送交办公厅（室）主任拟办和批办，然后分送处理。

3. 常规件，即常规性处理的文件或已有明确分工的业务性文件，按工作常规及主管业务范围送达机关有关业务部门。

4. 回复性文件，如批复、复函或按要求上报的统计报表、报告等，应返送原来发文的承办部门。

5. 临时性文件或与本机关业务无关不需办理的文件，办公厅（室）视具体情况自行办理。

6. 急件、限办件，应区分轻重缓急，尽快送达机关有关部门迅速办理，以免误事。

7. 需要传阅的文件，按指定的阅知范围或办公厅（室）主任的批示意见组织传阅。

（三）催办

催办是指办公厅（室）对公文承办情况的督促检查，是加快公文流转进度、提高公文处理效率的重要措施。主要针对收文办理各个处理程序是否履行，每一个程序是否按照公文办理时限按时完成，注重于办理“时限”和“程序”的督促。

催办由办公厅（室）通过口头、书面或电话、电子邮件、短信、微信等方法催促各部门及时办理公文，了解公文办理情况，不掺杂主观好恶，实事求是地反馈具体办理结果。同时，催办过程中发现问题、不足或困难，应提出相应的解决方法和措施，予以修正或完善承办执行活动，指导和协助承办部门具体贯彻和落实文件精神。

中国石化落实中央“八项规定”和其他文件管理制度中均强调，对直属单位上报的请示类文件必须尽快答复，最长不超过1周，需要集团公司领导审批的文件要在3日之内签批。中国石化所属各企事业单位应结合实际，参照执行。

（四）传阅呈送顺序

传阅是指办公厅（室）根据领导批示或授权，按照特定程序将公文呈送有关领导阅知或批示。

1. 注意传阅次序。一般原则是，传阅文件应按照领导排序由前向后呈送，最后再送有关业务部门承办；批示文件应按照领导排序由后向前呈送件。对急件、要件，则应区分轻重缓急，呈主管领导和部门负责人首先阅知，以便及时处理。

2. 确保文件安全。应随时掌握传阅文件动态并做好登记，避免漏传、误传和延误。除特殊情况外，公文一般不在领导间横向传阅，避免文件传阅失控、丢失。

四、办结文件处置

妥善处置办结文件，有助于持续充分发挥文件的效用，避免文件失密泄密，防止无用信息对工作造成干扰。

（一）整理归档

凡已办理完毕且具有查考价值的文件材料，即本机关继续开展工作需要查考利用的文件，均由办公厅（室）收集齐全，并按文件形成的时间顺序或内容性质进行整理归卷，集中保管并提供查阅。而后根据国家和中国石化档案制度的要求，及时移交档案部门管理。文件整理（立卷）归档是文件运转处理的终点，也应是一切重要文件的归宿。

（二）清退

文件清退是指按照国家和中国石化有关规定要求将文件退还发文单位或由其指定的其他单位。文件清退的意义在于确保国家秘密和企业商业秘密的安全，防止文件丢失和信息的扩散，维护文件的权威性与有效性。办公厅（室）要按照发文机关的要求和规定，对公文进行清退或者销毁。

1. 清退范围。

凡是发文机关要求退还的文字材料均属清退范围，具体包括：

（1）绝密级文件。

（2）仅限在一定范围内讨论修改的文稿、校样。

（3）印发给收文机关作为征求意见使用并要求予以退回的文稿。

（4）上级机关制发的指定限期清退的内部文件材料，比如，内部参考材料、统计资料、简报等。

（5）其他由发文机关明确规定限期清退的文件。

2. 清退方法。

（1）对注明清退时限的绝密文件及其他文件材料，应按清退时限退还。到期不退的，文件制发机关应及时催退。下级机关报送的绝密文件，一般不予退回，由上级机关清理销毁或暂存备查。

（2）清退绝密文件要按规定程序办理，防止泄密。

（3）清退文件应请对方签收，并向对方索要清退书面凭证。

（4）清退文件应按时进行并认真清点、登记，防止夹带其他文件。注意保存好清退书面凭证，以备日后查考。

（三）销毁

文件销毁是指对已经鉴定确认无留存价值或留存条件的文件材料所做的毁灭性处置。及时销毁无留存价值或留存条件的文件材料，可以防止失密，避免无用信息给工作造成干扰，同时保障文件管理工作安全高效。

1. 销毁范围。

凡无留存价值和留存条件的文件材料均属销毁范围，一般包括以下几种情况：

（1）临时性、事务性及机关内部机构间互相抄送的一般性文件。

（2）机关外部抄送本机关参考的文件。

（3）印制的重份文件材料和复印、翻印的文件材料。

（4）因情况特殊，如不销毁即会失密或泄密从而造成严重损失的各种文件材料。

（5）失去留存价值的统计报表、登记簿册、简报等。

2. 销毁审批。

销毁涉密公文必须严格按照有关规定履行审批登记手续，由办公厅（室）负责人审核，机关保密部门与分管领导审查批准；销毁上级机关制发的重要文件，应报发文机关审查批准。

3. 销毁办法。

销毁涉密文件时，应依据有关规定进行鉴别，逐文核实，并填写《文件销毁清单》（主要内容包括顺序号、发文机关、文件标题、份数、销毁原因、批准人、监销人、销毁日期及方式、备注等），经办公厅（室）负责人批准，应当到保密部门指定的有涉密介质销毁资质的单位进行销毁，确保不丢失、不漏销。个人不得私自销毁、留存涉密公文。《销毁文件清单》应长期保存备查。

第七章　电子文件

随着计算机技术的快速发展和深入应用，电子文件已成为公文处理的重要内容。有人称，电子文件是对纸质文件时代记录和管理的革命，与纸质文件管理相比，电子文件的管理相关因素多且因素之间相关度高，对管理提出更高要求。电子文件有其特有的存在方式和运行方式，并与纸制文件有着不同的实现条件和实现方式。与一般意义上的电子公文概念不同，电子文件管理既包括对文书类电子文件的管理，也包括对业务专用类电子文件的管理，具有覆盖全过程、全业务、全范围管理的特点。限于篇幅，除有关定义和特点、性质外，如无特别说明，本书所讲电子文件主要是指文书类电子文件。

本章主要介绍电子文件基本知识和中国石化电子文件管理现状、基本要求和工作中应注意的事项，帮助大家了解有关知识，结合实际做好电子文件管理工作。

一、电子文件概述

电子文件是随着计算机的产生和信息化的发展而逐步发展起来的。20世纪40年代计算机产生后，电子文件开始步入人类社会，80、90年代个人计算机的产生与普及、互联网的出现和发展、相关信息技术的产生与广泛应用，进一步推动了电子文件的发展。我国电子文件经过多年发展，目前已深入到经济社会发展的各个领域，成为各级政府、社会组织和企事业单位等管理中不可或缺的手段。

（一）基本概念

我国《电子文件管理暂行办法》中对电子文件的定义为：电子文件是指

机关、团体、企事业单位和其他组织在处理公务过程中，通过计算机等电子设备形成、办理、传输和存储的文字、图表、图像、音频、视频等不同形式的信息记录。

从上述定义中，可以看出电子文件是依赖于计算机等电子设备形成、办理、传输和存储的，具有非人工识读性、对技术和系统的依赖性、信息和载体的可分离性，以及易更改性。当然，与纸质文件相比，它又具有快速传输、精准传递、便于存档、不易丢失和格式规范等显著优点，同时也具有易失真、易失实、易失效等特性。

（二）主要内容

国际档案理事会电子文件委员会在《电子文件管理指南》中提出，电子文件由内容、结构、背景三要素组成。所谓内容，指的是文件本身要表述的主旨信息；所谓结构，包括文件内容的组织方式和表达方式两方面，组织方式就是文件由哪些部分构成（如正文或正文和附件等），表达方式就是其呈现方式（如格式、载体等）；所谓背景，就是指文件的背景信息。

电子文件处理主要包括电子文件的生成、发送、接收、管理、归档等一系列相互关联、衔接有序的工作。

电子文件处理要遵循真实、完整、安全和可识别等基本要求，做到及时、准确、安全。

（三）基本原则

1. 统一管理。对电子文件管理工作实行统筹规划，对具有保存价值的电子文件实行集中管理。

2. 全程管理。对电子文件形成、办理、传输、保存、利用、销毁等实行全生命周期管理，确保电子文件始终处于受控状态。

3. 规范管理。制定统一标准和规范，对电子文件实行规范化管理；分类管理，即对有价值的电子文件分层次、分类别管理，以便于共享利用。

4. 安全管理。按照国家有关法律法规和规范标准的要求，采取有效的技术手段和管理措施，确保电子文件信息安全。

从电子文件管理的基本原则可以看出，做好电子文件管理工作不是单靠某一单位、部门能完成的，需要共同合作。仅从文件管理业务考虑，办公厅（室）应该做到建立健全本单位电子文件管理各项制度，专职人员统一收发、审核、归纳和删除电子文件，删除、销毁电子文件须按照规定报有关负责人批准，配合技术部门制定相关技术规范、标准。

二、中国石化电子文件管理

通过电子文件的定义、特点，可以看出，中国石化的电子文件是公司生产经营改革发展等方面的业务凭证，是公司重要的信息资产，从一定意义上说，也是国家重要的信息资源。中国石化在电子文件应用和管理方面，一直不断探索，积极实践，近年来结合建设世界一流能源化工公司和现代办公需要，又进行了全流程公文无纸化等多方面的地探索和实践，取得了积极成效。

（一）基本情况

中国石化电子文件管理归口办公厅，信息化管理部作技术支撑。各直属企事业单位电子文件管理归口办公室，信息化或相关管理部门作技术支撑。中国石化自1998年开始实施办公自动化，当年建设了总部机关公文传输系统，实现了各部门办公室公文的登记与互传功能。2002年开始在直属企业推广使用办公自动化系统，实现了总部与企业的公文传输、收发与登记功能。2004年通过系统提升并引入工作流审批功能，总部具备了网上办公条件。2006年初实施了电子印章系统，实现了总部各部门间、总部与直属企业间具有法律效力的无纸化电子文件传输。2010～2012年对办公自动化系统进行提升与建设，为实现公文无纸化奠定了基础。2013年开始对电子印章系统提升，搭建了统一的电子印章集中管理平台和密钥管理平台，实现电子印章的集中管理和盖章验证，统一密钥在线生成、发放等。

2014年开始，中国石化开始实施总部公文无纸化及移动办公应用，于2015年10月完成全流程、全覆盖的无纸化运行。实施公文无纸化后，员工的电子文件管理和应用理念增强，协同办公效应凸显，办文受时空限制减弱，办文质量和效率提高，作风文风转变，管理更加规范，分类明确、流程清晰、渠道通畅、简洁高效的文件管理体系正在逐步形成。

在电子文件管理工作中，制定印发了《中国石化电子公文运行管理办法》《中国石化总部层级公文无纸化办公实施细则（暂行）》《总部机关会议音、视频资料归档管理规范》《中国石化档案信息系统电子文件元数据方案》《中国石化在线归档接口规范》《中国石化档案数字化技术规范》《中国石化档案信息系统维护规范》《数字档案馆建设规程》《中国石化档案信息资源共享规范》《总部机关计算机信息网络国际联网保密管理规定》《中国石油化工股份有限公司ERP企业会计凭证和账簿管理若干暂行规定》等制度。

（二）主要内容

主要包括收发文件、归档、保密管理以及系统建设等方面。

收发文方面，包括可办理公司发文、公司收文，部门发文、部门收文，会议纪要、签报、会议通知等多种类型的公文，共计522个模块。在收发文办理中，已实现移动办公，并引入原笔迹签批和电子签名技术，实现公文移动办公审批过程的原笔迹签批和全流程电子签名。

档案管理方面，总部机关档案管理系统实现电子公文在线归档，常用档案全部实现数字化，并可实现网上查询利用，采用双层PDF技术实现了全文检索；建立了总部重要会议录音、录像管理机制，有关声像资料及公司视频会议资料全部纳入归档范围，实行适时归档。总部机关归档电子文件全部采用光盘备份。

其他电子文件管理方面，油田企业开发建立了中国石化地质资料管理系统，统一管理企业形成的石油勘探开发地质资料。工程施工企业建立了工程项目文档管理系统，实现了项目全流程文档控制，为工程建设项目各环节文件材料的流转、利用、保管及归档奠定了基础。合同、督办、信访等若干系统在各自领域发挥着重要作用。公司电子邮件实现统一管理，电子邮件数据由信息技术部门管理。

系统建设方面，中国石化坚持以“国际标准、中国国情、石化特色”为理念，研究、规划、实施了各类信息管理系统，目前已形成以ERP为核心的经营管理系统，以生产执行系统（MES）为核心的生产营运系统，以及OA为核心的综合办公系统等。

保密管理方面，中国石化保密管理与系统规划建设同步实施，共同推进，有效维护着系统安全稳定运行。

（三）基本要求

主要包括收发文件、归档、保密管理等方面。

1. 发文等办理要求。

要素齐全。发文一般由发文稿纸、公文办理单、签报单、会议纪要签发单（以下统称发文稿纸）和正文（附件）组成。拟稿人要准确、完整填写系统中发文稿纸上所列的必填内容。确属紧急事项的发文，应在系统中选取标注紧急符号，并在需要时同步短信提醒。公文正文及附件应严格按照《中国石化公文处理办法》中的相关要求，在系统中做好拟稿、审核、流转和校对工作。

格式规范。发文、签报、专题会议纪要等公文正文起草应为word格式，附件应为word、pdf、excel、tiff、dwg等通用格式。正文与附件一般不得使用压缩文件格式。上传公文管理系统中的文档要进行排序，发文一般为公文办理情况说明的文档、正文文档、附件文档，签报一般为正文文档、附件文档。如无公文办理情况说明、附件文档，则直接为正文文档。文档标题应完整准确，符合规范要求。

2. 收文办理要求。

外部来文为电子件的，应以电子件流转办理。外部来文为纸质件的，属非涉密文件的，应扫描上传公文管理系统办理，纸质件与电子办理件一并归档；属涉密文件的，按照涉密文件管理流程办理。不宜扫描上传的纸质文件，仍按照纸质文件办理方式办理。收文单位在办理“收文处理单”时，除涉密文件外，均应完整填写文号、标题、来文单位，不得简化。

3. 归档要求。

电子文件办理完毕后，应当及时整理和归档。归档时应注意：电子文件参照国家有关纸质文件的归档范围进行归档并划定保管期限。电子文件的归档应在统一的管理平台上进行。具有永久和长期保存价值的电子文件，归档时由电子文件形成单位制成纸质公文与原电子文件的存储载体一同归档，并使两者建立互联，在每个存储载体中应同时存有相应的符合规范要求的机读目录。电子文件的收发登记表、机读目录、相关软件、其他说明等应与其相对应的电子文件一同归档保存。电子文件归档时由电子文件形成单位对相关项目进行检查，检查项目包括与纸质公文核对内容、签章，审核电子文件收发登记表、操作日志及相关的著录条目等，确认电子文件及相关的信息和软件无缺损且未被非正常改动，电子文件与相应的纸质公文内容及其表现形式一致，处理过程无差错。归档电子文件通过存储载体进行交接的，移交与接收部门均应对其载体和技术环境进行检验，确保载体清洁、无划痕、无病毒等。归档电子文件应存储到符合保管要求的脱机载体上，归档保存的电子文件一般不加密，必须加密归档的电子文件应与其解密软件和说明文件一同归档。归档的电子文件，应按本单位档案分类方案进行分类、整理，按要求存储，按照档案管理有关规定归档。

4. 流程控制要求。

按照“谁拟稿、谁跟踪、谁催办”的原则，由拟稿单位在公文管理系统中实时跟踪所拟电子文件的后续处理情况，直至办结。对办理时间较长或非正常停滞的文件，各单位文书或拟稿人应主动及时催促当前环节处理人办理。各单位文书应在工作日期间及时检查公文管理系统待办事项，及时接收办理待办电子文件，原则上在文书环节的办理时间不超过1个工作日。

会签部门收到会签文件后，要及时办理。发文、签报会签一般应于2个工作日内完成，需讨论研究的应于5个工作日内完成。因出差等原因不能办理公文，且不具备移动办公条件的，应在离岗前及时通过公文管理系统委托功能，将本人公文处理权限委托代办人，由代办人代为办理电子文件。

5. 电子印章管理要求。

电子印章应等同于实物印章，办公厅（室）应指定专人负责保管，并在专用计算机上使用。电子印章如有损坏，应及时报告办公厅（室），并根据办公厅（室）安排进行修复或重新制作。如因单位撤销、名称变更停止使用原电子印章，启用新电子印章时，应及时并严格按照要求处理。

6. 保密管理要求。

涉及国家秘密及企业核心商业秘密的公文，不得以电子文件的形式传输。电子文件应当存放于指定服务器，并指定专人严格管理，未经电子文件传输主管部门负责人同意，不得自行删除和打印。电子文件传输各环节必须严格保密，不得向无关人员透露操作程序或提供存储电子印章的介质等相关软件和设备，确需他人帮助处理时应先授权并在事后取消授权。公文管理系统用户密码口令应由使用单位定期更换。用于电子文件传输的计算机及相关设备应指定专人管理和维护。各单位指定的负责传输电子文件的工作人员应相对固定，并按要求报有关单位备案。

电子文件虽以不可逆转之势替代着纸质文件，但也不会完全替代纸质文件，由于电子文件与纸质文件具备的功能并不完全相同，再加上实际工作需要（如涉密文件）、技术问题、习惯因素、文化背景等诸多影响，二者必然长期共存，只不过随着经济社会发展，电子文件会不断占据主导地位。在具体工作中，要根据实际需要，妥善处理电子文件与纸质文件的关系。

第二编

公文写作概述

公文写作是指公文文稿的起草、修改和加工，是拟稿人代机关立言、实现机关领导意图和管理目的的写作活动，对于准确及时传达党和国家方针政策及中国石化决策部署，传播社会主义核心价值观和中国石化企业文化，进一步贯彻落实习近平同志治国理政新理念新思想新战略，指导中国石化可持续健康发展起着重要推动作用。中国石化公文凝聚着中国石化的企业精神，体现着广大员工的管理智慧，关乎着中国石化战略全局和各项部署、措施要求的实现，代表着中国石化业务水平。因此，公文写作作为一项重要的基本功是各级机关每一位工作人员都应具备的工作技能，从一般员工到中层干部直至公司领导无一例外。本编分常用公文写作、公文制发常见问题和案例分析与参考模板等三章进行详细阐述，从“实践上”介绍公文写作，让大家从中能通透公文写作的思路、立意、技巧和方法，特别是在活生生的公文写作案例中受到启发。

第八章　常用公文写作

中国石化公文是中国石化处理日常公务活动的一种重要工具，各级机关工作人员特别是广大文秘人员，应了解掌握并娴熟应用。本章就中国石化常用的决定、意见、通知、通报、报告、请示、批复、函、纪要等九个文种的公文写作进行逐一具体解读。

一、公文写作基本要求

（一）起草要求

公文的性质、特点和作用，决定了起草公文时必须遵循以下要求：一是要符合国家法律法规、政策和中国石化管理制度，这是起草公文的根本前提。在国家依法治国、中国石化从严从细从实管理的新常态下，显得尤为重要。二是要准确反映和忠于发文机关的意图，体现发文机关意志。三是要实事求是。公文的内容必须有切实的针对性，有助于解决实际问题；要全面真实准确反映客观实际和问题，不作任何虚构；作出的判断必须有切实的客观依据；提出的措施必须切实可行，力戒官僚主义、形式主义，这是保证公文权威性、科学性和生命力的基础。四是要遵守公文拟制的格式规范，即要求公文格式、语言表达、符号使用均应符合有关规定，符合语法规则与逻辑规则，不能“标新立异”。从行文关系分析，起草公文应注意以下几点：

1. 下行公文：要体现其权威性和约束力，更好地指导、安排工作；说理透彻，要求明确，便于下级机关理解和执行；行文严肃，语气果决，有分寸。

2. 平行公文：开门见山，直叙其事，不需讲过多的道理和客套话；措辞得体，语气平和、礼貌、恳切，切忌命令口气和曲意逢迎口吻；内容专一，简明扼要，一文一事。

3．上行公文：含有向上级机关汇报工作、反映情况、提出建议的因素，有的需要上级机关及时给予答复；上行公文主送一般限于直属的上级机关；上行公文一般要求专题专文，以利于上级及时作答；上行公文语气平和、肯定。

（二）语言要求

1．精准。所谓公文语言“精准”，就是公文用语要准确贴切，做到语言规范、辞能达意。公文作为上情下达、下情上呈、公务交往、协调各方的工具，语言表达准确贴切是最基本的要求。公文要正确地反映所表述的客观事物，讲求客观，符合事理，遵循逻辑。这里要把握好两个要点，一是公文中所讲的概念必须正确、精准，判断、推理必须符合辩证逻辑与形式逻辑的原则和规律；二是公文中所反映的基本立场、观点、政策、措施必须正确，符合客观实际与事物发展的基本规律。

用语精准，就是要准确把握理解所表达概念的内涵和外延。一是做到选用恰当的词，特别是对同义词、近义词的细微差别一定要辨析清楚，不可含糊。例如“劝阻、阻止、禁止、严禁”这组词，都有“不准许”的基本含义，但是“不准许”的方式和程度不一样。例如，①劝阻赌博；②阻止赌博；③禁止赌博；④严禁赌博。上述例子如果在某规定中使用，例①方式不当，失之轻缓；例②如何阻止，方式不明；只有③④的方式（用强制手段）和程度（严厉地）才是恰当的。二是对概念的外延和内涵做必要的限制，使概念所表达的内容准确贴切。例如，国务院、中纪委《关于坚决刹住乱涨生产资料价格和向建设单位乱摊派费用的紧急通知》中对“两股歪风”这个概念的解释：“去年下半年以来，在国家经济建设中出现了两股严重危害国民经济发展的歪风：不少地区和企事业单位违反党中央、国务院的规定，乱涨生产资料价格和向基本建设单位乱摊派费用，甚至敲诈勒索，已发展至不能容忍的地步。”“歪风”这个概念外延很大，文中采用限制的方法逐步缩小，从时间上、范围上、性质上加以界定，这个概念的涵义就很清楚，很准确。

判断要恰当，就是除了要求作者有正确的立场观点、对客观事物有正确的认识外，要正确地运用各种判断形式，遵守各种判断的逻辑要求。例如：①以上报告，请转呈国家发改委审批；②以上报告，如无不妥，请转呈国家发改委审批。以上二例是避免越级行文，请求上级转呈国家发改委批准的请示文件，但二者的判断形式不同。一是直言判断，直接请求上级转呈文件，等于给上级机关下命令，这从语言表达上很不得体。二是假言判断，请求上级转呈文件是在“如无不妥”的前提下，是有条件的。采用这种判断形式，表示对上级机关的尊重，语言表达严谨、得体。

推理要符合逻辑要求。首先前提必须正确、真实；其次要注意推理的前提和结论之间的内在联系；再者是防止“以偏概全”，如本来是个人或少数人的意见，却写成“大家谈到”“同志们一致认为”等等。

2. 朴实。公文语言尽可能不要使用隐喻、暗示、夸张、渲染等手法，只需透彻地点破实质，摆明道理，让人准确理解即可。

用词炼句力求大众化，避免用生僻晦涩、半文不白的词句。例如某报告初稿中有这么一段话：“反对报虚者得喜，报实者得忧，制止做表面文章，这话言之亦久矣，但在某些单位，说之者只管说，做之者只管做，彼此相安无事，何也?言而无‘法’，缺乏具体措施、办法使其然也。”这段话道理虽然不错，但读起来很别扭，很不协调，不符合公文语言朴实明白的要求。

要使用规范的书面词语，少用或不用方言词和土俗词语。在运用书面词语时，必须做到词义准确、明晰。而概念的限定和直接意义的运用是公文语体词义明确表达的基础。所以要舍弃一切“言外之音”。例如：“工会要支持职工的请求”，这句话就不妥当，请求有合理的、不合理的，应在“请求”前加上“合理”两字。

从句式看，主要选用陈述句和祈使句。陈述句便于直接陈述事物。例如：“企业生产经营实现了质的飞跃”，“×××同志的上述行为，严重违反了《中国石化关联交易管理及结算办法》”。祈使句表示要求或希望对方做什么或不做什么，在公文中应用较多，例如“现将计划下达给你们，望认真组织实施”。从句型看，主要选用主谓句和完全句，这是为了表意的明确。例如：“党的最终目的，是实现共产主义。”但在表述时，为表意简要起见，也常选用无主句和省略句。例如：“最近，发现部分职工思想不稳定，对企业改革不能正确理解”。在句子成分方面，大量选用介宾词组充当状语、定语成分。尤其是表目的、手段的介词，如“为了、为、按照”；表对象、范围的介词，如“对、对于、关于”；表依据的介词，如“据、根据、遵照”等。从目的、对象、范围、依据等方面，对表述对象和内容进行修饰、限定，以使其更加严密、明确。

3. 简明。公文具有实践操作性和时效性。这就要求公文写作中用词炼句力求简洁明了，用简洁的句子表达丰富的内容，起到言简意赅的效果。

结构上要简单明了。一般单句较多，复句较少；短单句较多，长单句较少；复句中短复句较多，长复句较少；长句中，短主语型、短宾语型、短定语型、短状语型、短补语型较多，而长类型又较少。特别是决定及陈述管理制度的公文，更是以使用较短句型为主，辅之以较长句型。

语言上要开门见山。一是一,二是二，要指出问题或争论之所在。在写作公文时，首先就直截了当指出其目的，叙述上条理分明。努力去掉赘余。赘余就是公文中多余的词语、句子、段落。去掉这些赘余使句子简洁，行文清爽，而于意思无损。例如“在基本建设中，确实存在着许多需要纠正的不良倾向。”“不良倾向”即是“不良”，那就在“纠正”之列。应该删去“需要纠正的”。

使用概括性语言。老舍有过精辟地说明“简练需要概括，需要多知多懂……才能写得简练”。写作时要惜墨如金，多用概括性论断性语言。例如“抗日战争期间，我党从1942年开始在全党进行整风，这场马克思主义的思想教育运动收到巨大的成效”。这一句话，概括了1942年党内整风的背景、性质和效果，对这次整风的历史意义作了恰当的评价，收到了思想深刻、言简意赅的功效。

力戒堆砌。堆砌就是在一句话上，加上一大堆“漂亮”“时髦”的词语，给人一种华而不实的感觉。例如：“该地今年的雹灾灾情极其严重，损失极其巨大，群众生产和生活极其困难。”雹灾可能严重，可是形容词堆砌太多使人感到可疑，倒不如写受灾的具体情况。

4. 鲜明。公文所反映的理念思想战略要明确鲜活，重点要突出，观点要明晰，使受文者能够准确掌握公文的要旨和精髓。这里要把握好两个要点，一是公文的观点与材料的统一，准确地提炼公文观点和恰当地选择能说明观点的典型素材，使观点统辖材料、材料论证观点，相互佐证；二是围绕中心、突出主题、详略得当、明确朴实，切忌废话空话、硬靠硬套、照搬照抄。公文大都是为了指导和推动工作，要人执行的，要干什么、不能干什么，坚持什么、反对什么，必须态度鲜明，不能模棱两可。

态度要鲜明。提出问题直截了当，使读者一接触文件就能了解其基本指导思想、主要意图和所表达的目的。例如“明确宣布”“不经……批准……不得……”“均为责任事故”等，这些语言不论从形式、内涵、使用的地方看，从他们起的作用上看，都是很鲜明的语言，表达的态度非常鲜明。

适当运用修饰手法。虽不采用文学作品那种细腻的描绘手法，但同样需要形象化的词语，也要适当运用比喻、对比、衬托等修饰手法。例如：“不拿群众一针一线。”以人民财产中的部分“一针一线”代所有人民财产，具体地、形象地表述了人民子弟兵秋毫无犯的严明纪律。

合理引用，增强鲜明生动性。一是引用惯用语。例如“松绑”“走后门”“开绿灯”等。二是选用简称语。例如“三个代表”“科学发展观”等。三是选用通俗生动的群众语言。例如，《关于党内政治生活的若干准则》中有一段话：“在一些地区、部门和单位，‘明无山头暗有礁’，派性的‘幽灵’不散，派性分子经常抑制党的方针政策和上级决议的执行”。选用了“明无山头暗有礁”这句熟悉词，形容当时某些单位暗中闹派性的状况，是很生动很贴切的。四是选用有时代特色的新词语。例如“宏观调控”“和谐发展”等。五是选用有生命力的成语。例如“全心全意”“精益求精”等。

5. 规范。长期以来，公文写作中形成了一些固定性的语言。这一特点也是其他文体所没有的或少有的，在写作公文时必须遵循固定规范。

使用固定性语言。例如，公文的起首语常用“按照”“根据”“为了”“关于”等；引叙语常用“现将”“业经”等；表态语常用“同意”“拟同意”“不同意”等；询问语常用“妥否”“是否可行”等；结尾常用“特此报告”“妥否，请批示”等。

公文中的专用名词规范。专用名词在公文中第一次出现时，一般要用全称。例如“××市人民代表大会常务委员会”不能写成“市人大常委会”，“中国石油化工集团公司深化改革领导小组”不能写成“深改组”等。

时间数字表述要规范。如前文无所提示，一般不要用“今年”“明年”等。因为过了一段时期，“今年”“明年”就不明确了。还要注意完整性。例如“2013年”不能写成“13年”。数字要前后一致，不能在同一篇文稿中一会儿用阿拉伯数字，一会儿用汉字等。要严格按照《出版物上数字用法的规定》

（GBT 15835—2011）。

6. 生动。公文要有活力、有生气，注重增强可读性和感染力，避免枯燥生硬的论述。这里要把握好两个要点，一是努力在抽象的论述中适当增加不抽象的东西，注意讲求修辞，体现公文语言的形象化、生动性、大众化、通俗性以及时代性、新鲜性，在严肃中略透活泼；二是内容、思想和反映问题的角度要有新意、有特色，在保持公文语体基本原则的基础上要表现出不同公文的不同风格，避免重复雷同、千篇一律。

（三）句法要求

一般地讲，公文语句以陈述句、祈使句为主，在叙述时多为简明的短句，议论时可用逻辑关系严密的长句；另外，公文句法还形成一些特定的句式，如提前句式、省略句式、简缩句式等。正确地把握和运用这些句式，才能保证公文的规范。

（四）导语要求

公文导语通俗地讲就是正文前头部分，用来说明行文目的、依据、有关背景的文字。公文导语没有统一的格式与要求，概括起来主要有四类：一是概述内容式，用简明的语言概括该文件的内容。二是直述目的式，用直截了当的语言阐明该文件制发的目的。三是结论式，提取公文的结论，以精练的语言放在开头。四是交代式，交代有关情况、背景、环境、时间等。

（五）引证要求

公文中通常引用经典论著、政策法律条文、事实论据等来论证论点，阐明观点，是使公文增强权威性与说服力的手段之一。引证有明引、暗引之分。明引是注明所引用文字的出处；暗引是直接把引用的文字与公文融为一体，不另加说明。无论何种引证，都必须注意准确、恰当、贴切，使引文与正文有机结合，浑然一体。

（六）主题要求

在提炼主题时，要注意把握两点：一是必须从全部材料出发，对公文的思想意义作正确挖掘和高度概括。二是必须抓住事物的本质。

一篇好的公文，对主题有如下要求：一是主题要正确，符合客观事实，即反映人、事、物及思想、观点时没有偏颇和错讹，这决定于作者的立场观点和思想方法。二是主题要深刻，有思想深度，挖掘出事物的本质，站在一定的高度，超越具体人和事及表面现象，能见人所未见，发人所未发。三是主题要新颖。不落窠臼，不拾人牙慧，不人云亦云。发掘新的题材，从新的角度，用新的方法，发表独特的见解。四是主题要集中，始终围绕一个主题，不枝不蔓，不散不乱。五是主题要鲜明，赞成什么，反对什么，态度明朗，掌握分寸。

（七）材料要求

材料的采集积累有以下途径：一是深入生活，长期观察体验，逐步积累。二是有计划地调查、搜集材料。三是从书籍报刊资料中获取材料，又分为平时积累和专题积累。前两种途径是直接占有材料，后一种途径是间接占有材料。选择材料，应遵循以下原则：一是围绕主题选择材料。二是选用真实的材料。三是选用新颖的材料。四是选用典型的材料。

此外还应注意：一是确定材料使用的先后顺序。有些公文要求先重后轻，有些公文按一定的线索安排。二是确定材料使用的详略程度，一般原则是重要的材料宜详，次要的材料宜略；典型材料宜详，一般材料宜略；“新”材料宜详，“旧”材料宜略。三是使用材料应适应表达手段的需要，说明事物时，使用材料要把握特征；记叙事物时，使用材料要准确、可信。

（八）结构要求

所谓的公文结构又叫布局、谋篇，是指对公文进行总体设计，例如如何开头，怎样展开，分为几个层次、几个段落，先后顺序，突出什么，哪些陪衬，怎样结尾，以什么作线索等等。公文的结构是公文的骨骼，其具体内容主要包括：

1. 层次和段落。在公文的结构中，层次和段落有三种关系：一是层次大于段落。即几个段落表达一层意思。二是层次等于段落。即一个段落包括一层意思。三是层次小于段落。即一个段落包括几层意思。可以按时间或空间安排层次，也可按事物发展的过程安排层次。

2. 过渡和照应。在行文中由一层意思到另一层意思，由总述到分述或由分述到总述，由叙述到议论或由议论到叙述，都需要适当过渡，以免给人突兀的感觉。公文中有以下过渡方式：一是用过渡词语过渡，如“综上所述”“总而言之”“由此可见”等。二是用句子过渡，如“现将有关情况报告如下”等。三是用过渡段落过渡，起承上启下的作用。公文的照应指公文的内部相互衬托、呼应，以增强表达效果。有以下几种照应：一是开头与结尾相呼应；二是行文前后相呼应；三是题目与内容相照应。

3. 开头与结尾。公文对开头与结尾的要求不同于其他文种。公文开头以朴实、平直、开门见山为特色，忌惊人笔、忌绕弯子、忌套话，要揭示公文主题。公文的结尾以自然果决为特色。

公文的结构相对稳定，撰写时又不拘一格，其具体要求表现在三个方面：一是公文结构要求集中，从内容到形式都严谨有致。二是公文结构要求严密，讲求顺序井然，不缺不漏。三是公文结构要求匀称，详略得当，重点与一般、主与次以及各部分之间关系协调。公文的结构还要求线索清楚，剪裁合理。

（九）表达手段要求

公文中常使用的有叙述、说明、议论三种表达手段。

1. 叙述。是公文中使用频率最高的一种表达手段，是表现人物、事件、背景及其变化的文字。在公文撰写中，使用叙述有以下几点要求：一是注意叙述人称。公文中一般使用第一人称（如请示、函等）、第三人称（如通报、通告等），少用第二人称。二是注意叙述要素。即把人物、时间、地点、事件、原因、结果交代明白。三是注意线索清楚。公文要求线索单纯、集中，忌讳多头。公文线索有以下几类：以时间为线索，以空间为线索，以事物发展变化为线索，以具体人、物为线索。四是注意叙述方法。公文中常用的叙述方法有顺叙、倒叙、引叙、补叙等。

2. 说明。是公文中常常用来阐明事理、介绍情况的表达手段。有以下几种类型。一是下定义：是指对公文中涉及一些新事物、新名词、新现象下定义。要求准确、严密、无歧义。二是解释：是指对公文中的某些概念进行解释，要求多角度，力求严密。三是分类：是辨别、认识事物的重要方法，公文中常常用到。四是列举：是指罗列事实和数字，以说明事理。

在公文撰写中说明的使用有三种用法：一是程序性说明，用来反映事物发展过程变化等。二是总结性说明，用来最后归纳全文。三是补充性的说明，多用在图表下的文字补充。公文中的说明成分多使用术语、行话及习惯用语，句式以陈述句、判断句为主，而少用形容词语。

3. 议论。是公文中用来表明作者观点和态度，对事件进行分析和评论的表达手段。主要包括观点、论据和论证。观点即公文的观点，要求正确、鲜明、新颖。论据是说明公文观点的事实、数字、图表、公式等，要求确凿、充分。论证用来揭示论点、论据的关系，要求论点、论据一致，论证周到严密，有说服力。

二、常用公文写作特点与要求

（一）决定

1. 决定的含义。它是“适应于对重要事项或者重大行动作出决策和部署，奖惩有关单位及人员，变更或者撤销下级机关不适当的决定事项”的公文。这里需要注意的是，决定是下行文，向本级机关和所属单位发放。

2. 决定的特点。一是权威性：指领导机关按照职责和范围行使职权所作的决定，一经公布，本级机关和所属单位就必须遵照办理，没有讨价还价的空间和余地。二是重要性：指决定涉及的内容均为重要事项或者重大行动，日常工作和临时性工作的安排不得使用决定这种文种。三是强制性：指决定的事项具有命令性，本级机关和所属单位必须严格贯彻执行，不能强调“特殊性”而变通，不允许顶着不办，不允许挑战上级领导机关的权威。

3. 决定的种类。决定可分为指挥性决定和知照性决定两种。

（1）指挥性决定：是指对某些重要事项作出决策部署，确定大政方针，提出行动要求的决定，其中包括指导性决定、指示性决定、指令性决定、规定性决定、规范性决定等，强调的是指挥部署和执行，具备一定的指导性和可操作性。例如：《中共中央关于全面深化改革若干重大问题的决定》。

（2）知照性决定：是指对重要具体事项作出的决定，起着告知的作用。

表彰决定、处分决定、人事安排决定、机构设置决定以及公布某一具体事项的决定均属知照性决定，强调的是告知，对于事项本身，不需要去具体操作什么事项，或者具体做什么工作。例如:《××关于表彰2016年中国石化业务竞赛获奖单位和个人的决定》《××关于给予××警告处分的决定》。

4. 决定的写作。正文由开头、主体、结尾三部分组成。

（1）开头部分。主要阐述写决定的缘由、依据或目的，概括提出和分析问题，阐述为什么要作出决定，为下面具体决定事项的引出和表述做好铺垫和打好基础。

（2）主体部分。主要述写决定具体事项，针对开头部分提出和分析的问题，提出解决问题的部署，一般把决定具体事项采用分项或小标题形式具体写出，条理性、顺序性、逻辑性和前后呼应是写作时应该重点注意的。

（3）结尾部分。主要提出希望和要求，也可对决定事项内容作出补充或强调。当然，一般来说，知照性决定是不需要提出希望和要求的，写作时应该加以区别，不可一概而论。

（二）意见

1. 意见的含义。一般来说，它是对某个系统工作中的重要问题提出见解、处理办法和措施时使用的公文。目前这一文种在现实公务活动中已被广泛应用。

2. 意见的特点。一是灵活性：意见的行文方向灵活，可以作为下行文对本系统的工作进行指导；也可以作为上行文，对本系统的主要工作提出原则性方案报上级机关批准或批转。意见的灵活性还在于行文事项灵活。有些暂时不宜用决定或者规章制度形式发布的事项，采用“意见”这一文种比较稳妥灵活，既能达到以决定或者规章制度形式发文的功能，又可避免出现某些偏差。二是针对性：意见的针对性强，是对某项工作或某项活动中当前遇到的，或者今后一段时期可能出现的实际问题提出见解和具体的处理办法，可以说是“一文一事”。三是指导性：意见具有很强的指导性，无论是机关部门直接下发还是报经上级机关批转下发，都是针对现实工作中的情况和问题提出具体见解和办法，起着传达上级机关指示、指导布置工作的作用，对下级工作具有明确的指导性，指明了工作的方向。且提出的见解和办法一般都是经过长期实践总结出来的，可操作性强，有很强的实际意义。四是原则性：意见一般只是提出原则性的见解和处理办法。对工作的安排不像“计划”那样具体，对行为要求不像“规定”那样严格，一般不作强制性的规定；还需要下级在具体的工作中，根据意见的指导方向，探索切实可行的具体措施，做好具体工作。

3. 意见的写作。意见的正文一般由开头、主体和结尾三部分组成。

（1）开头。开头部分一般概括性地说明制定意见的缘由、目的或依据。常用“现提出如下意见”作为承启语转入意见的主体部分。

（2）主体。主体部分一般是解决“如何认识”和“如何解决”这两个问题。结构安排上应先写原则性指导意见，后写具体性指导意见；先写理论性的认识，后写具体的解决办法。内容较多篇幅较长的意见，可以用序号或小标题形式排列，以便结构更清晰明朗。

（3）结尾。下发的意见一般要求下级结合实际情况贯彻执行，不作强制性规定，还可提出在贯彻执行中遇到的困难和问题应当及时报告，或者结合本单位、本部门、本层级实际情况制定具体实施方案的要求。

4. 意见写作应注意的问题。意见是就贯彻执行上级精神提出带有宣传、引导、说明、阐释意见的指导性文件，语气要相对缓和，不应使用命令性的强制口气。意见中较多地使用说明的表达方式，但说理要求简明扼要，不必展开论述，不应用写论文或宣传材料的手法做全面论述。意见大多是就现实工作中出现的新情况、新问题，经过调查研究，提出解决问题的思路和办法。因此，意见的写作要注意选题，深入调查研究，掌握第一手材料。

（三）通知

1. 通知的含义。它是用于发布、传达要求下级机关执行和有关单位周知或者执行的事项，批转、转发公文时所使用的一种下行文。

2. 通知的特点。一是适用范围广：上至中央、国家机关，下至企事业单位、社会团体和各级基层组织，都可以使用，不存在对发文机关的限制。二是使用频率高：通知使用广泛，其使用效率大大高于其他文种，大到一项全系统、各单位需要共同开展的工作，小到一个会议，都可以使用。三是行文灵活：通知作为法定公文，应符合公文格式的要求。但作为周知性的通知，特别是用于张贴的周知性通知，其行文格式相对比较灵活。如标题可省略行文机关和事由，主送单位也可以省略等。

3. 通知的种类。按照通知的性质划分，可分为指示性通知、批转性通知、事项性通知、知照性通知等四种。

（1）指示性通知：这类通知多用于传达决定、规定、指示或某方面的政策，布置需要执行与办理的工作。指示性通知还包括发布、印发、下达式通知。其发布、印发的多是办法、规定等行政法规；下达式通知大多用于下达计划、工作要点等，例如，《××关于下发“八个方面保效益”措施的通知》《××关于印发HSE工作要点的通知》。

（2）批转性通知：这类通知分为批转式通知和转发式通知。批转式通知是指上级领导机关对下级机关的来文进行批示，加上本级机关的批语后下发的公文。转发式通知是指转发上级机关和不相隶属机关的公文，一般会加上一段包括本级机关对文件执行的要求等内容的按语。批转性通知和指示性通知不同。指示性通知是制发机关主动发出的，是单一体的公文；批转性通知是批转或转发别的机关的公文，除通知本身外，还有被批转、转发的公文，是两件公文的复合体。

（3）事项性通知：这类通知是要求下级机关办理一般事项的通知，用于布置工作、下达任务、印发工作计划等。这类通知中的会议性通知是我们日常使用较多的一种，形式灵活，内容可繁可简。简单性会议通知，一般只写会议名称（内容）、时间、地点和参加人员；复杂性会议通知，一般会写明会议的名称、目的、议题（或内容）、时间、地点、参加人员及参加会议的要求等，甚至还会附带参加人员回执、报到地点、接站等事宜的附件等。例如，《××关于调整关键装置要害部位联系（承包）人的通知》《××关于组织开展“学党章党规党纪”知识竞赛的通知》《××关于举行第××届职工代表大会第××次会议的通知》等。

（4）知照性通知：这类通知是指要求有关单位或人员周知有关事项的通知，如干部职务任免、启用印章、节假日放假安排等事项，范围十分广泛，不一而足。例如，《××关于领导分工的通知》《××关于××年部分节假日安排的通知》等。

4. 通知的写作。通知的正文由通知缘由、通知事项、执行要求等三部分组成。

（1）通知缘由：主要说明制发通知的理由、目的或依据，然后用承启语“特作如下通知”“现将有关事项通知如下”“现通知如下”等导入事项的要求和安排。

（2）通知事项：主要内容是部署工作，阐述工作意见、措施、办法，明确受文机关承办、执行的事项。通知事项要具体，切实可行，部署要清楚。要依据不同类型通知的写法突出重点，如果内容多则可分段或用序号排列。

（3）执行要求：既可提具体的执行要求，也可说明通知事项的重要性和意义，强调受文机关高度重视，认真执行。最后常用“特此通知”或“专此通知”之类的习惯语作结；如果在通知缘由部分已使用“特作如下通知”等承启语，结尾可不再注明“特此通知”等惯用结束语。

（四）通报

1. 通报的含义。它是用于表彰先进、批评错误、传达重要精神和告知重要情况时使用的下行文。

2. 通报的特点。一是周知性：通报最主要目的是让群众周知，以宣传先进、鼓舞斗志，鞭挞错误、吸取教训，掌握情况，了解问题，不强调执行性。二是典型性：被通报的人或事具有代表性和针对性，可以是好坏两方面的典型。三是新闻性：通报的事项是最近发生的新情况，希望能够尽快引起注意和重视。

3. 通报的种类。按用途可分为表彰通报、批评通报和情况通报，按内容可分为专题通报和综合通报，按性质可分为联合通报、内部通报和转发通报。

4. 通报的写作。通报正文一般由通报缘由、通报事项、希望要求等三部分组成。通报缘由主要说明发文的原因或根据，提出问题。通报事项简明扼要地介绍事实，或情况发生、发展的时间、地点、过程和结果，或人物的概况和行为等，并依据基本事实或已有的调查结论等对事件进行恰如其分的评价分析，指出重要意义或严重后果，同时对相关人物或事物作出某种决定，例如《××关于××爆炸事故情况的通报》。希望要求主要提出希望与要求，引起受文机关的重视，规避风险或者努力开展相关工作。撰写通报，一定要做到事实确切、典型，交待要清楚、具体，议论分析要切合实际，希望要求要中肯、有针对性和可操作性。

（五）报告

1. 报告的含义。它是下级机关向上级机关汇报工作、反映情况、回复询问事项通常使用的上行文。

2. 报告的特点。一是汇报性：汇报是指向上级机关汇报工作，反映情况，提出建议，让上级机关掌握基本情况，为上级机关决策和指导工作提供依据。二是陈述性：陈述是指向上级陈述做了什么工作，有什么情况、经验、体会，存在什么问题，今后有什么打算，对领导机关有什么建议。所以，写作上多用叙述、说明的表达方式，不采取说理方式。三是灵活性：灵活是指形式灵活，既可以单位名义行文，也可以单位负责人名义行文，也可请求上级机关批转。以单位负责人名义行文要慎重，因为一般应以单位名义汇报单位整体情况，除非上级机关明确要求下级单位负责人本人做出相关说明。

3. 报告的种类。

报告种类多种多样。按内容分，有情况报告、回复报告、按照要求报送的报告；按性质分，有综合性报告、专题性报告；按要求分，有呈报性报告、呈转性报告；按时间分，有定期报告、不定期报告。企业常用的报告有以下四种。

（1）综合报告：是用于向上级机关全面汇报工作情况、提出建议和工作意见的报告。有些综合报告，特别是以反映日常工作内容为主的综合报告，大都同季度、半年或全年工作总结相结合，例如，《××关于××年工作情况的报告》。

（2）专题报告：是用于向上级机关汇报某项工作、某个问题或出现的重大问题，以及接办事项的处理情况和回复上级机关询问或要求的有关问题的报告，例如，《××关于企业改制试点工作进展情况的报告》《××关于百万吨乙烯工程RBI工作实施情况的报告》。

（3）检查报告：是用于对发生的问题或错误事实说明概况、原因、责任，表明态度、处理意见的报告，例如，《××关于××事项的检查报告》。

（4）送文送物报告：是用于向上级机关报送文件或物件时随文随物而写的报告，例如，《××关于呈报××年度经济技术指标完成情况的报告》。

4. 报告的写作。

报告的正文一般由开头、主体、结尾三部分组成。

（1）开头部分：概括说明报告的主旨、目的或依据，简要直述，集中概括不说多余的话。常用“现将有关情况报告如下”“现报告如下”等承启语转入报告主体。

（2）主体部分：陈述报告内容，要写明主要情况、做法、结果、成效及存在的问题，有些还要写经验教训以及今后打算。要注意根据不同情况，有所侧重，灵活运用。例如，年度综合性工作报告，一般可采用总分式写法，总述概述做了什么工作，取得了什么成绩，然后用“现将工作情况报告如下”过渡到分述部分。分述可把工作具体做法、经验体会分款列项依次介绍，有时也提出存在问题和建议等，但不作为主要内容。

（3）结尾部分：常用的结束语一般是“特此报告”“专此报告”“以上报告，请审阅”等。

5. 报告写作应注意的问题。

一是突出重点：报告各方面工作情况应有所侧重，不能平均用笔。否则，难以突出重点，显得主次不分。二是做好分析：首先要把工作中各方面的成绩、经验、问题以及解决问题的方法等材料择要综合起来，然后认真分析，从中提炼出能概括事物本质的东西，而不是把想说的全部罗列。没有具体的对策或者解决办法，不提炼也不总结，难以突出要点。三是点面结合：处理好点和面的关系，使报告内容全面而不累赘，具体而不琐碎，典型而有说服力，并有一定的深度。四是结束语：报告的结束语不能用“当否，请批示”之类的请求语，以免与请示类公文混淆。尤其需要注意的是，报告中不得夹带请示事项，一般情况下不送领导个人。

（六）请示

1. 请示的含义。它是下级机关就有关问题向上级机关请求指示、批准时使用的上行文。

2. 请示的特点。一是请求性：是指本机关、本部门拟办理某事项，但无权自行决定，或没有能力办理，或根本不知道该怎么办理，须请求上级机关批准明确。二是回复性：是指请示上级机关对于请示事项给予明确批复，可以或者不可以，可以的还要指明怎么做，而不仅仅是阅知。所以，凡接到请示的机关，无论同意与否都应给予明确批复。三是先行性：是指请示必须事前行文，即必须事前请示，得到批准后方可办理，决不可先斩后奏，或者放"马后炮"。四是单一性：是指请示必须一文一事，即就一个事项进行请示，当然可以就这一个事项提出可行性建议，或提供多个方案并分析其利弊，供上级机关选择或者决策；切忌一文数事，即一个文件请示多个事项，这样既有损文件的严肃性和权威性，又不利于请示事项的办理。

3. 请示的种类。请示的种类可以分为请求批准、请求指示和请求裁决等三种。

（1）请求批准的请示：这类请示，适用于那些主管部门有明确规定，必须经过上级批准才允许办理的事项，也就是发文机关无权决定的事项。例如，《××关于成立××机构的请示》《××关于开展项目合资合作前期工作的请示》，其上级机关经研究后不管是否同意，都应给予明确的答复意见。

（2）请求指示的请示：这类请示适用于遇到疑难问题，须请求上级机关指示的事项。如对有关政策、法规的原则性规定难以准确掌握；或出现新情况、新问题，没有现行的法律法规或者上级规章制度可循；或本单位情况比较特殊，上级统一规定难以执行，需结合实际情况进行适应性调整等。例如，《××关于明确离退休人员养老保险待遇问题的请示》。

（3）请求裁决的请示：这类请示，一般适用于单位间就某一事项的处理意见发生分歧，经协商难以达成一致，请求双方或者对方上级机关进行裁决的事项。例如，《××关于协调解决人防工程收费问题的请示》。

4. 请示的写作。请示的正文，一般由请示缘由、请示事项、请示结语三部分组成。

（1）请示缘由部分，简要说明提出请示的背景、依据、目的。

（2）请示事项部分，将请求上级机关指示、审批、裁决的事项和情况交待清楚，充分说明理由及依据，提出处理意见或具体办法，要求表述客观事实，依据合法合规，处理建议或者意见合理。

（3）请示结语部分，一般用“请予批复”即可。在具体工作中，根据行文对象不同或报批文件固定格式要求，也常用到“特此请示，请审批”“当否，请批复”“妥否，请批示”“以上意见妥否，请指示”等。

值得注意的是，除上级领导要求外，一般不向领导个人报送请示；请示应主送一个机关，不抄送下级机关。为了便于上级机关了解情况，随时垂询，请示还应在附注处注明请示事项具体情况的联系人姓名和电话，一般应为从事公文处理工作的文秘人员或请示事项的具体经办人员。

（七）批复

1. 批复的含义。它是上级机关答复下级机关请示事项使用的下行文。批复和请示相对应，任何接到请示的机关、部门、单位都可以也应该使用批复。批复一般来说也是“点对点”的，即收到某单位的请示，就对某单位进行批复；但是如果批复的请示事项具有普遍的指导意义或具有某种程度的规定性质，那么这一批复也可以抄送各有关的下级单位。

2. 批复的特点。一是针对性：批复必须针对下级机关的请示事项表明态度，提出明确的意见和办法，不管对请示事项是否同意。二是指导性：批复对下级机关的请示事项提出处理意见和办法，代表上级机关的指示精神和决策意见，下级机关必须不打折扣地严格贯彻执行。三是简要性：上级机关对下级机关请示的问题，只作结论性的批复，一般不作具体分析和详细阐述，无须说明理由。

3. 批复的写作。

（1）批复标题。批复标题与一般公文的写法类似。一般有以下两种方式：发文机关＋批复事项＋行文对象＋文种（完全式）和发文机关＋批复事项＋文种（简单式）。

批复标题也可分为答复请示事项类和解答请示问题类。答复下级机关请示事项的标题，根据是否写明对请示的态度、意见，又可分为表态式与非表态式两种。解答请示问题类的批复标题，结构单一，使用中不易出现偏差。

（2）批复正文。批复正文由批复根据、批复内容和工作要求三部分组成：

第一部分，批复根据。首先引用来文，注意避免批复根据和批复标题的重复。例如：“你单位《关于……的请示》（××〔××××〕××号）收悉……”

第二部分，批复内容。要针对请示事项逐一给予答复。如果完全同意，就作出肯定的答复。答复的内容要具体不能笼统地写上“同意你们的意见”。如果不同意或部分不同意，应写出不同意的理由。文字要简练，语句要通顺。第三部分，提出工作要求。

（3）批复写作的注意事项。一是及时批复：即批复应当具有时效性，答复下级机关请示，是上级机关的职责所在。收到请示，无论同意与否，都必须及时予以批复，因为这是下级单位或者机关极为关注的事项，需要及时了解上级机关的态度，以便对下一步工作作出具体的部署和调整。二是态度明朗：在批复的内容中应表明态度，且态度应当明朗，不含糊其词，让下级单位或者机关不好把握，难以了解上级机关的真实意图。三是符合政策，实事求是：批复的意见，必须依照党和国家的方针、政策及有关规定，针对下级机关的请示事项，实事求是地给予明确答复。

（八）函

1. 函的含义。它是不相隶属机关间商洽工作、询问和答复问题、请求批准和答复审批事项时使用的平行文。主要强调是不相隶属机关间，存在隶属关系的多用请示、报告等文种。

2. 函的特点。一是往复性：是函作为一种公文与其他公文（请示和批复除外）的重要区别所在，通俗的说就是有来有往，一般有发函就应有复函。二是灵活性：是指按公文格式写，但又不像其他公文那样受到格式的严格限制。三是简便性：是指开门见山，落笔扣题，言简意明。

3. 函的种类。

（1）按形式分，可分为公函和便函。公函属于正式公文，联系的事情比较重要，发文时要按正式公文的格式和规则办理，例如《××关于××周边土地出让建议的函》。便函联系的事情一般为具体业务，发文时一般使用便函纸，只编便函号，发文单位可以是机关办公室或具体业务部门，与普通信件大体相同，例如《××关于迁移部分道路绿化的复函》。

（2）按行文关系分，可分为发函和复函。发函是为商洽工作、询问事项、提出要求等主动给其他机关发的函；复函是被动地答复相应的商洽和询问事项的函。

（3）按内容分，可分为告知函、商洽函、请求函、询问函和答复函。告知函仅仅向对方告知相关事项，不能要求对方答复；商洽函一般是希望受文机关给予协助和支持；请求函是用于向业务主管部门、不相隶属机关的有关主管部门请求批准事项；询问函是要求受文机关给予回答；答复函是对受文机关的询问函、请求函或商洽函的回答。

4. 函的写作。函一般由标题、受文机关、正文和落款四部分组成。

（1）标题。标题有以下三种写法：一是事由+文种；二是发文机关+事由+文种；三是发文机关+事由+受文机关+文种。

（2）受文机关。即主送单位，一般只有一个特定单位。个别情况，例如，书报刊物征订函也可以用统称。

（3）正文一般由三部分组成。第一部分写明原因或依据。如果是发函，写发函原因；如果是复函，写复函依据，可引叙来函，通常写“贵单位××年×月×日《关于……的函》（××〔2016〕××号）收悉”。第二部分写明事项，即告知、商洽、询问、答复的具体内容。如果是复函，一般用“经研究，答复如下”，或者直接表示态度。第三部分写出结语。例如，发函可用“特此致函，请予函复”，复函可用“特此函复”等。

（4）落款。要写明发文机关名称和发函日期。如果是公函，则要加盖发文机关印章。如果是一般便函，也可加盖业务部门印章。如果是请求、商请、询问函，落款日期后则应注明具体联系人和联系方式。

（九）纪要

1. 纪要的含义。它适用于记载会议主要情况和议定事项。纪要的行文方向可根据需要而定。可以上报，起“报告”作用；可以下发，起“通知”“决议”作用；对平行或不相隶属机关、单位起“函”作用；还可以与有关单位互通情况，起“通报”作用。

2. 纪要的特点。一是纪要性：纪要和会议记录不同，不是有言必录，而是择“要”而记，抓住重点事项，将会议主要情况和议定事项摘要记载。二是决议性：纪要反映会议的主要精神，一经下发，便对有关单位和人员具有指导作用和约束力。三是备查性：有的纪要不要求贯彻执行，而只是为了通报会议情况，成文后立即传阅，然后存档以备查用。四是特殊性：与正式公文不同，纪要不加盖印章，不写主送机关，独立编号。

3. 纪要的种类。纪要按会议性质大体可分为：

（1）例行会议纪要：这种纪要，是用于反映领导集体活动、处理日常工作、记录决定事项的内部文件，适用于机关、单位领导班子成员召开会议研究工作，讨论问题，决定事项等。一般情况下，会议结束后由会议秘书整理成文，经会议主持人签发后生效。按照纪要内容和工作需要，可以下发直属有关职能部门和单位遵照办理相关事项，也可以作为一种形式对贯彻上级有关指示情况进行“报告”。

（2）工作会议纪要：这种纪要大体有两种，一是综合性工作会议纪要。例如，工程建设会议、项目讨论会议等，需要召集有关部门、单位开会，共同商议协调工程建设或者项目审批、方案优化等实际问题，会后把议决的事项整理成文，由主持人批准生效，并发有关部门和单位。这种纪要带有决议性质，要求与会单位共同遵守、执行。二是专题性工作会议纪要。这类会议就专项工作，召集有关单位和部门参加会议，听取汇报，讨论问题，做出决定，会后把议决的事项整理成文，以便共同遵守执行。例如，科技创新讨论会、生产经营活动分析会等。

（3）学术会议纪要：这种纪要用于记载学术研讨会、理论讨论会的讨论情况，是某些学术、理论问题的见解，有关的建议和意向性意见等。这种会议纪要只起交流信息、通报情况的作用，对与会单位和与会人员没有行政约束力，但在学术方面可能会对参会单位和人员有指导意义。

4. 纪要的写作。

（1）纪要的结构。

标题：有多种写法，一是单位名称+会议性质+会议纪要；二是会议性质+会议纪要；三是机关名称+会议事由+会议纪要。正文：一般有三个部分。一是会议概况，列明某某领导于何时何地主持何种议题的会议，出席领导，何部门汇报何事项；二是会议议定事项及要求；三是结束语，重要的工作会议和讨论会议纪要，可写对会议的评价，对工作提出希望、号召、要求等。一般会议纪要可不写结束语。结尾列出参加会议人员名单，如果是不同议题不同人员参加，则需分列。

（2）纪要的写法。

一是综述式。把会议讨论的主要问题、与会成员的统一认识和看法、议定的事项进行综合归纳整理，用概述的方法加以整体阐述和说明。这种写法多用于办公会议和比较小型的工作会议，问题比较单一、集中，纪要的篇幅也相对短小。

二是条款式。如果会议的内容比较多，又比较具体，并具有决定性质，就可以把议定事项分列成若干项，一项写一个意思或一件事情。这种写法的好处是条理清晰，具体明确，便于贯彻执行。

三是分类式。把会议讨论和议定的主要事项根据其内在联系归纳成几个方面，分别进行阐述，并冠以小标题，小标题下还可以将一个方面分成不同层次阐述。这种写法条理清楚，内容轻重有序，适用于较大型的工作会议或专业会议。

四是发言式。对与会人员的发言归纳整理，提炼出几个专题，分别摘要地写出发言人的主要观点。这种写法适用于学术研讨会、理论讨论会等，可以如实地反映会议情况和每个人发言的主要意见和观点。

5. 纪要写作的注意事项。

（1）做好准备：要想写好会议纪要，第一要在会前尽可能地多了解一些会议相关信息，例如：会议议题、参加部门和人员、会议宗旨、指导思想、具体汇报内容等；第二要做好设备方面的准备，例如：笔记本、钢笔、手提电脑、录音笔等，以便会议内容遗忘或者遗漏时回放录音进行补充。当然，大部门文秘人员，特别是专业参加会议、撰写会议纪要的人员应该学习一下速记的基本知识，并在实践中加以练习，做好业务技能的储备。

（2）正确归纳：要全程参加会议，认真做好会议记录，了解会议进行的全部情况。撰写会议纪要首先要尊重基本事实，严格忠实于会议的宗旨，忠实于发言人的原意，会议未涉及的议题和事项，发言未涉及的内容，起草人不得随意添加；当然，也不能随意删减。会议纪要只写与会人员共同议定的事项或达成的共识，除学术性会议外，不得写入未达成共识的意见。在这一点上，会议纪要与会议记录有本质的区别，会议记录是越有分歧越要详细记录，将与会人员的具体态度留存备查；而会议纪要多用“会议认为”“会议代表一致指出”等词语，表达与会者共同的见解。

（3）突出重点、要点：内容不可空泛，不要像记一本流水账，要围绕会议宗旨及主要成果进行整理，并在尊重基本事实、忠实于会议宗旨，忠实于发言人原意的基础上进行概括总结，要突出会议作出的决议和取得的成果，明确要解决的主要问题。

（4）注意习惯用语的使用：会议纪要有一些习惯用语，简练实用，表达准确，能使纪要显得层次分明，庄重简练。文秘人员在撰写会议纪要时应根据纪要内容加以应用，例如，“会议听取了”“会议认为”“会议指出”“会议决定”“会议明确”“会议要求”等等。

三、部分常用文种的差异与选择

（一）文种的选择方法

顾名思义，文种选择也就是根据发文目的和文稿内容，选择最恰当的文种行文。现将实践中总结出的几种方法阐述如下，供大家学习参考：

1. 方向选择法。可以按行文方向的不同，即上行文、下行文、平行文，进行文种的选择。一般来说，上行文可选择的文种是请示、报告、意见；下行文可选择的文种是决定、意见、通知、通报、批复、纪要；平行文可选择的文种是意见、函。因此，行文方向明确，发文机关和受文机关所处的地位和权限清楚，文种就可自然地确定下来了。

2. 性质选择法。可以按公文的性质分类，即指挥类、规范类、知照类、请求类，进行文种的选择。一般来说，指挥类公文可选择的文种是决定、意见、批复、纪要；规范类公文可选择的文种是通知；知照类公文可选择的文种是意见、通知、报告、函；请求类公文可选择的文种是意见、请示、函。说到这里，大家可能对文种的选择有了更加深入的了解，其实最恰当的文种可以通过一种或者多种方法综合平衡后确定。如果说通过方向选择法，在缩小的范围内选择文种还不是很有把握的话，那么可以从公文的性质角度再分析，最后确定最恰当的文种。例如，上行文中是汇报工作、反映情况、提出建议的，目的是让上级掌握信息、明了情况的，那就用报告；是向上级机关请求指示、批准，目的是要上级机关解决问题的，那就用请示。

3. 功能选择法。有些公文在行文方向上一致，又具有大体相同的性质，可能对把握文种的选择会有一定难度。这时候，大家要深入了解文件发文的具体目的和意义，以及实现的功能和达到的效果，也会有助于文种的正确选择。

4. 综合选择法。公文按行文方向的不同有上行文、平行文、下行文；按作用的不同有的用于指挥、有的用于规范、有的用于知照、有的用于请求。不同的行文方向及不同的作用，分别有一定的、与之相适应的文种。可以综合3种方法，用交叉选择的方法，即综合选择法来确定文种。例如，上行文中，知照类可以用报告；请求类可以用意见、请示。下行文中，指挥类可以用决定、意见、批复；知照类可以用通知、通告、公告、意见、通报。平行文中，知照类可以用意见、函；请求类可以用意见、函。

（二）请示与报告的区别

日常工作中，大家会高频次地撰写请示和报告，写的多了解的也多，能够掌握其写作基本要求和要领。但是即便如此，还是会经常遇到将请示与报告当成一个文种混用、互用的情况。这里，要记住确定请示和报告是截然不同的两个文种，区别如下：

1. 用途和目的不同。“请示”和“报告”虽均为上行文，但用途和目的不同。“报告”适用于向上级机关汇报工作、反映情况，回复上级机关的询问，让上级机关了解下属的情况，起备案作用，上级机关一般不作答复；而“请示”则用于向上级机关请求指示、批准，目的是为了请求上级机关批准某一事项，上级机关一定要批复。

2. 行文时点不同。“请示”必须事先行文，在取得上级机关批准后方能行事，否则就成了“先斩后奏”，违背行文程序和组织原则；而“报告”在事前、事中或事后均可行文，在行文时间上相对灵活。

3. 标题不同。“请示”和“报告”是两个不同的文种，在行文标题中不能把“请示”和“报告”作为一个文种联合使用，“请示”就写“请示”，“报告”就写“报告”，绝不能出现关于××的“请示报告”，这种情况在实际工作中还是屡见不鲜的。

4. 主送机关不同。“报告”可以有一个及以上，即多个主送机关，而

"请示"只能有一个主送机关。特殊情况下，请示事项如需其他有关上级机关知道并协助处理，应用抄送形式，否则就会造成责任不明，上级机关不好把握而互相推诿；或者虽都做了批示，却由于批示意见不一，下级难于执行，贻误工作，得不偿失。

5. 正文的写法格式不同。"报告"特别是汇报工作和反映情况的"报告"的正文，一般涉及面宽，篇幅较长。其写法多采用总述与分述相结合的办法。在正文开端部分进行总述，概括说明诸如有关工作的背景、过程、总成绩以及对所汇报工作的总评价等，然后在正文的主体部分进行分述，即将报告的内容有条理、分层次或分条列项逐一加以具体叙述说明。

"请示"则一般是一文一事。其写作行文比较简单。在开头部分先写明请示的理由，接着提出请示的具体事项和问题。对拟办的事项还要提出处理的意见或建议。最后以谦恭恰当的期复性语句作为结语。

6. 用语不同。"报告"是陈述性公文，一般不带请求事项，所以不必使用请求的语气或者口吻；而"请示"则必须带请求。因此，"请示"的行文用语要谦恭、恳切，以表示对上级的尊敬和对所请示解决事项和问题的急切心情。二者结尾用语不同。由于"请示"是请求上级机关对所请示事项给予答复和批准，所以结尾要提出明确的要求，多用"请予批复"，有时根据情况也用"当否，请批复""以上意见妥否，请批复""以上意见，希即批准"等作结语；"报告"则多用"特此报告"，也可根据情况用"以上报告，请审阅"等作结语。

（三）请示与请求批准函的异同

实际工作中，大家可能会遇到这样的情况，向上级机关请示批准事项用请示；向地方政府部门等不相隶属机关行文，内容也是请求批准的事项，一般用函。这里大家可能会有疑惑，同是请求批准事项，为何所用文种不同？下面，结合实际作一下讲解：

1. 行文对象有别，文种相异。"请示"是典型的上行文，行文对象即主送机关是上级机关，凡向上级机关请求批准某项事宜，都应当用请示行文；"请求批准"函作为平行文，行文对象是有关主管部门，而非上级机关，即不相隶属机关，即使需要请求批准，但因对方不属上级机关，行文时就不应用请示文种，而只宜用“请求批准”函。例如，股份公司所属分公司因某项工作或某一事项需经地方政府机关某一职能部门批准，向该部门行文时，应用“请求批准”函，而不应用上行文“请示”。事实上，行文对象不同是“请示”与“请求批准”函之间的一个根本区别。

值得注意的是，中国石化系统内单位，如中国石油化工集团公司各企事业单位、中国石油化工股份有限公司各分（子）公司，与总部职能部门虽非隶属关系，但因这些职能部门代行着中国石油化工集团公司或中国石油化工股份有限公司的某些职能，各企事业单位、各分（子）公司在向其请示批准事项时宜用“请示”，而不宜用“请示批准”函。

2. 作用功能不同。“请求批准”函只用于请求批准某项事宜；“请示”除可用于请求批准外，还可向上级机关请求指示。例如，某一机关在日常工作中，遇有重大疑难问题，或思想、理论上出现意见交锋，或对上级重要文件和法规有不甚明了、理解之处，便可用请示行文，请求上级机关就此作出指示。例如：××省高级人民法院《关于交通肇事被害家属抚恤问题的请示》，在是否给予交通肇事中被害家属抚恤问题上，地方上有两种意见，该省高级人民法院同意其中一种，但是否恰当把握不准，为慎重起见便行文请示，请求最高人民法院对此作出指示。“请示”的这种功能是“请求批准”函不具备的。

3. 内涵不尽一致。请示中请求批准的，除某些重大事项按规定必须请求上级机关批准外，多数则是本机关工作中遇有无法克服的困难或无力解决的问题（如需要配给人、财、物等），必须请求上级机关给予帮助并予以批准；上级机关接文后，即使不予批准，也常常为下级机关提供某种克服困难、解决问题的相应办法。函中“请求批准”的，只是某些事项按规定需经有关主管部门批准认可而向对方行文、请求批准的，主管部门接文后，依据规定权限和具体情况，回复同意与否，就算处理完毕。这是一种内在层次上的差异。

除此之外，请示的复文用批复，“请求批准”函的复文仍用函；另因行文对象不同，两者在措辞、用语、口吻等方面，也都存在一些细微差别。这些也是文秘人员在实际工作中应当认真注意的。

（四）意见的用法及与其他文种的区别

对于“意见”的使用，2012年中央办公厅、国务院办公厅颁布的《党政机关公文处理工作条例》（中办发〔2012〕14号）第八条规定，“意见”适用于“对重要问题提出见解和处理办法”。由此可见，“意见”的行文方向具有多向性，既可用于下行文，又可用于上行文，还可用于平行文。下面从使用角度来分析意见的具体用法：

1. 上行文的“意见”。

从字面上理解，意见多代表的是个人主观意念上对客观事件或人物的见解，带有较为强烈的主观意愿和色彩，但作为公文种类的“意见”，不同于一般含义的意见，如同志之间相互提意见、甲对乙有意见等。“意见”适用于对重要问题提出见解和处理办法。

（1）建议性意见。以往向上级机关“提出建议”的功能，是由文种“报告”来承担的。2000年8月24日国务院发布的《国家行政机关公文处理办法》删去了“报告”的“提出意见或者建议”的表述。《党政机关公文处理工作条例》（中办发〔2012〕14号）中“报告”适用范围的表述与2000年颁布的《国家行政机关公文处理办法》基本一致，但用于“提出建议”的功能已从1996年5月3日中央办公厅印发的《中国共产党机关公文处理条例》中被取消。因此，2012年7月1日《党政机关公文处理工作条例》（中办发〔2012〕14号）实施后，向上级机关“提出建议”，就不宜再用“报告”，而应当用“意见”。

建议性“意见”是就企事业单位工作中遇到的重要问题提出建议性意见而主动向上级机关行文，供上级机关决策参考。

（2）回复性意见。当上级机关就某个事项征求下级机关的意见时，下级机关提出回复意见。如在群众路线教育实践活动中，上级机关向下级机关征求意见，下级机关用“意见”回复上级机关，要比用“报告”回复上级机关更为合适。

（3）呈转性意见。在公文实践中，下级机关呈转“意见”有两种情况。一种是当下级机关的工作或拟采取的行政措施超出了本机关的职权范围，或在实施时需要其他机关给予协助支持时，主办部门为开展、推动工作而提出见解和处理办法，并征得相关部门同意形成一致意见后，报请上级机关批准转发。这就是主动呈转。另一种是上级机关根据中央、国务院或国家部门的意见，授意下级机关提出本地区的实施意见；或者通过下级机关向上级机关汇报工作、反映情况，上级机关发现了有关问题，认为有必要尽快予以解决，授意下级机关提出意见，下级机关提出意见，就是被动呈转。无论是主动呈转，还是被动呈转，这类“意见”都是要上级机关批转有关单位贯彻执行，因此，“意见”的正文主要有提出“意见”的理由（依据、原因）和措施（办法）两部分。被动呈转的“意见”是下级机关因上级的要求而被动提出，实质上是从代上级机关拟文的角度来撰稿的，这种“意见”可以采用独立的单体，公文标题中直接以“意见”为文种，例如《××关于2015年深化经济体制改革重点工作的意见》，结语可用“建议批转有关单位贯彻执行”。主动呈转的“意见”，实质上是请求上级机关批转；通常结语“以上意见如无不妥，请批转各地各部门贯彻执行”也带有请求批准之意。如用“报告”则违反了《党政机关公文处理工作条例》（中办发〔2012〕14号）第十五条规定，向上级机关行文“不得在报告等非请示性公文中夹带请示事项”。因此，这种“意见”应该作为复合体的正件（不是附件），主件以“请示”为文种行文较为妥当，公文标题可以用《××关于请求批转……意见的请示》形式。实际工作中，大多采用这种方式呈转意见。

2. 下行文的“意见”。

下行“意见”比较多见，尤其是指导性意见，此外还有批转性意见、规章类意见和答复性意见等。

（1）指导性意见。这是上级机关对下级机关部署工作，指导下级机关工作活动的原则、步骤和方法的一种文体，主要是阐明工作的原则、要求，提出见解和处理办法，做出工作安排。下行“意见”的指导性很强，有的是针对当时带有普遍性问题的，有的是针对局部性问题的。例如《国务院办公厅关于加快高速宽带网络建设推进网络提速降费的指导意见》（国办发〔2015〕41号），就加快高速宽带网络建设，推进网络提速降费，提出具有“真金白银”的指导意见，对“加快基础设施建设，大幅提高网络速率”，提出了一系列“硬指标”（如2015年网络建设投资超过4300亿元、新增1.4万个行政村通宽带、建成4G基站超过130万个等）。这种指导性“意见”与“决定”和指示性“通知”的共同之处是，都可向下级机关部署工作，提出工作政策、原则、方法和措施。

“意见”与“决定”的区别在于：“决定”是“适用于对重要事项作出决策和部署”，重点是要明确做什么和怎么做，一般不说明为什么要这样做。“意见”是“对重要问题提出见解和处理方法”，讲“见解”必须以理服人，所以在阐述时，往往都是做什么、怎么做与为什么这样做相结合。例如（《国务院办公厅关于加快高速宽带网络建设推进网络提速降费的指导意见》国办发〔2015〕41号）文特别强调，宽带网络为打造大众创业、万众创新和增加公共产品、公共服务“双引擎”，推动“互联网+”发展提供有力支撑，对于稳增长、促改革、调结构、惠民生具有重要意义。

“意见”和“通知”的区别在于：“通知”是传达要求下级机关执行的具体事项。“意见”重视阐明有关指导思想、相关政策，提出具体措施和执行要求，发挥的是指导功能。例如国办发〔2015〕41号中提出，“引导和推动电信企业通过定向流量优惠、闲时流量赠送等多种方式降低流量资费水平，提升性价比。”“鼓励电信企业推出流量不清零、流量转赠、套餐匹配等服务，指导电信企业完善流量提醒服务。”这里用了“引导”“推动”“鼓励”“指导”等用词，足见其“柔性”的指导功能。

指导性“意见”的公文标题，不应当使用《××关于印发……意见的通知》，因为“意见”是文种，不用“通知”来印发，否则造成“意见”“通知”两个文种重叠的错误。

（2）批转性意见。这是上级机关对呈转性意见（呈转性请示）作出批准的意见。例如《国务院批转发展改革委关于2015年深化经济体制改革重点工作意见的通知》（国发〔2015〕26号），其中《关于2015年深化经济体制改革重点工作的意见》是国家发展改革委根据《中央全面深化改革领导小组2015年工作要点》和《政府工作报告》的部署而提出的意见，国务院同意并以“批转……意见的通知”形式批转给各省、自治区、直辖市人民政府以及国务院各部委、各直属机构贯彻执行。

（3）规章类意见。这是针对某一既定的规章提出具体的实施办法。例如国务院办公厅印发《自由贸易试验区外商投资准入特别管理措施（负面清单）》和《自由贸易试验区外商投资国家安全审查试行办法》后，××政府根据自身情况对负面清单和试行办法的有关条款加以细化，出台了实施意见。

这种规章类意见，往往带有规章制度的性质，但又有部署、指导工作的成分，不适合冠以“办法”。发布时，应按印发“办法”形式（注：行政规章用“令”公布，属于规章性质的规范性文件用“通知”发布），用“关于印发……的通知”的形式来印发，例如《××省人民政府办公厅关于印发××自贸试验区贯彻〈自由贸易试验区外商投资准入特别管理措施（负面清单）〉和〈自由贸易试验区外商投资国家安全审查试行办法〉实施意见的通知》。

（4）答复性意见。有时上级机关对下级机关请求指示的事项不便用“批复”答复，但又要表明上级机关对有关事项的态度和意见，这时用“意见”行文是一种非常恰当的方式。例如《××关于行政执法主体资格有关问题的意见》，就请示的事项给予答复，明确表示“不得将集中行使行政处罚权的行政机关作为政府一个部门的内设机构或者下设机构。集中行使行政处罚权的行政机关应作为本级政府直接领导的一个独立的行政执法部门，依法独立履行规定的职权，并承担相应的法律责任。”

3. 平行文的“意见”。

“意见”作为“供对方参考”的平行文，有主动、被动之分。

（1）参考性意见。有时业务部门需要就有关事项主动提请同级机关或不相隶属机关注意，但从内容看不属“商洽工作、询问和答复问题、请求批准和答复审批事项”，故不便用“函”的文种，这时用“意见”是合适的。例如《关于夏季高峰电网错峰及电力输送的意见》，就来水较枯的夏季高峰用电时段、减少电力电量平衡缺口等问题提出意见，供电力部门参考。

（2）反馈性意见。当同级或不相隶属的对方征求意见时，应对方要求提出反馈性意见。这一功能过去只由“函”来承担，现在也可以用“意见”答复，也就是说在这一功能下“意见”和“函”可以通用，无论采用哪个答复都是正确的。就这点来说作为平行文的“意见”具有被动性行文的特征。

采用“意见”直接答复其具有提出见解进行商榷的含义，并且可以带有建议的性质。因此采用“意见”作为答复文种，就比“函”更加灵活。

用“意见”答复时，公文标题中直接用“意见”作为文种，例如《关于“十三五”现代服务业发展规划（征求意见稿）的反馈意见》。不该用“关于……反馈意见的复函”，否则造成“意见”“函”两个文种重叠的错情。

综上所述，“意见”行文方向具有可变性，行文形式具有灵活性，行文内容具有广泛性。应该注意的是，下行“意见”要用一般“文件”下行文格式，上行“意见”要用上行文格式，平行“意见”要用信函格式。大家在实际工作中可根据上面讲解的九种“意见”的使用规律，灵活选用恰当的方式行文。

四、常用法规性文书写作要点

学习公文写作，还需要了解法规性文书，常用法规性文书主要包括“条例”“规定”“细则”“办法”等，属于规章制度的范畴。通常所讲的规章制度是指国家机关、社会团体、企事业单位为了建立正常的工作、学习、生产秩序，而制定的一种具有法规性与约束力的文件。它是各种制度、公约、章程、条例、规定、细则、守则、办法、标准、须知等的总称。法规性文书和公务文书属于广泛意义上的公文，自成体系、各具特色、用法不一。中国石化规章制度大都是规定、办法和细则，这里仅作简要介绍，让大家概况式了解，若因工作需要可专门深度研究。

（一）条例

“条例”主要用于：一是对有关法律、法令作辅助性、阐释性说明和规定，例如《中华人民共和国水土保持法实施条例》；二是对国家或某一地区政治、经济、科技、教育、文化、外事等领域的某些重大事项的管理和处置作出比较全面、系统的规定，例如《中华人民共和国无线电管理条例》；三是对某一机关、组织的机构设置、组织办法、人员配备、任务职权、工作原则、工作程序和法律责任作出全面规定，或者对某类专门人员的任务、职责、义务权利、奖惩作出系统规定，例如《中国共产党纪律处分条例》。

写作“条例”要注意：一是注重全面系统、原则概括、相对稳定。对某方面工作、某项事务、某个组织机构作出的规定力求全面周密、系统周详；作出的规定、要求、规范比较原则而不如“规定”“办法”具体；内容在较长一段时间内要相对稳定，较少暂行、试行。二是篇幅一般较长，多采用总则、分则、附则的章断条连式结构。三是“条例”只能用作法规，各类机关、企事业单位制定的一般规章，甚至国务院各部门和地方人民政府制定的行政规章，都不能使用“条例”。

（二）规定

“规定”主要用于：一是对国家或某一地区的政治、经济和社会发展的某一方面或某些重大事项作出局部的规定，例如《中华人民共和国搜寻援救民用航空器规定》；二是为实施、贯彻有关法律、法令和条例，根据其规定或授权，对有关工作或事项、机构作出局部的具体的规定，例如《中华人民共和国海上航行警告和航行通告管理规定》，就是根据《中华人民共和国海上交通安全法》的有关条款而制定的。

写作“规定”要注意：一是全局性与局部性相结合，它是对某方面工作作出的部分规定而不是全面系统的规定，但同样必须顾及全局的整体，必须周密详尽；二是原则性与具体性相结合，“规定”涉及的事项比“条例”具体，针对性比“条例”更强，它对有关工作或事项作出的规定既有原则的规范要求，又有具体的约束措施，使有关方面、有关人员易于执行；三是正面要求和反面禁止相结合，以从正面提出要求为主，且态度鲜明，语气确切，语义单一准确。“规定”的内容有长有短，长则采用分则分章的章断条连式，短则采用条文并列式结构。

（三）细则

细则也称实施细则，是有关机关或部门为使下级机关或人员更好地贯彻执行某一法令、条例和规定，结合实际情况，对其所做的详细的具体的解释和补充。例如有《中国石化××××规定》，才会有随后产生的《中国石化××××实施细则》。

写作“细则”要注意：它是有关机关为实施某一法律、法规、规章而制定的详细的、具体的法规性文书，由原法令、条例、规定的制定机构或其下属职能部门制定，与原法令、条例、规定配套使用，其目的是堵住原条文中的漏洞，使原条文发挥出具体入微的工作效应。国家的有关法律或上级机关发布的有关条例、规定等，在具体环节上不可能面面俱到，需要相应的管理部门结合实际再作补充和阐释。另外，不同地区不同单位在实行某一法规的时候，允许结合本地区本单位的情况进行具体的处理。因此，有些法规在发布的时候，就在结尾处特意说明：“本条例（规定）由××部门负责解释”，或者“各地要结合本地区的情况，制定出实施细则，并于×月×日前报××办公厅”。这些都显示了细则这种文体的必要性。

细则的特点：一是派生性。细则不是一种独立存在的法规性文书，它必须以某一法律、法规为前提，是某一法律、法规的派生物。例如：细则作为法律、法规的派生物，只能是对原文的补充、阐释和细化，使相关法律和法规更加详尽、周密和具体，而不能超出原法律、法规的内容范围，更不能自行其事，另立法规。二是解释性。细则是对原法律、法规的重要词语、规定事项进行阐释，使其含义更加明确、具体，更加具有可行性。三是补充性。细则是对原文不够详尽的地方进行补充。补充之后，大大增强了法律、法规的可行性。四是详细性。细则是特别详细，这一点在文种名称中已经充分体现。

（四）办法

“办法”主要用于：一是对有关法令、条例、规定提出具体可行的实施办法，例如《中国石化××××实施办法》；二是对国家或某一地区政治、经济和社会发展的有关工作、有关事项的具体办理、实施提出切实可行的办法。

写作“办法”：一是要注意内容切实可行有可操作性。针对某项工作、某一事项提出的办理原则、承办部门或人员、具体措施、办理方式、程序步骤、工作标准、执行时限、奖惩规定等等内容，都必须十分具体可行。二是为了便于操作，要写得周到详尽而无疏漏，语言准确而不含糊，简明易懂而不晦涩。三是结构形式因内容多少而定。四是它的稳定性不如“条例”“规定”，因而常作“暂行办法”“试行办法”，在实施过程中不断总结经验，适时修订。

五、公文附件

在主体正文中起补充、说明（解释）、参考作用的文字、图表等材料统称为附件。它是主体正文需要但又没有表达或难以表达的内容，是公文不可缺少的组成部分，同时它还是研究公文格式妥善处理的一个问题。附件通常随文制发，可能是随主体颁发的法律（令）、条令（例）、标准、制度、规定、办法等文件；也可能是主体正文附带的图表、统计数字以及说明主体正文中提及的数字、事件等内容的文字材料；还可能是转发领导机关或无隶属关系的单位的文件材料，批转下级单位的报告等。按其表达形式，附件可分为图表附件、文字附件等；按其在主体正文中所起的作用，附件又可分为主体附件、补充附件、说明（解释）附件和参考附件。

（一）主体附件

即在整个公文中起主体作用的附件。主要是指随批转性公文附发的文件材料，例如转发的“通知”、批转的“意见”等。这个“通知”“意见”，就只是形式上的附件，实际上它才是公文的主体，是制发这份文件的直接动因，公文主体是为这个附件而存在的；没有附件，主体就失去了依托。

（二）补充附件

即在公文主体正文中起补充作用的附件。这种附件多为图表，如各式各样的示意图、资料图、计划表、统计表、预（决）算表、分配表等等，通常不便于在主体正文中表述，必须通过附件形式发布，有助于阅文者形象直观地理解主体正文的全部内容。

（三）说明（解释）附件

即对公文主体正文内容起说明（解释）作用的附件。其表达形式既有图表式，也有文字式，以文字式为多。比如机关印发规定，在主件正文里一般写得比较原则概略，考虑到人们理解执行中可能产生疑问，就附了对“规定”条文起说明（解释）作用的材料。

（四）参考附件

即对人们准确地理解主体正文内容具有参考价值的附件。其与主体的关系不像其他附件与主件的关系那样密切，但也绝不是可无可有的。任何附件对于主体正文都是十分必要的。参考附件也如此，它能扩大阅文者视野，为其多向思维提供有价值的资料，从而加深对主体正文的理解。比如下发要求所属单位上报某种材料的通知时，便可附上上报材料的编写提纲，供下级整理、编写上报材料时参考。

六、公文写作实用技巧

对于公文写作，刚开始往往听别人讲公文理论很明了，看别人写公文感觉很容易，但真正自己动手写作公文就不是那么回事了，总是感到无从下手、不得要领。常言说，一份好的公文是修改出来。这是因为，公文写作是一件辛苦活、功夫活和兴趣活，需要勤思、勤学、勤练，且要善于总结提炼、固化经验、形成模板，绵绵用力、久久为功。现介绍一些实践中借鉴和积累形成的公文写作实用技巧，供大家参考。

（一）篇前显旨，段前撮要

这里讲的“篇前显旨”是指在一份公文的起始处，用简洁明了的语言，直截了当地把行文的立意、主题、观点、中心思想等内容加以概括并表达出来。“段前撮要”是指在公文每一段的开头处，也用一两句话将本段观点概括并表述出来，统领本段内容。这是公文写作中一个常用的写作方法，就是应用“篇前显旨，段前撮要”，明确一篇公文的整个框架，并用恰当的文字语言来表达出这个框架。例如：“近期部分单位属地责任区相继发生杂物及杂草着火现象，给装置安稳运行造成很大隐患。按照公司领导指示，现要求各单位组织机关干部、党团员，充分发挥模范带头作用，对属地责任区内的杂物杂草进行清理，以杜绝此类现象再次发生，彻底消除火灾隐患、保证装置安稳运行。”该公文的“篇前显旨”，开门见山地提出关于公司安全生产整顿的原因与目的，提出了基本观点，直接把公文的中心思想呈现给阅文者，极大地增强了公文的表达效果。

（二）公文的单位意图体现

单位意图是通过履行岗位职责的领导同志来集中体现的。从这个意义上说，要准确全面地体现单位意图，必然要通过体现领导意图来实现。主要把握三点：

1. 紧贴现实的社会背景去领会领导同志的意图。从根本上讲，领导同志的任何观点、思想、理念均由社会的现实存在所决定。如果对现实的社会背景不了解不熟悉，就无法贴近有关社会背景去领会领导同志意图，更不可能正确领会和把握领导同志意图的来龙去脉、前因后果。

2. 紧贴现实的中心工作去领会领导同志意图。中国石化各级领导机关制发任何公文都是为了推进工作、解决问题，尤其是当前中心工作及其存在的问题。如果对企业中心工作不掌握不记牢，就无法贴近企业中心工作及其存在的问题去领会领导同志的意图，更不可能正确领会把握领导同志意图的精神实质和核心内容。

3. 紧贴党和国家及中国石化现行方针、政策、法规去领会领导同志的意图。党和国家方针政策、法律法规及中国石化各项规章制度是各企事业单位的行动纲领和行为准绳。只有贴近党和国家方针政策、法律法规及中国石化各项规章制度，才能在公文中以更加充分的理论依据体现领导同志的意图，才能更好地以确切的角度、突出的重点和恰当的详略，准确地表达领导同志意图。

（三）保持思想与政策的连贯性

1. 联系前前后后。这是强调，对于现在与过去为开展某项工作或解决某个问题所制发的公文，要在政策上保持一定的系统性和连贯性，不要忽东忽西、前后矛盾，使下级无所适从。如果因企业班子更迭，不顾及企业先前一些正确的主张、策略、规定等，盲目地重新制修订，直接造成企业政策多变，给企业造成严重损失，既说明了公文撰写者对企业政策制度了解掌握的缺失，也损害了公文的系统连贯性，更不利于领导形象的塑造。

2. 联系上上下下。这是要求，在公文写作中要熟知上级机关的方针政策、规章制度等，并保持系统性和连贯性，做到政策连续、上下合拍、运转一致。如果在制定实施上级某一政策的具体规定或办法、细则时，不在上级政策框架内作决策，反而断线、走样，使本来应当系统连续的政策出现了脱节，既严重影响了工作开展，又损害了公文的统一性和权威性。例如：某省人民政府，为了搞活企业，制定了“厂长活动基金按销售收入的5%～10%提取”的规定，而在具体贯彻中，这个省的税务部门制定的实施细则，规定不超过5%。由于比例不一，下面无法执行。

3. 联系左左右右。这是明确，在贯彻落实上级机关方针、政策、规章制度时，各业务主管部门必然要各自制定具体的实施办法或细则，但对于对职责交叉性、关联性的业务和问题，务必及时相互沟通、协调一致，绝不能“一个和尚一本经，一个木鱼一口磬”，坚决防止公文“顶牛”与“撞车”。

（四）公文的结构表现形式

学习公文写作，我们不得不剖析并认知公文结构，查找并掌握公文结构的一般内在规律，从而透视出公文结构的内在表现形式，促进公文写作质量和效率进一步提高。梳理常用公文的结构，其具体表现形式往往不外乎以下几种：

1. 单一结构形式。通常用于对下级机关请示事项予以答复，或对解决问题的结果及就某项工作进行表态。例如：批复、命令等。

2. 单纯结构形式。通常用于就某个事件指出存在的问题、分析问题原因、提出处理办法等，但往往不去具体解决问题。如情况通报等。

3. 简单结构形式。通常用于先提出问题，再表达解决问题的结果或意见，即“提出问题—解决问题”。例如：公告、函、转发（包括批转）性通知及内容简单的决定、通知等。

4. 完整结构形式。通常适用于“提出问题—分析问题—解决问题”。例如：指示性通知、指导性通报、指挥型会议纪要、专门性决定等。

5. 特殊结构形式。通常用于一边摆出问题，一边分析问题，一边解决问题。它与上述四种形式不同的是突破常规的提出问题、分析问题、解决问题的逻辑次序，把提出问题、分析问题、解决问题揉和在一起，分列出几个专门问题来安排结构，使每个问题中既包含问题提出，又有对问题的分析与解决。例如：综合性的会议纪要、内容比较复杂的决定，对重大问题作出具有指挥性的办法、规定等。

（五）公文的段落表现形式

1. 采用数字序号标识公文的段落，使段落的脉络层次更加清晰。《党政机关公文格式》（GB/T 9704—2012）中明确规定，公文正文中的结构层次，一般不超过四层，其层次序数依次可用“一、”“（一）”“1.”“（1）”标注。这里需要强调的是，第一层“一”后面跟的是顿号，第二层次“（一）”后面不加注标点符号，第三层“1”后面跟的是一个实心小圆点“.”，第四层次“(1)”后面不能加注标点符号。层次序数可以越级使用，如果公文结构层次只有两层，第一层用“一、”，第二层既可用“(一)”，也可以用“1.”。

2. 采用小标题标识公文的段落，使段落的中心思想高度概括。这种表现方式既标明了段落走向，又高度概括出每个段落的中心意思，给阅文者以更加明确的认识和清晰的印象。一般用于内容较多、篇幅较长的公文。例如：《中国共产党中央委员会关于建国以来党的若干历史问题的决议》(中国共产党第十一届中央委员会第六次全体会议一致通过)。

3. 采用数字序号与小标题相结合的方式标识公文的段落，使段落的脉络层次更加清晰、中心思想高度概括。这种表现形式兼有上述两种表现形式的优点，是当前公文段落常用的表现形式。例如：《中共中央关于经济体制改革的决定》(中国共产党第十二届中央委员会第三次全体会议通过)。

(六)公文的开头写法

万事开头难，对于初学者来说，公文开头的写作也不例外。经过长期大量工作实践和理论创新，公文开头的写作积累了以下实用经验和成功做法，只要坚持学以致用，就能轻松驾驭。

1. 根据式写法。这种开头的写法是指在公文开头处直接交代行文的根据，以保证公文的行政权威性及其约束力，一般情况下常用“根据”“遵照”“按照”等作为公文开头语言标志。用来作为行文根据的主要有，党和国家方针政策及中国石化规章制度；党和国家及中国石化文件指示精神；党和国家及中国石化、本单位会议纪要以及本单位实际情况等。例如：《××市人民政府关于取消和调整一批行改审批项目的通知》开头，“根据《××省人民政府关于2014年第三批取消下级行政审批项目和承接国务院下放行政审批项目等事项的通知》(×政字〔2014〕××号)要求，结合推行行政权力清单制度工作……”。

2. 目的式写法。这种开头的写法是指在公文开头处直接交代行文的目的或意图，以便使收文机关清楚发文机关的意图，一般情况下常用“为”“为了”等作为公文开头介词标引。例如：《××关于恳请协调长输管线沿线调绘事宜的函》开头，“为深刻吸取输油管道泄漏爆炸特别重大事故教训，全面启动了智能化管线管理系统建设项目，项目实施将进一步提升油气管线运行安全事故防控水平，确保管线附近人民群众生命和财产安全，是一件利国利民的大好事”。

3. 原因式写法。这种开头的写法是指在公文开头处直接列出行文的缘由，以揭示行文的必然性、必要性和重要性。一般情况下常用“由于”“鉴于”等作为公文开头介词标引。例如：《××关于装置治理项目立项的请示》开头“按照《工业企业挥发性有机物排放控制标准》（DB12/ 524—2014）的要求，企业排气筒VOCs最高允许排放浓度（非焚烧处理）为80mg/m^3，并于2016年1月1日执行。按照国家环境保护部发布的《石油炼制工业污染物排放标准》（GB 31570—2015）的要求，有机废气排放口非甲烷总烃去除效率不小于97%（特别地区），并于2017年7月1日执行。装置脱硫后直接放空，VOCs浓度和非甲烷总烃含量超标，无法满足新标准要求，因此需要进行治理”。

4. 引文式写法。这种开头的写法是指在公文开头处直接引用上级文件或领导讲话中的某些句子作为引言或点明主旨。例如：《××关于用工总量规划的报告》开头，“根据集团公司《关于编制用工总量规划和××年度用工计划的通知》要求，在深化用工制度改革，完善劳动用工管理体系工作的基础上，结合生产发展实际，对劳动用工增减变化进行合理预测，现将用工总量规划报告如下……”。

5. 时间式写法。这种开头的写法是指在公文开头处直接讲明某事、某情况的时间，可写具体时间，也可使用“最近”“近来”“近日”等模糊词语的时间副词，还可使用“……之后”句式。例如：《××关于报批装置质量升级改造项目招标方案的请示》开头，“××年×月×日集团公司批复了××装置质量升级改造项目可行性研究报告，由于该项目必须要在××年×月前实施完成……”。

6. 事情式写法。这种开头的写法是指在公文开头处简明扼要地介绍事件或情况，给阅文者以清晰印象。例如：《××关于采购××原油的请示》开头，“我公司将在××月进行全厂大检修，为保证装置末期平稳运行及为安全环保停工提供条件，需采购原油××万吨，以控制加工原油平均硫含量在××以内”。

（七）公文的结尾写法

公文有了好的开头，就更加需要好的结尾与之呼应，进一步增加公文的行政效力，掷地有声，增强其感染力、号召力和影响力。

1. 总结式写法。这种结尾的写法是指在公文结尾处对全文主要内容和中心思想作出进一步的概括和归纳，以加深阅文者对行文意图的认识。例如：《××关于装置项目进度情况的报告》，在前面说明技术比选、专利设备和长周期设备订货周期情况后，在结尾写道“按照总部汽油质量升级至京Ⅵ的总体安排，要求××分公司××装置××年底建成投产。鉴于目前工作进展情况，项目建设时间已非常紧张，为此恳请尽快组织确定专利技术供应商”。

2. 展望式写法。这种结尾的写法是指在公文结尾处用充满期望和希望的笔调，对未来作出美好的憧憬，从而激励受文者为实现公文所提目标不懈努力、奋发有为。例如：例如：《××关于上报装置可行性研究报告的请示》的结尾是，“项目总投资××万元，其中建设投资（不含增值税）××万元、建设期借款利息××万元。按××年均价体系，‘增量法’进行财务评价分析，年均净利润××万元，税后财务内部收益率××”，对项目建设后的效益状况作出预测，便于上级机关做出针对性的指示。

3. 号召式写法。这种结尾的写法是指在公文正文阐明今后一段时间或一个时期的工作目标任务后，在结尾处号召为实现这一目标任务而共同努力、主动作为、创新作为。例如：《××关于用工总量规划的报告》的结尾是，“我公司将围绕集团公司发展目标，以系统内先进企业为标杆，坚持总量调控和结构优化，不断提高劳动生产率，促进企业高效、持续发展，为中国石化发展贡献力量”。语句铿锵有力，读来令人振奋，倍受鼓舞。

4. 警告式写法。这种结尾的写法是指为促进公文所规定事项执行落地，对有可能违反这一规定的情况事先提出告诫和警示，在该公行文结尾处通常用警告式结尾。例如：《××关于清理管线占压消除安全隐患的函》的结尾是，“目前，我公司已将隐患排查情况上报。该管道一旦发生泄漏，将引发火灾、爆炸事故，将严重影响我公司的安全生产和管道安全，贵单位也将受到经济损失并依法追究责任。为保证我公司的管道安全和贵单位的物资安全，请贵单位在××日前，完成车辆碾压管线的治理工作，消除安全隐患”。用语坚定有力，不容置疑，具有较强的警告作用。

5. 指令式写法。这种结尾的写法是指对公文正文中所表达的观点、意见、措施，提出明确具体的贯彻执行意见。例如：《××关于××年职工违法情况的报告》，在正文叙述了六种违法乱纪行为和四种违法乱纪案件上升的主要原因后，结尾写道“根据上述情况，拟定选其典型事件连续通报，联系实际，对干部职工加强法纪政策教育，加强政治思想工作”。

6. 要求式写法。这种结尾的写法是指在公文中安排部署工作或发布指示指令的同时，要求所属单位在指定期限内反馈贯彻执行情况，或征求所属单位对该公文的意见或建议。例如：《××关于组织做好属地责任区内杂物清理工作的通知》的结尾是，“请各单位在×月×日前将工作完成情况进行反馈”。

（八）公文中的说明方式

说明是公文写作中常用的语言表达方式，准确地应用说明方式，能极大地提高公文语言的综合表达水平和驾驭能力。

1. 特性式说明。这里是指通过简洁明了的语言，把公文中事物区别于其他事物的特点、性质归纳概括出来，给阅文者一个鲜明准确的认识。例如：开展“两学一做”学习教育是中央关于加强党的思想政治建设的一项重大部署，是协调推进“四个全面”战略布局特别是推动全面从严治党向基层延伸的有力抓手，是落实党章关于加强党员教育管理要求、面向全体党员深化党内教育的重要实践，是推动党内教育从“关键少数”向广大党员拓展，从集中性教育向经常性教育延伸的重要举措。

2. 范围式说明。这里是指通过简洁明了的语言，把公文中事物的外延准确无误地表达出来，给阅文者一个整体的框架认识。例如：“各单位、机关各部门都应当严格按照本通知的规定，认真开展节前安全隐患排查和整改治理工作”。

3. 类别式说明。这里是指通过简洁明了的语言，把公务中说明的对象，按照标准一类一类逐项表述出来。例如：对公务文书进行分类说明，就可以表述为，公文从文件来源可分为外部文件、内部文件；从行文关系可分为上行文、下行文、平行文等。

4. 措施或手段式说明。这里是指在公文中经常要采用说明的方式表述某一问题解决的措施、某一任务完成的手段。例如："接到本通知以后，各单位应迅速组织所属有关部门，摸清情况，认真开展火灾安全隐患排查，要针对查出的问题，制定相应整改措施，并及时总结，将此项工作落实情况上报"。

5. 主张式说明。这里是指在公文中经常要采用说明的方式表达公文主张、主旨，并扩充和延伸为具体意见、要求、观点等。例如：公文按语常运用说明的方式鲜明地表达了发文机关的主张意图。

6. 情况式说明。这里是指在公文中经常要采用说明的方式表述事物的优劣、进退、好坏或成败。例如"最大限度增产高附加值产品，汽油、航煤产量增加××万吨，增长××；柴油产量减少××万吨，降低××；柴汽比由××降至××，下降××"。以上通过引用一些数字，对该公司今年生产经营成效作了十分肯定的说明。

（九）公文的逻辑要求

这里所讲公文逻辑，主要是指逻辑思维规律在公文中的运用，即在公文写作过程中要准确地形成概念、作出判断和进行推理。公文写作中运用逻辑应做到以下几点：

1. 概念要准确。一要明确概念的内涵，也就是讲概念所反映的必须是客观事物的本质属性，切不要把非本质属性与本质属性相混淆。二要明确概念的外延，杜绝出现概念外延过大或过小的误判。例如"离休干部"这个概念的定义，是指建国以前参加革命工作，办理了离休手续，已离开实际工作岗位的老干部。这个定义明确了"离休干部"这一概念的内涵，从而与"在职干部""退休干部"的概念相区分。这个概念的外延，从性别上看，分为男的、女的；从原职务上看，分为领导干部、一般干部；从参加工作时间上看，分为1937年7月7日以前、1942年以前、1945年9月3日以前、1949年10月1日以前。通过上述不同方面的划分，就搞清了"离休干部"这个概念的适用范围，明确了它的外延。三要明确概念间的关系。例如：同一关系，"习近平"与"现任中共中央总书记"，"国务院"和"最高行政机关"；属种关系，"干部"和"老干部"，"专业技术人员"和"专业技术人才尖子"；交叉关系，"共产党员"和"干部"，"男职工"和"劳动模范"；并列关系，"农业人员"和"非农业人员”是“人口”这个属概念下面的并列关系；对立关系，“白”和“黑”；矛盾关系，“白”和“非白”等。

2. 判断要恰当。一是判断的质要恰当。这里所讲的“质”指“是”与“不是”，凡属肯定的必须用“是”，凡属否定的必须用“不是”，绝对不能含糊。例如：“干部是人民的公仆”“干部不是高踞于人民头上的老爷”。二是判断的量要恰当。这里所讲的“量”是指由判断的量词来表示。判断的量词可分两大类：一类是全称量词，例如“所有”“一切”“全部”等；另一类是特称量词，如“有些”“有的”“部分”“个别”等。三是判断的主宾词语要相关。这里所讲的相关是指主词与宾词或者有肯定关系，或者有否定关系。如果既无肯定关系，又无否定关系，那就是主词与宾词不相关。例如“我对自己能否考上名牌大学失去信心”这句话就难以理解，因为前者与“失去信心”相关，后者与“失去信心”不相关。四是判断间的关系要恰当。一要正确处理条件关系，当一个判断的存在决定着另一个判断的存在时，必须在公文中如实表达，不得将充分条件作为必要条件；二要处理好选择关系，当对某一事物不能给出确切的当否结论而作出若干判断供阅文者断定时，在公文中不得将相容关系当作不相容关系；三要处理好联合关系，当同时判断事物多种属性而形成关系时，必须在公文中清晰先表述什么后表述什么的判断顺序，不得颠倒。

3. 推理要严密。通常所讲的推理是指从一个或几个已有判断，推出一个新判断的逻辑思维形式。在公文中，往往前一句话跟后一句话就存在推理关系。推理可分为演绎推理、归纳推理和类比推理。在演绎推理中常用的是“三段论”，也就是先有大前提，再有小前提，最后是结论，是从一般到特殊的推理；归纳推理是以特殊性为前提，推出一般结论的推理；类比推理是从特殊到特殊的推理。在推理中，无论采用哪种推理，均须有充分根据、因果关系和顺序步骤。

（十）遣词炼句

一篇好的公文是修改成的。从这个意义上讲，公文写作要讲究遣词炼句，因为遣词炼句是从事公文写作和打造公文精品工程的一项基本功和必备技能。只有掌握了公文遣词炼句的常用技巧，并在工作实践中不断加以运用和总结积累，才能更好地在公文写作中做到轻车熟路、精雕细刻和精益求精，使公文更加精准地反映领导意图，充分体现公文写作者的价值创造。

1. 准确区分不同含义的词。在公文中为精准表达特定对象，一定要用心反复推敲，仔细体会并严格区分同义词之间的细小差别，准确地遣词炼句，使所用之词最切合表达对象的客观实际。例如“颓废、颓唐、萎靡、颓丧、沮丧、懊丧”这六个同义词，其本意所反映的词意是有轻重之分的，前三个词的词意较轻，后三个词的词意较重。“损坏”与“毁坏”，均包含“使某某受破坏”的意思，但“损坏”的词意较轻，表示受某种程度的破坏，而“毁坏”词意较重，表示受到严重的破坏，也可能是受到彻底的破坏。

2. 准确区分不同感情色彩的词。在公文写作中要准确区分褒义词、贬义词及中性词，否则极易因褒贬不当而影响词义的本意表达和书面意义，导致阅文者无法正确理解甚至误读误事，造成政令不畅等严重后果。

3. 准确区分不同环境的词。在公文写作中要掌握好多义词的多种含义并在语境中准确使用，既要熟悉其基本含义又要了解其引伸含义。例如“好心”这个词里的“好”是坏的反面，一般是指心眼好的意思；“好书”里的“好”是令人满意的意思；“病好了”里的“好”是痊愈的意思；“这件事好办”里的“好”是容易的意思；“好狠毒”里的“好”是特别的意思；“好热”的“好”是十分、非常的意思；“他好这一口”里的“好”是喜爱的意思。

4. 准确选用通俗易懂之词。在公文写作中要多选用体现时代性的常用词语，例如：引用中国石化文化理念、战略目标、部署要求、发展路径的词语等，切忌生造词语，也不要选用专业性特别强而一般阅文者难读懂的专用语。例如“龌龊”“怯懦”“彷徨”等词就不如“肮脏”“胆小”“犹豫”等词让人易读易懂；绝不能把“成人教育”生造成“成教”，把“为外宾参观游览进行向导”生造成“旅游外导”等。对于中国石化石油石化专业性较强的公文，为了做到让阅文者读懂，在不影响公文内容表达的基础上，应尽心尽力写得让阅文者看得明白。

5. 准确选用公文写作的特定词。经过长期大量的工作实践和不断的提炼总结，公文写作积累形成了一些比较固定的常用词语，这些固定用词分别服从和服务于不同语境的公文写作，选用好了能够极大地促进公文写作质量和水平的提升。例如："根据、遵照、依据、按照、为了、关于、随着、最近……"均常作为公文开头用词；"我（办）、你（局）、本（委）、贵（公司）"均常作为公文称谓用词；"拟请、恳请、特请、报请、商请、妥否、请批复"均常作为公文中的期请用词。

6. 准确使用规范语法。这里主要强调，一要保证句子的完整性，也就是讲一个句子的语法成分不能有欠缺。例如"他非常羡慕那些工作质量高时间快，有大量自主时间学习，这多好啊！"这句话里的谓语"羡慕"没有对象，也就是讲它的宾语缺失了。二要保证句子成分的匹配性，也就是讲一个句子的词语之间要匹配恰当，合乎法理和情理。例如"某企业主要领导每天要看几十份员工群众的来信和来访"，这里就存在动宾之间所反映的事理不匹配的问题，"看来信"可以，但不能"看来访"，应该在"来访"后面加上"材料"两字。

7. 准确选用精粹的词语。这里所讲精粹可以理解为在最恰当的位置选用了最恰当的词语。单独的词无法予以讲精粹与否，主要看使用的地方是否恰当，若使用得恰到好处，则起以一当十的作用，收到"文半功倍"的效果。例如：毛泽东同志在《反对自由主义》中的一段话"革命的集体组织中的自由主义是十分有害的。它是一种腐蚀剂，使团体涣散，关系松懈，工作消极，意见分歧。"这段话中选用了"腐蚀剂""涣散""松懈""消极""分歧"等精粹的词语恰到好处地用在"十分有害""团体""关系""工作"和"意见"的后面，从不同角度阐明自由主义的危害，达到了鲜明生动、言简意赅的效果。

8. 准确选用警策词句。在公文词句选用上，应加强语意深刻、言简意赅的四字成语和熟悉词的学习和运用，既使公文的语意凝重、含义深刻、文采添增，还可以精炼语句、压减篇幅。

9. 准确选用公文句式。公文写作常用句式大致有三种。第一种是各类情况报告、通报等叙事性公文常用的陈述句，且一般是词语较少、结构简单的短句，例如"开展……活动""完成了……任务""……工程胜利完工了""实现了……目标任务""取得……""××活动搞得很成功"等。即使使用长句，也多出现于通告、公告、通知、令等公文的开头议论文字中。第二种是常用的祈使句，例如"应当……""必须……""注意……""严禁……""不准……”“禁止……” 等等 。第三种是常用的目的句，以表明发文机关的行文意图和目的，通常用“为了……” 等句式引渡出来。

10. 准确把握公文用语与文种的统一和谐。从事公文写作要用心体会和掌握公文用语平实、简明和庄重的总要求，并在不同文种的用语上加以区分和体现，以更好地保持文种与用语的恰当匹配和严格一致。例如：下行文、上行文、平行文，既分别代表不同的行文方向，又分别具有指令、请求与商洽的意图和目的，在用语上必然自成一体、互不相融。

（十一）公文的“倒悬”运用

与前文所讲到的篇前显旨、段前撮要的提法一样，“倒悬”是公文写作中常用的一种方法，可以理解为，它不同于先叙事、再说理、后得出目的或结论的常规的谋篇布局方法，而采用倒悬的方式，在公文开头处先交待缘由、目的、依据、中心思想、基本观点及结论等，然后再引申出具体事项及具体要求等。这样谋篇布局，有利于阅文者一看到公文的开头便得要领，进而准确地把握行文的缘由、目的和意义，唤起重视和注意。

（十二）公文的“提前”运用

“提前”是公文写作中常用的一种句式，是由“将”字结构组成的第二宾语提前句式，常常用在批转、转发类通知的按语起笔处。例如“现将办公室《关于加强政务信息工作的意见》批转给你们，请认真组织落实。”“现将我局《 × 年生产经营综合发展计划》呈上，请审批。”这两个例句都是经过修辞处理的宾语提前句式，即把“将”字结构的第二宾语提前。假若不作修辞，按照同义内容应写为：“现批转办公室《关于加强信息工作的意见》，请认真落实”。“现呈上我局《 × × 年生产经营综合发展计划》，请审批。”前者语言刚劲有力，因为它运用“将”字把第二宾语前置，而后者就显得语言平淡无力。

（十三）公文的“虚意”运用

公文中所讲“虚意”，通常是指一句话中艺术表达的两个截然不同的意思，一个为“虚”，一个为“实”。一般情况下，请示和函类公文的结尾用语均采用“虚意”表达。例如：请示类公文的结尾用语“可否，请批示”或“妥否，请批示”，从字面上看，发文机关的意思是：“我们的意见、要求是可以（可行、可办）还是不可以（不可行、不可办），请上级予以批示、审定”。从行文目的上看，其实意则大相径庭。假若请示内容是可行亦不可行的，是能办亦不能办的，那么发文机关在通常情况下是不会向上级请示的。从实际需要看，凡是行文请示的事情，一般都是发文机关认为该办的、能办的和可行的，只是限于职权等原因，不得不请示。由此可见，“可否，请批复”“妥否，请批复”中所希望“批”的是“可”“妥”而不是“否”，批“可”“妥”“是”才是发文机关的实意，前半句中的“否”只是一种“虚意”，是发文机关所不愿看到的。对请示、函类公文的结尾采用“虚意”修辞，不仅使公文语言更加精炼，而且体现了发文机关请示的肯定性与工作的严肃性。

（十四）公文的“综说”运用

为使公文达到简洁、精悍的表达效果，一定要注重运用综说这种修辞句式。所谓综说句，就是把几个并列成分联结在一起，由句中的一个相同意思的成分综合成句的一种句式。一般有两种用法：一种是综合修辞在前，并列成分在后。例如“必须大力加强中国人民武装警察部队的革命化、现代化、正规化建设”这个综说句，其中的“必须大力加强……”为综合，“革命化”“现代化”“正规化”建设是三个并列成分。假若不加以综合修辞，必然写作“必须大力加强中国人民武装警察部队的革命化建设，必须大力加强中国人民武装警察部队的现代化建设，必须大力加强中国人民武装警察部队的正规化建设”。相比而言，这句话文字重叠且冗长。二是并列成分在前，综合修辞在后。例如，江泽民同志1990年6月11日在全国统战工作会议上所作的重要讲话中讲到：“只要有利于建设四化、统一祖国、振兴中华，只要有利于民族团结、社会进步、人民幸福，只要有利于挫败国内外敌对势力的渗透、颠覆与和平演变，不论哪一个阶级、阶层，哪一个党派、集团，哪一个人，我们都要团结”。其中的“我们都要团结”，是对前面并列的“三个只要”和“三个不论”成分的综合修辞。这样运用综合句式，不仅精炼语言、精简文字，而且铿锵有力、气势雄壮、引人入胜。

（十五）公文的插入语运用

在公文写作中运用插入语，要注意牢牢把握住以下八种表意方式：

1. 肯定式。这是指在公文写作中运用插入语来表示肯定的语气，通常运用“毫无疑问”“十分明显”“不可否认”“显而易见”等词组。

2. 强调式。这是指在公文写作中运用插入语来表示强调的语气，通常运用“主要是”“尤其是”“特别是”等词组。

3. 注释式。这是指在公文写作中运用插入语对特定内容进行必要的解释和说明。常用“就是说”“也就是”等词组，目的或者是赋以新意或者是拓之含意。

4. 举例式。这是指在公文写作中运用插入语对特定事理进行具体举例，以使抽象的内容细化、具体化，使阅文者容易理解和接受。一般常用“正如”“例如”“比如”“如”等词语。

5. 补充式。这是指在公文写作中运用插入语对特定内容作进一步的补充说明，使之更完整、更明确、更具体。一般常用“包括”等词组。

6. 总结式。这是指在公文写作中运用插入语对前文所述内容进行总结和概括，使之更明确、更集中、更突出，加深阅文者的印象，提高阅文者的认识，统一上下的思想。一般常用“总之”“总而言之”“综上所述”“鉴于上述情况”等词组。

7. 提注式。这是指在公文写作中运用插入语以引起阅文者的注意和重视，使之深刻领会发文机关的意图和目的。一般常用“你（们）看”“请看”“你（们）想”“你（们）说”等词组。

8. 推测式。这是指在公文写作中运用插入语对特定事物的状态或其发展变化趋势进行的预测预判。一般通常用“看来”“算起来”“我觉得”“充其量”“我想”“可能是”等词组。

（十六）公文的模态语运用

作为逻辑学术语的“模态”，本意是指事物本身所具有的规模和状态。在公文写作中，特别是规章制度类公文写作中，为了强调规章制度的权威性、规范化和约束力，一般常用“必须”“严禁”“应当”“不得”等模态词语，构成规范模态判断，告知阅文者文件执行的界限和幅度。这些模态词语多在不同的语境中进行正反对应运用，分别表示肯定或否定的意思，具有明显的主导观点或态度倾向。阅文者从中能够精准了解和把握文件的要求是什么，应当怎样做，做到什么程度，不能做什么，以及不执行的后果等等。公文写作中选用的模态词语在表意上具有严格的程度限制，必须用心体会、甄别细微、确切使用，不可粗疏草率。否则，将不同程度地影响公文内容的准确表达，给受文机关造成误导，甚至造成不应有的混乱或损失。

1. 必须与严禁。这是两个分别表达正反意思的模态词语，均表示很严格、非这样做不可的意思，其中“必须”用于正面，“严禁”用于反面。

2. 应与不应。这两个模态词语均表示严格的意思，也就是要求受文者在正常情况下均应遵照办理，其中“应”用于正面，“不应”用于反面。

3. 得与不得。这是一组具有对立关系的模态词语，其中“得”用于正面，表示可以或能够；“不得”用于反面，表示不可以或不能够，多用于规章制度类公文。

4. 可以与不许（可）。这两个模态词语中“可以”用于正面，表示允许有所选择，即在一定条件下如此做，有一定的灵活性和自由度；“不许（可）”用于反面，其表意与上述“不得”相近。

5. 宜与不宜。这两个模态词语均表示允许稍有选择，也就是说在条件许可时首先应当这样去做，其中“宜”用于正面，“不宜”用于反面。

（十七）公文的模糊语运用

所谓的模糊语言通常是指外延小而内涵大的语言，其表量是模糊的，但其表意却是准确的。公文语言的特点是精准，因此，在公文写作中运用的模糊语言是取其表意准确的意向，是在特定的语言环境或特定的条件下必须使用的。例如：“我国经济体制改革首先在农村取得了巨大成就。长期使我们焦虑的农业生产之所以能够在短时期内蓬勃发展起来，显示了我国社会主义农业的强大活力，根本原因就在于大胆冲破‘左’的思想束缚……这几年以城市为重点的整个经济体制改革也已经进行了许多试验和探索，采取了一些重大措施，取得了显著成效和重要经验，使经济生活开始出现了多年未有的活跃局面。但是城市改革还只是初步的。城市经济体制中严重妨碍生产力发展的种种弊端还没有从根本上消除。目前，城市企业经济效益还很低，城市经济的巨大潜力还永远没有挖掘出来，生产、建设和流通领域中的种种损失和浪费还很严重。”这段语言中有表述时间的模糊语言，如“长期”“短时期内”“目前”“这几年”“多年”等，其长短、快慢的含义大都没有截然明显的界限，均无具体规定。有表述程度的模糊语言，例如“巨大”“强大”“大胆”“重大”“极为”“更好更快”“显著”“初步的”“严重”“根本上”“进一步”等，意义的深浅、高低，没有具体明确的量化规定。还有表述范围的模糊语言，例如“全面”“许多”“一些”“种种”“整个”等；表述频率的模糊语言，例如“继续”“不断”等，其意义也只是大体意向而已。具体公文写作中，正确使用模糊语言应着重把握好以下两点：

1. 准确把握公文表意的需要，随语境选用恰当、得体的模糊语言，使公文表达意境最佳。在公文写作过程中，既存在可以使用精确语言也可以使用模糊语言的情形，也存在必须使用精确语言或者模糊语言的情形，一定要视语境认真比较、仔细推敲、准确选用。例如“‘三基’工作还不扎实。突出体现在，安全事故、非计划停工还未能有效控制，去年共发生了某次非计划停工（厂级某次，总部事业部级某次）和某次厂级事故，不仅影响了经济效益，也给生产组织增加了难度。分析根本原因，主要是由于岗位责任制落实还不到位，基础工作不够严细，隐患排查治理的质量、深度、广度不够，基本功训练还需强化，岗位人员实操技能和应对突发事件的能力还需要加快提升。”这段公文中运用模糊语言，较准确表达了安全事故、非计划停工还未能有效控制的根本原因。

2. 准确把握模糊语言的“隶属度”和相对性，准确运用模糊语言，使公文表达严丝合缝。这里所谓的模糊语言的“隶属度”，可以理解为对公文所述对象之间进行差异化对比并进行相对准确的表达。例如：企业年度业绩运用模糊语言“好”字可分类表述为较好、很好、极好、特别好、非常好等等。中国石化公文是规范所属企事业单位生产经营和管理的重要根据，不论运用精确语言还是模糊语言，在表述上一定要做到恰当严谨准确。

（十八）公文的引用

引用是公文写作中常用的方法，总体上包括：一是引用经典著作中的论述；二是引用上级的公文；三是引用领导同志的讲话、指示和批示；四是引用国家法律法规条文；五是引用群众语言；六是引用成语；七是引用典故；八是引用格言；九是引用民谚；十是引用寓言；十一是引用歇后语。在公文具体写作中运用引用应把握好以下三点：

1. 要引全。要保持公文所引用内容的完整性，使之能够表达一个完整的意思，切忌断章取义，随意肢解原文。特别值得注意的是，引用公文要写明发文机关、公文标题和发文字号三项要素，三者不可缺一；引用国家法律法规相关条款要引用完整，不要漏引。

2. 要引准。要保持公文所引用内容的准确无误，也可以理解为照抄照搬，就是对所引用内容如实抄录，并用引号加以标明。若需对原文或原话进行浓缩、归纳、概括后引用，要特别保持浓缩、归纳、概括的准确性，以确保引用的准确性。

3. 要得体。要保持公文所引用内容的恰当，必须结合上下文内容进行引用，使引用的材料增强公文的表现力和说服力，使公文表述更加衔接通顺、严丝合缝，切忌为引用而引用。值得注意的是要把握好引用的“度”，切忌贪大求全而导致引语过长过多，给阅文者以繁冗杂乱、枯燥乏味之感。

（十九）公文的语段

公文的语段主要有并列、递进、转折、选择、解释、条件、因果、目的、总分等九种结构方式。

1. 并列。并列语段通常由两个或两个以上的句子组成，分别从两个或两个以上方面说明该段落的中心意思。并列句子之间既可以不用关联词语，也可在后续句中使用“同样”“同时”“另外”“还有”等关联词语标识。

2. 递进。递进语段也由两个或两个以上的句子组成，共同说明该语段的中心意思，但每个句子所表述的语意有轻重之分，或渐其加重，或渐其减轻，层层递进。句子之间通常用“而且”“还”“况且”“甚至”等关联词语衔接。值得注意的是递进语段在关联词之前不用逗号，而使用句号。

3. 转折。转折语段由两个句子组成。这两个句子在表意上是对立的，有的甚至是相反的。从程度上看可将其分为两种：一是重转，前后两句意思完全相反，常用“但是”“但”“却”“然而”等关联词语连接；二是轻转，前后两句只是部分意思相反，并且后句是对前句进行限制或修正，常用“不过”“其实”“只是”等关联词语。

4. 选择。选择语段是指通过两个或两个以上的句子，分别列出两个或几个问题以供决策，或者提供两种或几种情况，而旨在肯定或否定其中的一个或一种。句子之间常用“或者”“还是”等关联词语连接。

5. 解释。解释语段一般是指前句列出某个问题，后句再加以引申和补充，或者举例解说。句子之间常用“例如”“换句话说”“换言之”等关联词语连接；也可不用关联词语，仅靠语义上的解释关系。

6. 条件。条件语段一般也由两个句子组成，前句往往列出条件，后句表述在此条件下产生的结果。句子之间通常使用“这样”“才能”“就”“才”等关联词语连接。

7. 因果。因果语段一般也由两个句子组成，前句列出原因，续句说明结果。句子间通常采用“因此”“所以”“因而”等关联词语连接。

8. 目的。目的语段通常也由两个句子组成，其中前句列出有关的事实或措施，续句则表述目的，或者前句表述目的，续句列出事实或措施，句子之间常用“为此”“为了”“为达此目的”“以免”等关联词语连接。

9. 总分。总分语段是指几个句子组合在一起，先总说，后分说；或者先分说，后总说；先用“首先”“其次”“第三”或“一”“二”“三”等数码表示并列的次序，后用“总之”“一句话”“总而言之”等关联词语把分说部分连接起来。还有一种不明确区分“一、二、三……”，但也是属于“总分”形式的。

（二十）公文的“为……”“为了……”句式

所有公文几乎千篇一律地要交代行文的意图和目的。为了准确、简明、扼要地表达行文意图和目的，使阅文者更加容易理解、掌握和执行，经多年公文写作实践积累形成了以介词“为”“为了”做句首并由发文机关直接加以说明意图和目的句式。在具体运用上一般有两种方法：一是在“为”“为了”的后面直接列出意图和目的的对象、内容。例如“为进一步加强公司质量管理工作”“为了确保检修改造顺利完成”等。二是在“为”“为了”的后面用“此”“这一问题”来指代先行语中通过叙述所提出生产经营管理活动中的问题，来说明为什么要制发公文。

（二十一）公文的介词结构

1. 标题中的介词结构。大家都知道，公文标题中必须要有一个由介词“关于”及其宾语组成的介词结构。这是因为公文标题的三个要素中，文种是中心词，发文机关和发文事由均是文种的限制语，直接与文种发生关系。介词“关于”和发文事由组成介词结构之后，加上助词“的”，作为文种的定语，直接修饰和限制文种。例如:《××关于部署月度重点工作的纪要》，发文机关是“公司”，使用的文种是“纪要”，发文事由是“关于部署月度重点工作”介词结构。当然，公文标题中一般只有一个含介词“关于”的介词结构，意在避免公文标题中介词的重复使用。

2. 正文中的介词结构。公文正文和段落开头，往往用来交代行文的意图、目的、依据、原因或者背景等，一般使用由介词“根据”“依据”“按照”“遵照”“为了”“为此”“由于”“关于”“鉴于”“随着”等与名词、代词、名词性词组组成的介词结构，在句子中充当状语、定语或者补语。例如“随着检修改造准备工作的全面展开，物资接保检工作作用愈显突出，这是关系公司检修改造整体进度的关键环节。为此，公司决定每周召开一次专题会议专题协调解决物资接保检工作中遇到的问题。”

3. 结尾中的介词结构。公文的结尾常常使用含有“特此通知”“特此报告”“特此致函”“特此函商”等约定俗成的介词结构。例如:《全国博士后管委会关于人员身份的通知》，在正文结束后，以“特此通知”收尾。此外，在公文的结尾，还使用其他形式的介词结构。

4. 公文内容过渡中的介词结构。在“通知”“报告”“请示”“决定”等文种的公文写作中，常常通过使用介词结构，达到承接上文和引出下文的目的。承接上文常用一个简短的介词结构，例如“根据……”“依据……”“为了……”等；引起下文常用一个基本固定的结构形式，例如“……特作如下通知”“提出如下意见”等。介词结构承上启下的过渡作用，还广泛用于公文总述与分叙的连接，常用“总之”“综上所述”“据此”“为此”“鉴此”等介词结构。

（二十二）公文的按语

公文按语是由发文机关就公文正文所作的指导性、指示性短文，对正文进行着重说明、提示和指示，表明发文机关的意见、态度，帮助阅文者从理论、政策、法律、形势、大局等高度去理解和掌握正文所表述的内容，进而达到解决问题、指导工作、推动落实等目的。

1. 公文按语的内容。一是说明情况，简明扼要地说明正文的来源，印发、批转、转发的依据和目的。二是揭示问题，提纲挈领地介绍正文的观点、中心思想和主要内容，着重说明支持什么、反对什么、提倡什么、注意什么，尤其当正文是领导讲话、通报情况、调研报告等篇幅较长的文件时，按语的指导作用就显得非常必要。三是指示工作，高屋建瓴地表明发文机关的意见、政见和观点，作出贯彻落实文件的具体要求和解决问题的指示，提出典型经验做法推广的对策办法。在具体写作过程中，上述三个方面内容既可独立成篇，也可视公文实际需要合并。总之，公文按语内容的写作，必须针对正文内容，要站位高远，态度鲜明，语言精练，总揽全局，篇幅短小；要抓住重点，讲深讲透，切忌空泛；要统筹兼顾，注意分寸，杜绝片面。

2. 公文按语的结构。一般来讲，先提出问题，揭示特定内容，表明观点或论点；再梳理剖析问题，对所揭示的内容打开分析、阐述，一般是阐述相关政策、措施或剖析原因、危害等。其写法：一是有感而发、就事论事，针对公文正文的主要问题剖析评论，阐述发文机关的思想认识，表明态度。二是借题发挥，或由此及彼或由个别到一般，针对正文揭示的内容，联系形势任务，引出深刻道理；或从一个方面拓展到全局阐述。最后是推动问题解决，在文件结尾提出对策、办法、措施、希望和要求等。实际写作中，每个按语的结构不一定要齐备，但一定要做到重点突出、一气呵成。

3. 公文按语的形式。一是一般性按语，“按语”之后加冒号，冒号之后列出内容。二是印发、转发、批转性按语，常用于印发、转发、批转类公文，按语是表明发文机关对所印发、转发、批转文件的意见、政见，具有指导、指示作用。

（二十三）公文的缩略语

公文写作要经常用到缩略语，它是由原形词组中的几个词素，按照一定的规则和方法组成的。主要规则和方法如下：

1. 缩合法。词组或短语由若干个双音节词或多音节词构成。所谓缩合法就是将词组或短语中关键的词素提取出来，组成一个缩略语。缩合法主要有两种：一是当原形词组的每个词均是由两个并列词素，或由一个多音节单纯词素构成时，提取每个词的第一个词素或字进行组合。其格式为：ABCD→AC。例如：共产主义青年团→共青团。二是当原形词组是一个固定使用的多音节词时，提取两个或两个以上最具有代表性的进行组合。例如：中国人民政治协商会议→政协。该原形词很像一个由五个双音节词组成的偏正词组，但实际上它只是一个特定组织的全称，是一个特指的单纯词。

2. 定义法。同一公文中常常需要多次重复一个冗长的词组，这时就需要对这个冗长的词组进行缩略组合。通常在公文第一次出现原型时就给它加上注解，人为地制造一个代替它的缩略语，并用这个缩略语在下文中予以替代。这个人为地制造的缩略语是非凝固性的，不是约定俗成的，仅限于该公文中使用。其格式为：ABCDEF（以下简称EF）→EF。例如“现将《××石化××管理办法》（以下简称《办法》）印发给你们”，经过括号内的注解，在以下文字中，它的缩略语即为“《办法》”。

3. 提取共同语素法。公文写作中，我们常会遇到由多个词组构成的固定短语，这些词组中均含有一个相同的语素，把这个固定短语中的相同语素提取出来，与其他不相同的语素组合，就构成了缩略语。其格式为：ABXY、CDXY、EFXY→AB、CD、EFXY。例如“努力加强交通管理工作、治安管理工作、户籍管理工作→努力加强交通、治安、户籍管理工作”。此外，还可以将词组群中的共有语素提取出来，与短语所具有的词组项数构成缩略语。其格式为：ABXY、CDXY、EFXY……→N（个）XY。例如：工业现代化、农业现代化、国防现代化、科学技术现代化→四个现代化。

4. 代称法。通俗地讲就是用一个约定俗成的词给某事进行命名。其格式为AB、CD、EF……→XY。例如“王洪文、张春桥、江青、姚文元→四人帮”。

（二十四）公文的规范名称

公文写作中，经常用到国名、人物、党派、机构、临时组织、职务、级别等各种名称。经过大量实践积累，公文中对各种名称的表述已形成了一系列较为固定的规范。概括起来，应把握和遵循如下要求：

1. 统一性。这里所讲统一性是指同一名称在一份公文中的表述必须保持前后的一致性，常用名称即使在不同公文中也应保持一致性，切忌同一名称在一份或多份公文中有不同的表述。确因工作需要，名称变动要用括号予以标注说明。此外，统一性原则还体现在对各种译名的表述要保持一致，凡属外国国名和重要的或常见的地点、人物、党派、政府机构、报刊等的译名，都要以国家官方的译名为准。假如在公文写作中对于专用名称的表述不讲究统一性，必然造成概念上和认识上的混乱，重则直接涉及国际政治影响问题。

2. 明确性。在公文写作中，运用专业术语（名称），必须准确理解和把握其真实含义，特别是对于石油石化专业和相关术语，务必区分清楚，保持名称表述的明确性。否则，将会影响公文内容的正确表达，妨害公文的效用。还要注意避免出现交待不清的名称，除全国闻名的外，一份公文中第一次出现的县、市、地区、军分区、乡、村等名称前应冠以所属省、直辖市或地区名；“各单位、各部门”“组织上”“领导上”“上级”“干部员工”等是集合名称，仅限于泛指时使用。此外，各种名称在公文中第一次出现时，应尽量用全称。如果全称太长，则在第一次出现全称时，在其后用括号注明规范简称。

3. 时效性。这里所讲时效性是指公文中名称的表述有一定的时间效力。实际上名称不是一成不变的，它是随着时间或社会形势的发展而变化，特别是职务、级别、单位名称等常有变动。因此，在公文写作中应及时使用新名称，同时将原名称予以注明。此外，长度单位中的“亩”“公尺”“公分”“公厘”等系旧称，早已明令禁用，均应改用国家法定计量单位名称即“平方米”“米”“厘米”“毫米”等。

4. 顺序性。这里所讲顺序性是指公文中对于各种名称的表述按照顺序排列。一是人名的排列，可按其姓氏笔画排序，也可按职务级别排序。尤其是涉及若干人的职务时，一定根据场合和有关规定正确排列。二是地名的排列，按照由大到小的顺序进行，属同一层次的地名，按其地位的重要程度排列。三是同级机关的连用，按其各自的法律地位和使用习惯排列，例如：县级机关应是“县委、县人大、县政府、县政协、县纪检”。四是各省、市、自治区并称时，必须按照“各省、自治区、直辖市”的顺序排列。五是海外华人及港澳台同胞的称呼，必须按照“华侨、港澳同胞、台湾同胞、外籍华人”的顺序排列。

5. 准确性。公文写作必须准确地运用名称，否则就失去了其表述的意义和价值。一是清楚各种名称连用时相互间的逻辑关系，不能彼此包容或相互交叉。例如“各机关、单位、工厂、学校”的表述就不准确，因为“机关”“工厂”“学校”三个概念之间是并列关系，而“单位”与这三个概念间则是属种关系。二是清楚一些具有特殊含义的名称，做到准确表述。例如“左倾”要加引号，但“极左”不加引号；“文化大革命”必须加引号；“百花齐放，百家争鸣”只用一个引号，不能写成“百花齐放”“百家争鸣”等等。三是清楚有关法律、法规名称的引用，保持表述的准确性。例如：《中华人民共和国国家赔偿法》，可写成“我国《国家赔偿法》”，但不得写为《赔偿法》；对其有关条款的引用亦应做到准确，不能将“第×款”写成“第×项”，因为“条”下的款与款之间、项与项之间，意义相去甚远。四是清楚人名、地名及其他各种专用名称的表述，防止误用同音的别字。

6. 空间性。公文中有些名称的使用还要受到地域的限制，在不同地区，同一名称的含义和用法等可能不尽一致，我们必须以普通、能被大众所熟悉为宗旨，尊重事实，仔细甄别，慎重使用。

（二十五）转发类通知标题的拟写

公文写作中，我们经常拟写转发类通知，对于其标题的写作常常碰到过于累赘、过于冗长及标点符号使用不当等问题。为此，拟写转发类通知标题时应做到以下几点：

1. 公文首页已印有发文机关名称，因此公文标题中可以省略发文机关。但一定要在标题中保留被转发文件的发文机关。例如：《关于转发××安委会关于切实做好××期间安全生产工作的通知》。

2. 转发一个机关的一份文件的标题中只保留一个“关于”和一个“的通知”，也可以采用自拟摘要的办法拟写标题。例如：把《××关于转发××省×××文件做好×××工作的通知》拟写为《××关于贯彻××省×××文件精神做好×××工作的通知》。这样拟写，省略了被转发公文的标题。

3. 一次转发多份文件时，可以把这些文件名称作适当概括，但不一定在标题中把转发的每份文件名称都一一列出。例如：《××办公厅转发有关公文处理工作两个文件的通知》。

4. 转发多个部门的联合发文，在主办部门名称后面加“等部门”即可，在标题中不一定要把这些部门的名称都一一列出。例如:《国务院办公厅转发国家教委等部门关于创造良好社会环境保护中小学生健康成长若干意见的通知》。

5. 转发性通知标题中一般不必使用书名号和引号。从语法结构上看，被转发公文的标题在转发性通知的标题中，可作为一个名词性词组，同介词结构“关于转发……”一起作“通知”的定语，书名号完全可以省略。如果必须使用书名号时，要注意把被转发公文的发文机关写到书名号内，当出现两个书名号时，外面一层用双书名号，里面一层用单书名号。例如:《国务院批转〈财政部关于进出口商品免征工商税的规定〉的通知》。

第九章 公文制发常见问题

公文制发工作是指公文拟制、办理、管理等一系列相互关联、衔接有序的工作。公文处理工作应当坚持实事求是、准确规范、精简高效、安全保密的原则。为进一步规范中国石化公文行文格式，帮助办公室文秘人员尽快掌握公文制作的正确方法，按照公文规范要求，本章从大量的实践中有选择地摘录了普遍存在的一些问题，重点讲解问题的处理方法。

一、执行规定方面

公文处理规定是对公文工作的硬要求，出现未执行相关规定的问题是“硬伤”，无变通余地，必须严格按照规范要求处理。

（一）版头问题

▶ 案例1

××公司上行文发文机关标志的上边缘至版心上边缘的距离仍按照80毫米执行。

处理办法：《党政机关公文格式》（GB/T 9704—2012）规定，发文机关标志的上边缘至版心上边缘的距离均统一为35毫米。目前，仍存在上行文发文机关标志的上边缘至版心上边缘的距离执行旧标准、留出大片空白的情况，应按照新标准执行。

▶ 案例2

××公司涉密文件未标注份号，××公司涉及国家密级事项的行文未标注密级，××公司涉密文件将密级和保密期限标注在右上角。

处理办法： 涉密文件应标注份号、密级和保密期限（不标保密期限时，按照该密级最长期限管理），份号、密级、保密期限和紧急程度应左上角标注。

▶ 案例3

××公司发文字号标注为"油发［2016］第7号"，××公司的发文字号标注为"××石化发〔2016〕015号"。

处理办法： 年份应当用六角括号"〔 〕"括入；发文顺序号不加"第"字，不编虚位，可分别改为"油发〔2016〕7号""××石化发〔2016〕15号"。

▶ 案例4

上行文无签发人，有的虽有签发人但格式错误，签发人姓名用仿宋体。

处理办法： 上行文应将发文字号居左空一字、签发人居右空一字编排，签发人由"签发人"三字加全角冒号和签发人姓名组成，"签发人"三字用3号仿宋体字，签发人姓名用3号楷体字。

（二）标题问题

▶ 案例5

甲公司一上行文的标题为"××公司关于落实××情况的汇报"，乙公司一上行文的标题"××公司2016年上半年工作情况总结"，丙公司一上行文的标题为"关于申请安全隐患治理资金的报告"，丁公司以文件的形式印发制度的标题为"安全隐患治理项目管理办法"。

处理办法： 标题是标明公文内容的语句。一般由发文机关、事由和文种三部分组成，发文机构视情况可省去（上行文不能省）。本案例甲、乙公司上行文的标题中均无文种，丙公司上行文省去了发文机关名称、用错文种，丁公司未借助"通知"印发制度。甲公司上行文标题可改为"××公司关于落实××情况的报告"，乙公司上行文标题可改为"××公司关于2016年上半年工作情况的报告"，丙公司上行文标题可改为"××公司关于安全隐患治理资金的请示"，丁公司文件标题可改为"关于印发《安全隐患治理项目管理办法》的通知"。

▶ 案例6

××厂文件的标题“关于贯彻中办发〔2012〕14号文件精神的通知”。

处理办法：批转下级机关公文和转发上级、同级机关公文时，标题中如涉及有关公文标题，一般应写明有关公文的事由和文种。上例图省事，用上级公文文号代替其事由和文种，标题虽然简短，却不能反映公文的主要内容。因为公文编号只是公文标记之一，它与内容无关，和标题中事由也不同，起不到标题应有的作用，可以改为“关于贯彻落实中办发〔2012〕14号文件精神做好党政机关公文处理工作的通知”。

▶ 案例7

××厂文件标题为“关于元旦、春节放假的通知”。

处理办法：公文标题中除法规、规章名称加书名号外，一般不用标点符号；如无歧义，两个词语之间一般不用标点符号。同时，要注意标题表述准确、简洁。上述标题可改为“关于元旦春节放假的通知”。

（三）主送、抄送不规范

▶ 案例8

××石油局的××厂请示文件的主送写：管理局党委、管理局，××公司的××厂文件的主送写：××书记并公司党委，××公司文件的主送写：各厂党委、研究院党委。

处理办法：主送机关，即行文的对象，指主办与答复本公文的机关。第一个属于多头主送，××石油局的××厂请示文件的主送应为管理局；第二个属于除多头主送外，还主送领导个人；第三个是上级行政机关包揽了党的事务，直接向党的机关行文。上述三个文件主送可分别改为“管理局”“公司党委”和“各厂、研究院”。

▶ 案例9

××石油分公司请示文件的尾条写“抄报：省国资委”，××公司××文件的版记写“抄报××分公司”。

处理办法：《党政机关公文处理工作条例》（中办发〔2012〕14号）规定，公文只有“主送”“抄送”两种发送方式。“抄报”原是向上级机关抄送所用，现已明确废弃使用，故即使是向上级机关抄送公文，也使用“抄送”，不使用“抄报”。在抄送顺序上，注意把握“先上级、再外部、后内部”的原则。上述案例中均应改成“抄送”。

（四）引文不规范

▶ 案例10

××石油局报送的请示文件正文第一段：根据中国石化×〔2016〕××号文件要求……；××炼化公司报送的报告正文第一段：根据中国石化×〔2016〕××号文件《关于××工作的通知》要求……

处理办法：公文引文要完整，按照“发文机关+公文标题+文号”的方式引用，公文标题中如能体现发文机关的，可不再注明。例如《国务院国有资产监督管理委员会关于加强××管理工作的通知》（国资发〔2016〕13号），不能写成“2016年13号”文件或只引标题等。公文引文首次引用后可用小括号注明，以下简称××，此后文件中再次出现引用该文件时可用简称来表示。上述案例可照此修改。

（五）正文中图表、序号问题

▶ 案例11

××研究院报送的文件中夹带图表，××石油分公司报送的文件中第一、第二部分中第二层级中用“（一）”表示，第三部分第二层级中用“1.”表示。

处理办法：正文不得夹带图表，如果是能通过简短语言叙述解决的简单图表，尽量用语言叙述解决；如果不能用语言叙述解决以及相对复杂的图表，可以附件形式解决。正文中结构层次序数依次可以用“一、”“（一）”“1.”“（1）”标注。一般应尽量逐级使用，也可以越级使用，但最多越一级。同一篇公文中如若越级使用层次序数，应保持一致。

（六）附件说明

▶ 案例12

××研究院报送的文件中附件说明标注如下：

附件：工作领导小组成员名单；

××公司报送的文件中附件说明标注如下：

附件：《××领导小组工作规则》

××石油分公司报送的文件中附件说明标注如下：

附件1：××销售量季度统计表；

附件2：××号汽油销售月度统计表。

处理办法：附件说明应标注在落款之上紧接正文下空一行、左空二字。“附件”二字后用冒号，如果单个附件，冒号后直接写附件名称；如果多个附件，用阿拉伯数字标序号，数字后加点，如“1.”，后加附件名称，附件名称后无标点符号。当附件名称较长需回行时，回行首字与上一行首字对齐。上述附件说明正确处理如下：

××研究院报送的文件中附件说明应标注如下：

附件：工作领导小组成员名单

××公司报送的文件中附件说明应标注如下：

附件：××领导小组工作规则

××石油分公司报送的文件中附件说明应标注如下：

附件：1. ×××××××××××××××××××××××××
××××××××销售量季度统计表
2. ××号汽油销售月度统计表

（七）违反行文规则

▶ 案例13

××工程公司所属××××建设工程公司报送请示文件的主送单位：中国石油化工集团公司。

处理办法：行文关系，应根据各自的隶属关系和职权范围确定，不能超越权限行文。中国石化直属单位的下属单位，不得直接向集团公司/股份公司或主管部门行文。该××××建设工程公司应向其直属上级××工程公司请示，即主送单位应为××工程公司。

（八）空白页用印

▶ 案例14

××石油分公司报送的请示文件中，出现"此页无正文"并在空白页用印。

处理办法：《党政机关公文格式》（GB/T 9704—2012）规定，印章的上边缘距正文（或附件说明）应在一行之内（即10毫米之内，若正文之后的空白容不下印章时，一般应当采取调整正文行距或字距的措施加以解决。具体的调整方法是：当正文之后的空白只有一两行时，可以加宽行距，至少将一行文字移到下一页；如果正文之后的空白仅差一两行便可容下印章位置时，可以缩小行距或缩小一两行字距，挤出能容下印章的空间。这样，使印章与正文务必同处一页，不留任何空白。

二、写作中常见问题

（一）开头常见错误

▶ 案例15

开篇离题。××单位动员兴办第三产业的文稿，开头用较长篇幅解释说明哪些是第一产业、第二产业与第三产业，以及国际上对这三种产业的几种理解，论述第三产业和第一、第二产业的内在关系等等，然后再提出中央最近下发了关于兴办第三产业的决定，接着再写有关措施要求。

处理办法：文件一般开头要起句立意，点明主题。开头应先交代中央最近下发了关于兴办第三产业的决定，说明这一决定发布的重大意义，表明贯彻中央这一决定的积极态度。不必用很多文字先去解释什么是第一产业、第二产业与第三产业，以及国际上对几种产业的不同理解、几种产业之间内在关系等等。

▶ 案例16

引据不当。××公司《关于严禁在生活区私搭乱盖的通知》，开头是“根据当地政府要求及当前公司生活区环境存在的问题，对私搭乱盖作如下要求”。

处理办法：陈述性及指挥性文件，通常要在开头交代制文的依据，这个“依据”可以是上级要求，也可以是公务活动中实际存在的问题。引述上级要求应注意明确，避免含糊；引述实际存在的问题，要简明概括，避免冗长累赘。本例正确的写法不妨改为：“根据市政府《关于大力整顿城镇市容的通知》（市政发〔2016〕××号）要求，针对公司生活区少数住户，未经有管部门批准，任意占用土地，私圈院墙，乱盖房屋的严重情况，特作如下规定：”

▶ 案例17

态度不明。××公司批转安全保卫处《关于加强春节期间安全保卫工作的报告》，开头写道：“现把安全保卫处报的《关于加强春节期间安全保卫工作的报告》转发给你们”。

处理办法：这种写法显得态度不够明确。批转、转发、印发性通知及批示、转述式通报，在开头处首要的是对被承转的文件表明态度。本例开头本应写：“公司同意安全保卫处《关于加强春节期间安全保卫工作的报告》中所提各项意见，现将此件转发给你们……”。而这份文件的开头却写道：“现把安全保卫处报的《关于加强春节期间安全保卫工作的报告》转发给你们”。这种写法，态度不明确，给文件执行带来困难。

▶ 案例18

事物不清。××炼油厂全年工作报告的开头部分：“2016年生产再上新台阶，全年生产汽油×万吨、柴油×万吨，润滑油基础油×万吨，沥青×万吨，……”。

处理办法：陈述性文件，不仅需要交代事物的量，而且要明确讲明事物的质，给人直观感受。本例这种写法，由于孤立地讲2016年的生产数量，不进行横向或纵向比较，又缺乏总的提法，使人看不清事物的质。可以改为“2016年生产再上新台阶，全年生产汽油×万吨、柴油×万吨，润滑油基础油×万吨，沥青×万吨，……同比分别增加（或减少）×%、×%、×%、×%，……”。

▶ 案例19

情况繁杂。××销售公司全年工作报告的开头，在叙述了公司一年来商品销售额、利润大幅度增加的基本情况后，又罗列了近年来多种商品的增加量及下属分公司商品销售额、利润增加额，显得很繁杂，使人不得要领。

处理办法：工作报告的开头，通常要用非常简明的语言，概述一个时期工作的基本情况，切忌情况繁杂、数字详列。本例可以在开头概述一下总体情况，将销售情况具体内容，分别放在主体有关段落中，不必置于首段。

▶ 案例20

平淡无力。××公司印发检修作业期间部分作业环节发生安全事故的情况通报，开头这样写的：“检修即将过半，现把检修以来部分直接作业环节发生安全事故的情况通报如下……”显得平淡无力。

处理办法：综合反映情况的通报，在开头处应对下面所要反映的情况作概括性的交代，唤起人们的注意，使人一看开头即可把握情况的主线。本例可以这样写：“检修即将过半，整体上看，今年广大员工安全意识比往年有所提高，但仍有一些员工掉以轻心，从开始到×月×日止，因操作不当引发的事故×起，×人受伤，导致非计划停工×小时，经济损失达×万元，……”。

▶ 案例21

依据欠当。××省石油公司给××市石油分公司的批复，开头引述缘由时写作“你公司来文收悉，有关事项批复如下”，依据哪个来文，不得而知。这样写，依据过于简单。

处理办法：批示、批复的开头通常以引述来文作办文依据。引述要明确具体，防止歧义出现。本例开头引述时正确的写法应当是："你公司《关于××××的请示》（××办发〔2016〕××号）收悉。经研究，批复如下："。

案例22

立论有误。××公司人力资源部《关于不具备规定学历的专业技术人员不宜评聘高级技师的通知》的开头写道："……鉴于目前我公司高级技师指标十分紧张，对一些确有真才实学，并做出突出贡献，但不具备规定学历的专业技术人才，在这次'微调'中暂不办理申报'高级技师'手续"。

处理办法：文件开头作者所表明的主张、观点与上级的要求相悖或与下面的实际情况不符，属开篇立论上有错误。本例开篇立论与总部的有关文件所明确的"对虽不具备规定学历，但有真才实学，做出突出贡献的专业技术人才，可以评聘高级技师"的提法是不一致的。修改时，从"不具备规定学历"进行立论更妥当一些。

（二）结尾常见错误

案例23

结尾要求失当。甲公司在请示结尾写："上述意见可否，请速批示！"，乙公司在报告的结尾写："妥否？请批示。"丙公司在文件结尾写："……关于我公司请求批复××项目可研报告一事，已多次上报请示，均无回音，一旦因项目建设不及时造成不良后果，我公司将无法承担责任。请尽快批复！"等，都属失当。

处理办法：文件结尾所提要求要合体。本例中甲公司在请示中要求上级"从速"，有欠尊恭；乙公司在报告中要求"批示"，与"报告"文种性质不符；丙公司文件结尾有威胁之意，实属欠妥。可结合实际修改成"妥否，请批示"或"请予批复"。

案例24

结束语不规范。××公司在请示的结尾写"妥否？请批示！！"

处理办法：一般来说，公文中只用陈述语气的标点符号，如顿号、逗号、冒号、分号、句号等，不用问号、感叹号等有感情色彩的标点符号。“请示”的规范结束语为“请予批复”，也可根据情况用“妥否，请批示。”不用加问号或感叹号。

案例25

结尾结论过分拔高。××单位批评不良机关作风的通报，先是列举这样一些事实：一些单位作风散漫，主动服务意识淡薄，工作中不严不细不实等，接着讲了这样一段话：“……以上这些恶劣行径，不只是个别人、个别单位存在，而是一部分人、一部分单位存在，它反映了我们一些单位工作人员对机关作风建设的严肃性还缺乏足够的重视，是对上级要求的一种亵渎行为！”

处理办法：推理要合乎逻辑，结论要实事求是，表述要准确客观。本例中结尾处对前述事物进行概括时就言过其实，得出的结论与所列举的事实对照起来，觉得有些过重，特别是“恶劣行径”“亵渎行为”的讲法欠妥。不良机关作风当然是不对的，如何认识它的错误性质，用什么语调，都要讲究分寸。修改时，根据实际提出严格要求即可。

案例26

结尾语言累赘。××公司写给上级单位《××公司关于成品油生产情况的报告》，结尾是“以上是我公司成品油的生产情况，包括所取得的成绩、经验及当前存在的突出问题。对上述报告如认为有不妥当的地方，望及时通知我们，以便更好地完成上级下达的生产任务。”

处理办法：文件结尾要写得简洁明了。本例结尾可改为“特此报告。”即可，或“以上报告，如有不妥，请指示。”不必拖泥带水。

（三）表达常见错误

案例27

语不对体。××公司在一篇通报中表扬某位领导同志坚持深入实际时写道“勘探新区的每一座钻井台上都留着他的脚印”，写他的高尚品德时说“他的风格之高为我公司近年来之最”，写他的基本状况时说“入党时间并不算早，就是平常人的那种情况……”等。

处理办法：公文的用语要符合语体要求。公文语体以实用为目的，语体风格是平实、简明、庄重。本例中均属语不对体，前两处属文艺用语，显得不平实；后一处使用了一些口语，显得欠庄重。修改时要将前两处用平实语言表述，后一处用书面语表述。

▶ 案例28

叙述事实滥用文学语言。××公司在一起重大环保事故的报告中，在谈到事故发生当时情形时写到："……污水流入公路边的大沟内，波浪翻滚，如万马奔腾……"

处理办法：公文的叙述用语要与所叙述对象的实际情况保持严格一致，语言要平实，不要用文学艺术用语。本例中"如万马奔腾"属文学用语，放在公文中显得有失平实，也不妥当。修改时，要用平实客观的语言表述。

▶ 案例29

论述语言违反逻辑。××公司公文中先提出"对违反规定用公款宴请屡教不改的，应当追究有关人员的行政责任"，这一论题是正确的，但文中又说："……对少数检查态度较好的，带来负面影响不大的，可不再追究其行政责任"，前后矛盾，违背了逻辑。

处理办法：公文的论述用语要遵守逻辑规则。本例中前后矛盾、违背逻辑的问题，解决办法是将第二句所讲的不正确论述去除。

▶ 案例30

说明文字不合事物特性或不准确。××公司一份文件中讲："××装置采用了××研究院的××新技术，开车三年来，今年的加工量比任何一年都高。"

处理办法：公文中说明某一事物特性或作比较时，表述要准确。本例中采用新技术后开车前两年的整体情况应有交待，用"今年的加工量比任何一年都高"只说明今年情况，没说明按照新技术要求，三年来的加工量是逐年增加呢，还是到了第三年才增加。修改时应加上采用新技术后开车前两年情况，以准确反映新技术的优势。

（四）概念常见错误

▶ 案例31

××公司一份简报的标题是《××销售公司在整顿中解决“跑昌滴漏”见成效》。另一份简报的标题是《××县分公司非油品销路激增》里讲到“××县分公司有多家夫妻伉俪店……”。

处理办法：概念不准确系指在公文写作中，使用概念有错误。本例中“跑昌滴漏”这个概念令人费解，后经询问，才知道是指浪费公物。应该将这种自行定义、令人费解的词转换成大家熟知的有共识概念的词。《××县分公司非油品销路激增》中“销路”这个概念内涵不明，应当改为“销量”才对，里面的“夫妻伉俪店……”，夫妻伉俪包括夫、妻双方，两个词意思相同，属相同概念重复，用一个词即可。

▶ 案例32

并列概念重复交叉。××单位通知中要求“要狠抓物资保供，努力搞好水运、海运、空运、陆运、铁路运输……”

处理办法：并列概念重复交叉系指在公文写作中，并列的概念相互交叉，违背逻辑要求。本例中“水运”中含“海运”,“陆运”中又包括“铁路运输”，出现交叉现象，要去除重复的部分，如“海运”“铁路运输”。

（五）逻辑常见错误

判断违背逻辑系指在公文写作中，运用判断这一思维形式时出现差误。其具体表现为：

▶ 案例33

判断不明。××单位的一则材料中写道“会场一边站一名保安”。

处理办法：“会场一边站一名保安”，这个判断既可以理解为“会场的某一个边上站一名保安”，也可理解为“会场的每一边都站一名保安”。修改时，要表述清楚，避免别人判断错误。如改成“会场的每一个边上都站着一名保安”或“会场只有一个边上站一名保安”。

案例34

判断混乱。××单位的材料中写道“事实充分说明，依照制度规定，把公司两级机关建设好，使之充分行使制度规定的职能，是能否搞好生产经营改革管理和持续发展的一个关键。”

处理办法：“说明”之后所带的，是一个结构不正确的直言判断。其主项“依照制度……职能”，只含有一个方面，而其谓项“能否搞好……的一个关键”却含有两个方面，这样，主项只能和谓项中“能搞好……”相应，不能和“否……”相应。由此导致判断内容不科学。正确的写法应将“能否”二字去掉。

案例35

判断不当。××市一份文件中写道：“我市烧毁了价值×万元的假货……”

处理办法：假货有何价值可言，应当将“价值”改作“卖价为”或以假货的数量来表达。

案例36

违反同一律。

1. ××公司发文机关与“印章名称”不一致。

2. ××公司标题与正文内容缺乏同一性。请示内容是申请拨款购买1辆消防车，而标题却写作《××公司关于消防设备资金的请示》。

3. ××公司《关于部分产品供应存在脱销断档情况的报告》的中心思想是一些化工产品供应脱销断档，在具体表述时，除讲了合成树脂、合成橡胶等脱销的状况外，又用大量篇幅讲了苯酚丙酮以及其它部分产品出现滞销的状况。

4. 使用概念、运用判断缺乏同一性。××公司写境外销售困难，更多地列举了境内事例。

处理办法：同一律是逻辑的基本规律之一，是关于思维准确性的规律。在公文写作中，其主张、思想、解释、要求等要保持一致，否则就违背同一律。上述案例中，有的缺乏同一性，如发文机关与“印章名称”不一致，必须一致起来；标题与正文内容缺乏同一性，《××公司关于消防设备资金的请示》中“消防设备资金”外延太大，与内容不符，要一致起来；《关于部分产品供应存在脱销断档情况的报告》的中心思想与具体思想缺乏同一性，要将二者一致起来；讲境外销售困难必须用境外事例，用境内来证明境外则判断缺乏同一性，要列举境外事例，减少甚至不说境内事例。

案例37

违反矛盾律。

1. 时间表述上的矛盾。××公司的报告中写道：“用了将近两年多的时间，才建成这套生产装置”。

2. 数量表述上的矛盾。××公司的报告中写道：“到去年末，这一重点工程项目已经全部完工，只有少数扫尾活动仍在进行”。“全部完工”与“少数……进行”相互矛盾。

3. 程度表述上的矛盾。××公司的一份材料中写道：“……大家基本取得了一致的意见”。

4. 行为表述上的矛盾。××单位的一份讲话稿中有“主持人在会上说：该讲的孙科长都讲了，我没有讲的了，只提三条要求”的表述。

5. 要求表述上的矛盾。××单位领导批示中有“……基本同意文中所提相关措施，请有关部门严格贯彻”表述。

处理办法：矛盾律是逻辑的基本规律之一，是关于思维一贯性的规律。公文写作中，在同一思维过程中，从同一方面，对同一事物不能有逻辑矛盾，即不能做出自相矛盾的判断。上述案例中“这家工厂用了将近两年多的时间，才建成这套生产装置”，“将近两年”是不到两年，“两年多”是超过两年，两者有矛盾，要么改变“将近两年”，要么改为“两年多”。“到去年末，这一重点工程项目已经全部完工，只有少数扫尾活动仍在进行”，“全部完工”与“少数……进行”相互矛盾，可将“全部完工”改为“基本完工”。“……大家基本取得了一致的意见”，“基本”与“一致”是矛盾的，可将“基本”去掉。“主持人在会上说：该讲的孙科长都讲了，我没有讲的了，只提三条要求”，先说“没有讲的了”，又说“只提三条要求”，前后矛盾，可将“没有讲的了”去掉。“……基本同意文中所提相关措施，请有关部门严格贯彻”，先说“基本同意”，后又说“严格贯彻”，显然违反矛盾律，可将“基本”去掉。

案例38

违反排中律。

1. ××单位一份材料中写道：“关于××同志未经单位同意在外兼职的行为，不应看作正当的，但说是错误的又有些勉强，也不尽妥当。”

2. ××单位在答复下级单位的文件中写道“……上级要求，公司所属工作人员不准从事职权范围内的企外兼职。对这一问题，你们可视具体情况，灵活掌握。”

处理办法：排中律是逻辑的基本规律之一，属于思维明确性的规律。在公文写作中，对两个相互矛盾的判断，要作出不是这个就是那个的明确选择，不能都否定；在是非真假之间，不能含糊，不能怕担责。上述案例中，第一个折衷调和、模棱两可，第二个含糊暧昧、不置可否。两种哪个可行，应明确清楚。

案例39

违反充足理由律。

1. ××公司的一份材料中写道：“现在各单位人员都少，不少人一岗多责，所以有些单位出现部分人用非所学的问题。”

2. ××公司的一份材料中写道：“由于会议多、文件多，所以机关人员下基层比较少了……”

3. ××单位一份材料中写道：“鉴于入冬以来天气寒冷，天然气产量较前3个月下降了10多个百分点。”

处理办法：充足理由律是逻辑的基本规律之一，属于思维根据性的规律。在公文写作中，任何一个正确的思想，都应该有真实的事实材料或已在实践中被证实的其他思想作为依据。不管是判断、推理还是论证，都要有充足的理由、正确的依据，做到有理有据、合乎情理与事实。上述第一个案例中把“用非所学”的问题说成是“人员少”造成的，理由是不充分的。第二个理由偏颇，由于会议多、文件多，所以机关人员下基层比较少了……这是理由的一方面，主观上为基层服务意识减弱的原因并未提到，理由很不充足。第三个理由与结论之间没有必然的联系，“天气寒冷”与“天然气产量”没有直接的关系，以此说明下降的必然性理由很不充足。只有讲明了“鉴于入冬以来天气寒冷，主要生产措施没及时跟上，给生产带来一定困难，故……”，把话讲完整，理由才充足。

（六）公文结构问题

公文结构安排要反映客观事物的内部联系，符合常识常理，这是制作公文的重要原则。

案例40

原稿

关于严厉打击整治××专项行动有关情况的报告

××部：

今年月日，贵部组织开展严打××违法犯罪专项行动，亲自到××公司听取有关情况汇报。3月28日，贵部组织召开××专项行动电视电话会议。此后，又多次组织力量奔赴重点省（市）召开现场会议，强力督导打击整治专项行动开展，协调指导侦办重要案件，大力推进破案追逃工作，集中整治非法涉油厂点，采取了一系列强有力措施，成功摧毁多起涉油大案要案，战果卓著，各地涉油治安秩序持续好转。

贵部今年的工作，××。

贵部还计划下一步将开展×××××××××工作，××××××××××××××××××××××。

在贵部的组织领导下，各省（市）高度重视，×××××××××××××，坚实保障了此次专项行动的打击整治力度，取得了非常好的效果。以××公司为例，自专项行动开展以来，公司××形势总体实现根本性好转，××等地油气田实现“零”发案。

上述成绩是贵部及××××××××的结果，充分体现了贵部及××对推动国有企业发展、保障国家能源和公共安全、保护国有资产和生态环境的鲜明立场，充分体现了贵部及×××××××。对此，××公司全体干部员工表示衷心的感谢和崇高的敬意。

2002年以来，在××联席会议的指导推动下，在贵部的组织领导下，在全国××协作下，××公司油气安保工作从无到有，逐渐形成一套具有自身特点的综治工作管理体系，××工作水平不断提升，××案件大幅下降。

下一步，××将认真贯彻党中央、国务院的决策部署，深入落实贵部的各项要求，切实履行主体责任，不断强化内部管理，充实××××××，继续全力配合××工作。

同时，我们希望贵部及××保持高压严打态势，乘胜追击，彻底斩断××××等涉油犯罪链条，为国家能源生产建设创造长治久安的良好环境。

××××公司

××年×月×日

分析

上面这样搭建结构，存在明显问题，首先作为向上级单位反映情况的报告，下属单位不必也不应该用大量篇幅肯定上级的工作，应该多反映本单位情况。再者，对于上级单位下一步要开展的工作与其已经组织领导开展的工作存在顺序颠倒。第三，对本单位已开展和将要开展的工作表述不足。

修改稿

关于严厉打击整治××专项行动有关情况的报告

××部：

自贵部组织开展严厉打击整治××专项行动以来，破获了多起涉油大案要案，战果卓著。××公司借助东风、加强管理，油气安保水平得到显著提升。现将有关情况报告如下：

一、××公司开展有关工作情况及成效

2月21日，××，贵部立即组织开展××××专项行动。对此次专项行动，××公司高度重视，迅速成立了由公司主要领导任组长的××领导小组，制定××行动方案，提出明确要求，压实各级责任，××。

在贵部的统一领导和精心组织下，专项行动开展以来，××公司××等地油气田实现“零”发案。此外，在配合专项行动过程中，××公司注重强化内部管理，××公司意识和能力普遍增强。

××形势总体实现根本好转，得益于党中央、国务院的坚强领导，得益于国家有关部委和地方党委、政府的大力支持，更得益于贵部及××。这充分体现了贵部对保卫国有资产、保障国家能源和公共安全、保护生态环境的高度重视，充分体现了敢于担当、雷厉风行、求真务实的工作作风。对此，××公司全体干部员工表示衷心的感谢和崇高的敬意。

二、××公司下一步有关工作思路及建议

××是国家重要的基础设施，××直接关系到国家能源供应安全和人民生命财产安全。下一步，××公司将认真贯彻党中央、国务院的决策部署，严格按照贵部的各项要求，切实履行主体责任，不断强化内部管理，××。

同时，希望贵部××公司，为国家能源生产建设创造长治久安的良好环境。

××××公司

××年×月×日

案例41

原稿

××单位草拟一份“关于精简会议、减少文件的通知”，框架标题如下：

一、会议必须精简。

二、严格控制会议，把住开会关口。

三、压缩会议规模，减少陪会人员。

四、提倡开短会、小会、联合开。

五、改革开会方法。

六、大力压减文件。

七、精炼文件内容。

八、加快文件办理进度。

评析

读后，给人的总体感觉是，文稿的拟制仍停留在初级水平，照葫芦画瓢，按照给出的公文标题，分别细化罗列内容，内容相对完整，但缺少形势任务的要求。从例文的框架结构来看，存在的主要问题是，原稿的“三、”与“四、”里的内容交叉重复，“五、”与前四项的内容界线难以划清，结构上存在混乱问题。因此，若要形成正式通知公文，必须重构框架结构、充实完善内容：首先从会议数量和规模上考虑采取的措施，其次考虑压减文件数量、提高文件质量的要求，第三从办会办文审批程序上考虑，第四是考虑严格执行中央“八项规定”的必要措施，做到首尾呼应。这样，结构就更加清晰了、内容就更加完整了，避免了结构重复、内容的残缺。

修改稿

一、精减会议、减少陪会人员。（控制会议数量和规模）

二、严格控制发文、努力提高文件质量。（控制文件数量和质量）

三、明确责任分工，严格会议、文件审批手续。（侧重于流程节点控制）

四、贯彻落实中央“八项规定”的具体要求。（执行落实上级规定）

案例42

××区人民政府草拟的一份“关于禁止随地吐痰乱扔乱倒垃圾的通告”如下：

原稿

为了维护市容的整洁，保护人民的身体健康，特通告如下：

1. 严禁随地吐痰，违者罚款10元。
2. 严禁乱扔乱倒垃圾，违者罚款20元。

评析

从上述例文可以看出，原稿的结构和内容过于简单、直白，看似没有什么毛病，实则内容遗漏很多，高度不够、立意不深，且缺少具体指导性、操作性，必须加以修改补充完善。

修改稿

为了充分发挥城市的功能，适应改革和开放的需要，维护市容环境卫生整洁，保护人民身体健康，搞好物质文明和精神文明建设，更好地为现代化建设服务，特通告如下：

一、凡在本区的机关团体、部队、企事业单位内部及所有公共场所，一律禁止随地吐痰、乱扔乱倒垃圾。

二、对违反本通告的，除进行批评教育、责令改正外，分别给予下列处罚：

1. 对随地吐痰的，除责令擦净痕迹外，罚款××元。

2. 对乱扔果皮、烟头、纸屑、包装物等杂物的，除责令立即清除外，罚款×元。

3. 对任意倾倒污水、生活垃圾、粪便或随地便溺的，除责令清扫外，罚款×元。

对执行上述规定不力的单位负责人和直接责任人，分别罚款×元、×元。

三、对违反本通告且拒不接受批评教育和罚款的，或辱骂、殴打执行人员的，公安机关要依法惩处。

四、本通告由区各级市容、环境卫生管理部门组织实施。各单位和街道设立的市容环境卫生监督员负责监督执行。市容环境卫生监督员执行任务时，应佩戴统一标志。

五、本通告自××年×月×日起实施。

（七）依据问题

▶ 案例43

原稿

某份通知文稿的开头写道：“为促进企业的持续、稳定、协调发展，国务院决定从××年起，建立国有企业××制度。××制度涉及面广、政策性强，为切实做好这项工作，特做如下通知：”

评析

从例文可以看出，“国务院决定”本应是该“通知”的根据，但未作为根据来写。从文稿中也看不出“国务院决定”与该企业行文的关系，缘由部分无法理解为是该企业的通知，易误解为国务院行文，必须予以修正。

修改稿

根据国务院建立国有企业××制度的决定，为促进企业持续、稳定、协调发展，现就做好企业××制度建设事宜通知如下：

（八）文字表述不当

公文应该文字精练，语言通顺。只有文通字顺、句稳词妥，才能准确无误地把发文意图表达清楚明白。

案例44

原稿

《××省实施〈党政机关公文处理工作条例〉细则》中：同级政府和同级政府的部门之间可以联合行文；各级政府可以和上一级政府有关部门联合行文。

评析

上述例文中分句语意不明，存在多种理解：一是政府可以和它的部门联合行文，二是甲政府可以和同级乙政府的部门联合行文，三是甲政府的部门可以和同级乙政府的部门联合行文。这就失去了公文应有的作用。应该修改成无歧义的表述。

修改稿

同级政府之间可以联合行文，同级政府的不同部门之间可以联合行文，下一级政府和上一级政府的有关部门可以联合行文。

（九）引用不当

▶ 案例45

原稿

李少华同志青年时期读书非常刻苦，人们常说的“贵有恒，何必三更起五更眠；最无益，只怕一日曝十日寒”就是他的写照。

评析

用“三更起五更眠”形容读书刻苦显然不正确，与表述的意图不符。在公文中，常见“废寝忘食”一词，用在此处更为贴切。

修改稿

李少华同志青年时期读书非常刻苦，人们常说的“废寝忘食”就是他的写照。

（十）词义误用

词义的误用系指在公文写作中对词汇意义的误用，即把对此事物的概括反映到了彼事物上。

▶ 案例46

原稿

××石油分公司在某份文件中写道“最近以来，职工在上班期间里，很少有干私活的现象发生”，××政府某份文件里有“地震给唐山造成极其严重的损坏”的语句。

评析

“期间”是个大概念，用在这里不妥，应当使用“时间”这个小概念。损坏和毁坏词义相近，但程度和情感色彩不同，此处把本应使用“毁坏”的词用了“损坏”，造成词义误用。

修改稿

将石油分公司文件中的表述改为“最近以来，职工在上班时间里，很少有干私活的现象发生”，将政府文件中的表述改为“地震给唐山造成极其严重的毁坏”。

（十一）语句病误

案例47

原稿

××政府某份文件里有“他每天都接待许许多多的人民来信和来访”的语句，××石油分公司某份文件中有“公司经理和其他公司的干部跟我们一起参加劳动”的语句。

评析

“他每天都接待许许多多的人民来信和来访”，这句话属动宾搭配不当，接待来访是可能的，而“接待来信”是不正确的。“公司经理和其他公司的干部跟我们一起参加劳动”。由于把本应放在“干部”之前的“其他”二字放到了“公司”的前面，结果让人理解为其他公司的干部也来参加劳动，作者的本意是指“本公司的其他干部”。这是词语在句子中的位置摆得不对、次序颠倒造成的。

修改稿

将政府文件中的表述改为“他每天都接待许许多多的群众来访”，将石油分公司文件中的表述改为“公司经理和公司的其他干部跟我们一起参加劳动”。

案例48

原稿

××公司某份文件中有“在入厂教育中，使新入厂同志懂得了遵守纪律的重要意义”的表述。××研究院某份文件中有“对于滥用未经实验验证数据的做法是应当受到批评的”表述。新金星毛纺厂某份文件中有“新金星毛纺厂……从日本引进当今世界上先进的人造丝织布生产线。……该厂已经生产出各式针刺人造丝织布……我厂欢迎您来了解和使用这种产品”的表述。

评析

1. “在入厂教育中，使新入厂懂得了遵守纪律的重要意义”这句话的毛病是缺主语。应去掉“使”字，如果留“使”字，则应改为“入厂教育，使新入厂同志懂得了……”。

2. “对于滥用未经实验验证数据的做法是应当受到批评的”。这句话的毛病是把主动和被动两种格式揉在一起了。如果使用主动格式，则应把“受到”改为“提出”；如果使用被动格式，则应删掉“对于”。

3. “新金星毛纺厂……从日本引进当今世界上先进的人造丝织布生产线。……该厂已经生产出各式针刺人造丝织布……我厂欢迎您来了解和使用这种产品”这段话，从全段看，是新金星毛纺厂（即说话一方，而不是说话和听话以外的另一方）向客户介绍产品，因此，应自始至终用“我厂”“我们”或“本厂”说明介绍，而不应用“该厂”来指代。

修改稿

将××公司文件中的表述改为“在入厂教育中，新入厂同志懂得了遵守纪律的重要意义”。将××研究院文件中的表述改为“滥用未经实验验证数据的做法是应当受到批评的”。将政府文件中的表述改为“新金星毛纺厂……从日本引进当今世界上先进的人造丝织布生产线。……本厂已经生产出各式针刺人造丝织布……欢迎您来了解和使用这种产品”。

（十二）文句冗长

案例49

原稿

××石油局在某份文件写道“为了保证我局今年的行政经费略有节余，各处室各项经费的开支要严格执行局领导根据上级财务部门要求制订的，并经局务会议讨论通过的《财务开支审批制度》，减少不必要的浪费”。

评析

该例文该简练的未简练，造成文字多余、累赘，应将多余、繁琐的字句去掉。

修改稿

为了保证我局今年的行政经费略有节余，各处室各项经费的开支要严格执行石油局发布的《财务开支审批制度》，减少浪费。

（十三）套话空话

案例50

原稿

××石化公司在报送贯彻落实上级工作会议精神的情况报告中写道："在……以来的大好形势下，在……会议精神鼓舞下，××石化公司认真贯彻……精神，反复认真学习了……工作报告和讲话。通过学习，××石化公司深刻认识到……的重要性，进一步明确了……的重要意义，从而大大增强了贯彻执行……的自觉性。在提高认识的基础上，决定狠抓……，做到……，努力取得……"

分析

该例文开头使用了一些套话、空话，使文件的实用性受到损害。像该例文中这种话不是说不能用，而是反对千篇一律的套用，把公文写"死"了。应该将这些千篇一律的套话、空话去掉，直接简洁地写会后对工作会议精神进行传达学习、认识体会和贯彻落实措施等情况。

修改稿

在……会议结束之后，我公司立即进行了传达学习，结合会议要求研究部署了下一步工作，现将有关情况报告如下：

（十四）拟制粗糙

案例51

原稿

××石油局在报送有关勘探区块调整的报告中，开头讲了区块基本情况，又在后续段落不同程度地谈及该区块的基本情况，内容冗长空洞、表述雷同，所附情况说明材料与正文内容相差无几。其中一段这样表述："为了便于油气区块管理，提高勘探效率，经我局研究，拟决定将××油气勘查区块流转由甲分公司到乙分公司，区块内全部资料一并移交乙分公司管理。甲分公司前期已同乙分公司进行交流，乙分公司全面了解了该区块的情况，深入开展了该区块评价研究，正按照勘探程序进行部署，加强管理，力争早日实现勘探突破。甲乙两分公司都表示，将继续按照局里统一部署，认真开展勘探工作，继续深入开展区块评价研究，加强区块管理，争取早日取得新的突破。"

评析

该例文内容重复、条理不清、指代不明，粗制滥造的痕迹明显。应当理顺关系，分清层次，精炼语句。

修改稿

为便于油气区块管理，提高勘探效率，我局研究拟将××油气勘查区块由甲分公司流转到乙分公司，区块内全部资料一并移交。同时要求甲乙分公司加强交流，严格按照勘探程序进行工作部署，力争早日实现勘探突破。

（十五）文风不正

案例52

原稿

××县计划生育委员会一个"报告"的开头语是"根据中共中央、国务院关于计划生育工作的指示精神，经过省委、省政府的统一部署，市委、市政府的精心安排，县委、县政府的高度重视，上级业务部门的具体指导，专业队伍的忘我工作，全体干部、党员、群众的积极努力，上上下下、方方面面齐动员，终于打了一个漂亮仗，受到地委、行署，县委、县政府及有关部门的表扬……”

评析

该例文夹叙夹议，“穿靴戴帽”，大段引证、摘抄，拐弯抹角，堆砌文字，给人以假大空的感觉，是文风不正的表现。

修改稿

××以来，我委认真贯彻上级部署要求，深入落实××措施，计生工作取得明显成效，受到××表扬。现将有关情况报告如下：

（十六）观点有误

案例53

××县人民政府在某份简报中写道“由于国家采取宏观调控政策，致使我县××产业发展受到严重影响”。

处理办法：该例文观点不正确。国家从有利于国民经济和社会发展出发出台宏观调控政策是正确的，在该县的简报中似乎国家政策不妥当，这种观点是严重错误的。应当根据实际修改为“按照国家宏观调控政策要求，因地制宜，科学发展我县××产业”。

（十七）数量写法不规范

案例54

××单位在报送的请示中写道：“这么大的工作量，即便全年三百六十五天不休息……”

处理办法：应按照公文中数量表示要求书写。在数量词中，一般地说，阿拉伯数码表示数的大小多少，汉字部分表示数的精确程度及单位。

这里需要进一步说明的是：

在书面材料中“13436万元”，表示一个近似数，意味着这个数的单位为“万元”。其中“13436”为“数”，“万元”为“量”。它反映出的精确程度为“万元”。

“32万人”的精确程度为“万人”。准确数可能是319653人，也可能是323648人，它们都可写成“32万人”。如果这个“32万人”写成“320000人”，则表示一个准确到“个位”——“人”的数字。这个数便一个不能多，一个也不能少。因为它说明的事物是“人”，所以它是一个完全“精确数字”。如果是“32万余人”，表示的就是一个超过320000人，又不足330000人的数。若写成“320000余人”，则表示的是一个超过320000人，又不足320001人的数，这显然是不可能的。

对于某些数字究竟以什么为单位，要根据具体情况、具体场合和所要求的精确程度而定。如集团公司、各分（子）公司的财务数字中，往往以“亿元”为单位，车间、装置一级的财务数字中，一般以“万元”为单位，我国的人口数一般情况下也往往只说多少亿。但作为各项普查工作，就需要尽量精确的数字。

（十八）行文不规范

▶ 案例55

同为集团公司直属单位的××研究院向××石油局行文，标题为：“××研究院关于请求使用××剂的请示”。

处理办法：该例文属不相隶属单位之间商洽工作，应当使用“函”这个文种。

（十九）校对不规范

▶ 案例56

××单位在报送上级机关的请示文件中，将标题误写为“××单位关于××事项的请示的请示”。究其原因，是由于生成电子版式文件换行不注意复制了“的请示”造成的。可见，校对和发送非常重要，不要认为前面经过多人把关，校对不校对问题都不大，导致校对环节流于形式。

处理办法：一是全面把关，要认真校对，从文件内容到格式都要加以注意。如对发文字号、文种、标题、主送机关、正文、附件、成文时间、抄送机关、印发机关和时间等，要做到一丝不苟，不轻易放过任何细小环节上的差错。二是重点关注。在校对内容时，对政治性、政策性较强的词、句和提法要格外注意，不能掉以轻心。由于时间的推移等因素，原稿中有些提法也必须相应调整，譬如“国营企业”应作“国有企业”；再如，与港、澳、台合资的企业，不能写为“中外合资”；港、澳、台地区有关数字统计，不能计入外国类别统计。三是要将文种使用是否得当列为校对工作的重要内容。不同种类的公文起着不同的作用，也有不同的格式规范，这都关系到公文的质量和公文的严肃性，必须加以重视。四是注意时限，有的公文在标题中就明确地写上了《关于……的紧急通知》《关于……的紧急请示》等等，因此在公文拟制过程中就要快校，不能延时误事。五是要十分留意专业性较强的词汇的用法，避免由于不懂业务而造成的错误。如长途通信设备中的“长Ⅰ选”，若拟稿者字迹不清，文字录入员易看成是“长Z选”或“长工选”等，对此办公厅（室）文秘人员就要运用自己积累的业务知识加以判别、纠正，保证公文准确无误。六是注意各类专业的标准单位的使用。防止缩写、简称的随意性，并保证通篇使用单位的统一性。办公厅（室）文秘人员要根据积累的知识，将不统一、不规范的写法校正并统一到规范写法上来。如“db”“DB”和“dB”，就应统一“DB”的写法；“MHZ”与“MHz”，就应该统一为“MHz”的写法；又如希腊字母“α”“μ”，不能误为英文字母“×”“u”。七是慎之又慎地对待各种统计数字。数字前的常用符号有“+”“−”等，数字中的符号为“小数点”，数字后面单位则更多，有“元”“万元”“亿元”，有“美元”“日元”“法郎”，还有“百分比”“千分比”“万分比”等，稍有疏忽将出大错。同时，对于字形相像的数字要十分留神。八是注意公文中标点符号的使用。往往较多地注意文字的表述和逻辑结构等关系，对标点符号常不太考究，这就要求办公厅（室）文秘人员做好拾遗补缺工作，并特别要注意“:”与“;”“、”与“,”以及前后引号（包括双引号、单引号）有无错用或残缺。九是不轻易放过空白点。公文拟制中的空白点由多种原因造成，有计算机空格造成无名空白的，有文字录入看不清字而故意空着的，也有过于冷僻、复杂、字库里没有的字需另行填写的，有的是暂时空着待进一步核实推敲后再填写而后又被遗忘了的。这些都要求办公厅（室）文秘人员“多长一个心眼”，以保证公文内容的正确和完整。十是学会鉴别辨识。学会辨认拟稿者、审稿者的笔迹和写作特点，学会运用政治、业务、新技术等有关知识，去辨认，去揣摩那些难以辨认的字，这也是办公厅（室）文秘人员的基本功之一。十一要熟悉掌握简体字的运用。鉴别公文中出现的简体字是否规范，以避免繁简并用、生造简体字等通病。

第十章 公文案例分析与参考模板

实际工作中，各级机关工作人员需要起草各种类型的文稿，特别是文秘人员既要动笔起草公文，又要对来自不同专业、不同领域、质量参差不齐的文稿进行审核。撰写文稿从哪个方向下笔，搭建什么样的架构，应该在哪个部分着力用墨，核稿时注意哪些事项，如何修改，完善到什么程度，是长久以来困扰各级机关工作人员和广大文秘人员的常见问题。只有通过业务和专业知识理论的学习，掌握拟制、审核公文的规律格式要求，抓住主线、把握要领、不断实践、定期总结、持续完善，才能做到学以致用、熟中生巧。所谓“读万卷书不如行万里路”也就是这个道理。下面将区分文种选取典型案例进行评改和鉴赏，向大家介绍一些实用的技巧和方法，同时制作了相应文种的写作参考模版，期望大家能从中得到深刻认识，感悟出以文叙事、以文辅政和以文鼎新的三种写作境界，不断提升公文拟稿、审核质量水平，以求达到以文辅政及至以文鼎新的境界。

一、案例分析

（一）决定

▶ 案例57

原稿

××单位关于授予××（单位）××年度特别贡献奖的决定

××年，各单位认真贯彻落实××整体工作部署，紧紧围绕提升发展质量和效益，着力推动改革创新、转型发展、从严管理，圆满完成了各项工作任务。其中，××等5个单位作出了更加突出的贡献。

××连续××年新增原油产量××万吨以上，为快速高效建成西部百万吨油田打下了坚实基础，为××增储上产、增效创效作出重大贡献。××等单位积极探索实践“三新三高”现代化油公司发展之路，以“四化”建设为支撑，推行“不养队伍管队伍、花钱买服务”的属地化用工模式，劳动生产率处于××公司领先水平。

为表彰××作出的突出贡献，决定授予××等5个单位“××年度特别贡献奖”。希望受到表彰的单位继续发挥先进示范作用，再接再厉、再立新功、再创佳绩。

××（发文单位）（印章）

××年×月×日

评析

该例文是一篇决定文稿。决定适用于对重要事项作出决策和部署、奖惩有关单位和人员、变更或者撤销下级机关不适当的决定事项。该例文是对作出特殊贡献的单位进行表彰的决定类文稿。此类文稿应该鲜明地体现该文种的自身含义和用法及发文机关的意图，即告知典型事迹、鼓励先进集体、培育先进典型，号召和激励其他集体等，一般具有典型性、政策性和号召性的特点，结构和语言方面要条理清晰、结构严谨、态度鲜明。就原文进行梳理分析，主要存在以下几方面的问题：

1. 过于笼统，概括简单。该文主题已经非常鲜明，但整篇文稿平铺直述，内容简单平淡，重点不突出，使大家读后总体感到空洞无理无据无力。

2. 贡献不具体，典型不突出。事实讲述顺序颠倒，且缺少具有说服力的先进性硬指标，没有讲出奖励单位先进典型做法和做出的特别贡献，让大家无法读懂。

3. 要求空谈，号召无力。缺少授予特殊奖励的政策依据，且提出的要求空泛、号召无力，工作目标、方向和要求不明确不具体，与当前企业生产经营管理结合不紧，严重缺乏针对性和号召力。

修改

首先与拟稿部门结合，沟通情况、提出修改建议，再请拟稿部门充实相关材料。具体做法是：第一部分对××公司年度整体生产经营形势和任务完成情况进行描述，进而引出奖励单位。第二部分重点讲述获奖单位采取的创新性措施和方法，取得的具体成效，作出的特殊贡献。第三部分依据政策文件，做出表彰决定，向各级各单位发出号召并提出要求，一是学习获奖单位的先进做法；二是激励各单位为公司生产经营建设作出新的更大贡献。

修改稿

××单位关于授予××（单位）××年度特别贡献奖的决定

××年，面对安全环保压力增大等复杂严峻的生产经营形势和生产制约因素增多、产量增加等一系列困难，各单位认真贯彻落实××公司工作部署，坚持以提升发展质量和效益为中心，团结一心、真抓实干、攻坚克难、锐意进取，着力推进改革创新、转型发展、从严管理，全面完成了各项工作任务，推动了××公司更有质量更有效益更可持续发展。其中，××等5个单位作出了更加突出的贡献。

××（单位）努力克服远离××公司本部、生产环境恶劣等种种困难，更加注重质量和效益，强化精细成本管理，量化单元目标考核，细化指标管控措施，开发管理指标再创新高；××等单位年新增原油产量××（单位）万吨，吨油成本在××公司同类型油藏最低，劳动生产率居××公司前列，在油气开发和稳产增产方面取得重大成绩，实现了生产经营跨越式发展，为××公司全面完成年度生产经营目标任务发挥了重大积极作用。

为表彰××的突出贡献，根据《××特别贡献奖管理办法》（××发〔××〕××号），决定授予××等5个单位“××年度特别贡献奖”。希望受到表彰的单位继续发挥先进示范作用，再接再厉，再立新功，再创佳绩。各单位要以××等单位为标杆，深入开展××活动，更加注重发展质量和效益，下定决心，坚定信心，振奋精神，变压力为动力，化危机为机遇，打好生产创效攻坚战，闯出一条转型发展的新路，为××公司打造世界一流、实现率先发展做出新的更大贡献。

××（发文单位）（印章）

××年×月×日

案例58

原稿

××销售公司关于给予×××记过处分的决定

×××，男，1965年4月出生，汉族，××××人，工程硕士（在职），1988年7月参加工作，1987年6月加入中国共产党，2015年5月任××××中心党总支副书记、工会主席。

×××上任以来，将经营创效管理和工会工作放在第一位，放松了安全管理，致使××××中心安全制度流于形式，安全水平明显低于公司整体水平。以致于2016年6月19日约12时10分，××××职工饭堂杂物房发生燃气爆炸事故，造成1人死亡、8人受伤，直接经济损失约××万元。

事件发生后，××××中心及时向公司安全环保处进行了汇报，安全环保处及时向市安全局报告。市里组织了事故调查组到××××中心进行了调查，经过调查走访、现场查看等多方面工作，发现这是一起燃气安全管理不到位的事故。事故调查组指出，××××中心实际上在发生事故之前就已存在重大安全隐患，即使此次不发生，下一次也难以避免。调查组在查清事实的基础上，向××市政府进行了汇报，市政府已批复同意，认定“6·19”燃气爆炸事故是一起燃气安全管理不到位、存在重大安全隐患导致的生产安全事故，必须严肃处理。

×××作为××××中心分管实物资产管理的领导，长期以来只顾抓经营管理和工会工作，忽视安全生产管理，特别是对肩负的安全管理责任未认真履行职责，贯彻落实国家安全生产法律法规和公司规章制度不到位，对××××中心职工饭堂安全工作监督管理不力，对事故发生负有重要领导责任。参照《安全生产领域违法违纪行为政纪处分暂行规定》第十二条规定，经研究，决定给予×××记过处分。

本决定自2016年3月24日起生效。若对本决定不服，可自收到本决定书之日起三十日内向××××销售公司监察处申请复审。

××（发文单位）（印章）

××年×月×日

评析

该例文是一篇对违纪人员作出处分的决定类文稿。一般制发此类文稿目的在于维护规章制度和有关纪律的严肃性，依照规定对违规违纪人员予以惩处，要求用语准确、逻辑严谨，处分符合法规要求，避免使用文学类语言和渲染夸张。处分决定的正文一般由被处分人基本情况、违纪事实、处分决定及法律法规依据、结束语等四部分组成。就原文进行梳理分析，主要存在以下几方面的问题：

1. 语言不简洁，枝蔓过多。文中叙述“事件发生后，××××中心及时向公司……事故调查组指出，……调查组在查清事实的基础上……”叙述无关紧要的过程过多，影响了重点；语言不严谨，主观色彩多。

2. 逻辑不严谨，判断不当。文中叙述“×××上任以来，将经营创效管理放在第一位，放松了安全管理……以致于……××××职工饭堂杂物房发生燃气爆炸事故……”这样叙述不合逻辑，“放松了安全管理”以致于“杂物房发生燃气爆炸事故”可以理解，也有一定的因果关系，但“将经营创效管理和工会工作放在第一位”却未必就会导致“杂物房发生燃气爆炸事故”，更何况企业“将经营创效管理放在第一位”也是分内之事，作为工会负责人将工会工作放在第一位也是职责所系。该段表述不但逻辑上存在问题，而且判断不当，说服力不强。

3. 处分结果不直接，讲原因、道理过多。文中叙述“×××作为××××中心分管实物资产管理的领导，……对肩负的安全管理责任未认真履行职责，……对××××中心职工饭堂安全工作监督管理不力……决定给予×××记过处分”。因前面已讲导致事故发生的原因，此处不应再重复讲原因、谈道理，重点讲给予的处分即可。

修改

精简正文中与叙述事实关系不密切、易影响了解重点内容的语句，将带有主观色彩的叙述变为客观事实的叙述。修改有逻辑问题的表述，明确因果关系，增强说服力。叙述处分结果时，只讲责任关系，不讲原因、道理。

修改稿

××销售公司关于给予×××记过处分的决定

×××，男，1965年4月出生，汉族，××××人，工程硕士（在职），1988年7月参加工作，1987年6月加入中国共产党，2015年5月任××××中心党总支副书记、工会主席。

2016年6月19日约12时10分，××××职工饭堂杂物房发生燃气爆炸事故，造成1人死亡、8人受伤，直接经济损失约××万元。

经××市事故调查组调查，并报××市政府批复同意，认定“6·19”燃气爆炸事故是一起燃气安全管理不到位，存在重大安全隐患导致的生产安全事故。

×××作为××××中心分管实物资产管理的领导，未认真履行职责，贯彻落实国家安全生产法律法规和公司规章制度不到位，对××××中心职工饭堂安全工作监督管理不力，对事故发生负有重要领导责任。参照《安全生产领域违法违纪行为政纪处分暂行规定》第十二条规定，经研究，决定给予×××记过处分。

本决定自2016年3月24日起生效。若对本决定不服，可自收到本决定书之日起三十日内向××××销售公司监察处申请复审。

××（发文单位）（印章）

××年×月×日

案例59

原稿

关于撤销××公司××宾馆建设项目议定事项的通报

××公司：

××年×月×日，你公司领导班子召开会议，讨论并通过了关于××宾馆建设项目的事项。经研究，宾馆建设与上级精神和要求不符，投资方向与公司生产经营建设不一致，决定撤销你公司××宾馆建设项目的议定事项。

××（发文单位）（印章）

××年×月×日

评析

该例文是上级机关以通报的形式撤销所属下级机关不恰当议定事项。就原稿进行熟读分析，主要存在以下几方面的问题：

1. 文种不准确。该文是上级机关撤销其下属单位不恰当的宾馆建设议定事项，不是对上述事项处理结果的通报，因此不宜用“通报”文种。上级机关撤销所属下级机关不恰当议定事项具有一定的强制执行性，应当使用“决定”这个文种。

2. 理由阐述不充分。通常情况下，下级机关不恰当议定事项主要包括违反国家法律法规、违背上级机关规章制度而做出的错误决策等。因此，上级机关有权做出撤销的决定，同时予以撤销时应当阐明下级机关议定事项存在的问题，以及纠正或撤销的依据，在纠正错误的同时，起到依法明理的作用。

3. 结构不完整。行文撤销下级机关不恰当议定事项，除了纠正错误外，更重要的一个目的就是引起其他单位的高度重视，杜绝类似问题再次发生，起到警示问题、促进工作的作用。因此，应当对例文进行补充完善具体要求的内容。

修改

充分了解下级机关议定事项存在的问题和纠正问题的依据，搭建好文件结构，选择合适的文种，正文中简要阐述依据、指出错误症结、提出具体要求，要通过行文避免类似问题再次发生，切实发挥好公文应有的效果和作用。

修改稿

关于撤销××公司××宾馆建设项目议定事项的决定

××年×月×日，××公司领导班子召开会议，讨论并通过了××宾馆建设项目。根据国家和集团公司制度规定，该宾馆建设与中央“八项规定”精神严重不符，也违背了公司投资项目管理规定。经研究，决定撤销××公司××宾馆项目建设的议定事项。

近年来，各单位认真贯彻落实国家和集团公司规定要求，采取一系列积极措施，严格控制楼堂馆所建设，取得了一定成效。但是，近期个别公司又出现了违规修建楼堂馆所的现象和苗头，严重损害××集团公司形象，群众反映强烈。今后，各单位要大力弘扬艰苦奋斗、勤俭节约的优良作风，认真贯彻落实中央“八项规定”精神，树立长期过紧日子的思想，全面停止新建楼堂馆所，规范办公用房管理，切实把有限的资金和资源更多地用在生产经营建设和改善员工工作生活条件上，杜绝类似问题再次发生。集团公司将加大检查力度，一旦发现类似问题，将按照有关规定予以严肃问责处理。

××（发文单位）（印章）

××年×月×日

（二）意见

案例60

原稿

××石油分公司关于印发《进一步加强和改进政务信息工作意见》的通知

各市县分公司，公司机关各部门：

近年来，公司各单位深入学习贯彻落实省委、省政府和集团公司一系列决策部署要求，面对市场前所未有的竞争压力，统筹优化配置资源，持续开展销售竞赛，坚持每一滴油都是承诺的质量方针，统一思想、凝聚力量，坚定信心、苦干实干，保障了市场稳定供应，有力推动了当地经济社会发展。同时，各单位坚持围绕中心、服务大局，通过政务信息主渠道，积极反映经营发展重要情况，主动服务公司各级领导科学决策，提高了政务信息服务效能，取得了显著成效。

政务信息是决策的基础和依据，在全局工作中处于联系左右、贯通上下的中枢地位。政务信息具有快速及时的特点，在市场经济深入发展，竞争日趋激烈的形势下，政务信息在领导决策中发挥的作用越来越大。所谓“知己知彼，百战不殆”。“知己知彼”就是要靠信息。做好信息工作，既是从事信息工作同志的职责，也是各单位负责同志的责任。

为进一步发挥政务信息在服务领导决策、加强内部交流、扩大对外宣传、推动工作落实的重要作用，提升信息工作水平，公司经过调研，向先进单位学习经验，结合实际制定了《进一步加强和改进政务信息工作意见》，现印发给你们，请结合新常态、新任务、新要求，进一步提高对政务信息工作重要性的认识，充分发挥政务信息主渠道作用，为公司全面深化改革、转型发展、从严管理、提升发展质量和效益作出新贡献。

附件：《进一步加强和改进政务信息工作意见》

××（发文单位）（印章）

××年×月×日

附件　进一步加强和改进政务信息工作意见

近年来，公司各单位深入学习贯彻落实省委、省政府和集团公司一系列决策部署要求，面对市场前所未有的竞争压力，统筹优化配置资源，持续开展销售竞赛，坚持每一滴油都是承诺的质量方针，统一思想、凝聚力量，坚定信心、苦干实干，保障了市场稳定供应，有力推动了我省经济社会发展。同时，各单位坚持围绕中心、服务大局，通过政务信息主渠道，积极反映经营发展重要情况，主动服务公司各级领导科学决策，提高了政务信息服务效能，取得了显著成效。

随着公司改革转型不断深入和信息化飞速发展，信息资源、信息形态、信息载体、信息作用发生了新变化，政务信息工作面临新的机遇和挑战。为适应新常态、新任务、新要求，进一步提高信息报送数量和质量，充分发挥政务信息主渠道作用，更好地为各级领导决策和公司生产经营发展服务，现就进一步加强和改进政务信息工作提出以下意见：

一、充分认识做好政务信息工作的重要意义

（一）政务信息的涵义和特点。政务信息是××××××××××××。

政务信息具有××方面的特点：

××××××××××××××××××××××。

（二）新形势下做好政务信息工作的重要性。政务信息是公司各级领导了解情况的重要渠道、指导工作和科学决策的重要依据，是各级各部门反映自身工作的重要载体××××××××××××××××××××。

二、进一步提高政务信息时效

（一）把握信息的报送要点。各单位要按照“突出重点、服务决策”的要求，敏锐捕捉信息。要坚持把政务信息工作放在公司工作大局中谋划，紧扣领导决策需求，突出反映大事要情，主要是总部和公司重大决策部署及领导同志重要指示批示的贯彻落实情况；××××国内外同行业可供借鉴的新思路、新理念和新举措等等。

（二）把握信息的本质特征点。及时、准确、适用是信息的生命和价值所在。具体工作中，要突出重点、服务大局，想领导之所想、报领导之所需，善于选点突破，紧扣各级领导的决策需求，紧扣领导关注的重点、难点、焦点、热点收集整理和编报信息。××××要注重点面结合，在挖掘典型经验和成功做法等点上信息的同时，更加注重提炼面上的信息，体现全局性、战略性、宏观性和政策性，××××通过采集信息，发现调研结合点，展开调查分析，提出对策建议，为领导科学决策提供全过程、全方位的信息服务。

三、进一步完善工作制度

（一）信息共享制度。各级机关部门生成的公开信息，在对口报送的同时，借助信息化办公平台集成共享，××××机关部门对此要积极合作，共同做好工作。

（二）定期报送制度。实行信息定期报送制度，区别单位和部门工作性质、业务特点等明确报送数量及时限。公司办公室每月印发信息报送要点××××确保按时保质保量完成。

（三）审核把关制度。报送的政务信息要进行认真核实，强化把关，确保文字表述、引用数据等准确无误，××××政务信息的撰稿人和审核人对信息的及时性、真实性和准确性负责。

（四）考核通报制度。公司办公室要及时统计汇总各单位××××。各级各部门也要把收集整理报送信息的数量和质量列为办公室（综合科）

人员工作考核的一项内容。

四、进一步加强工作保障

（一）强化组织领导。单位主要负责同志要亲自过问政务信息工作，××××认真履职尽责，抓好工作落实。

（二）完善工作网络。要进一步健全完善政务信息工作网络。各单位××××，公司办公室要建立健全业务交流学习机制，采取适时举办培训班、以会代训、以干代训等方式，加强业务沟通交流，不断提升业务人员素质能力，促进队伍建设和整体工作上水平。

××（发文单位）（印章）

××年×月×日

评析

该例文是一篇偏重于指导意见的文稿。意见一般是对工作中的重要问题提出见解、处理办法和措施，具有灵活性、针对性、指导性和原则性的特点，正文一般由开头、主体和结尾三部分组成。写作意见时应注意语气相对缓和，不应是强制要求口气，说理简明扼要，不必展开论述。就原文进行梳理分析，主要存在以下几方面的问题：

1. 公文标题错误。意见作为公文文种，不应通过“通知”这个文种来印发，可直接将标题修改为“关于进一步加强和改进政务信息工作的意见”，将通知正文去掉，将附件《进一步加强和改进政务信息工作意见》改为《关于进一步加强和改进政务信息工作的意见》，正文进行适当修改即可。

2. 文章结构不合理。从印发通知内容看，如果作为印发制度的正文，内容要简洁、直截了当，不必过多谈原因、讲道理，如本文正文“近年来，公司××××取得了显著成效”“政务信息是决策的基础和依据××××各单位负责同志的责任”和“公司经过调研，向先进单位学习经验××××”均可省略，最简洁的方式可修改为“现将××制度印发给你们，请遵照执行”。

在附件《进一步加强和改进政务信息工作意见》第一部分“政务信息的

涵义和特点”中，对于常识性的政务信息概念、特点均可省略。

3. 逻辑不严密，在“进一步提高政务信息时效”中两方面内容：一是把握信息的报送要点，二是把握信息的本质特征点，这都是提高信息质量的要求，与提高政务信息时效基本无关。应该换该部分标题或换内容，使题目与内容一致。

4. 附件说明不规范，应去掉书名号。如果是印发某项制度，不必作为附件，主体是要印发的制度，可直接附后印发。

修改

直接印发意见，标题改为“关于进一步加强和改进政务信息工作的意见”。原通知内容全面去除，在意见开头适当位置加上一句“为进一步加强和改进政务信息工作，现提出以下意见”，对意见正文结构进行调整，“政务信息的涵义和特点”中政务信息概念、特点等内容省略。对不符合逻辑要求的进行修改，增加报送时效内容，将原时效内容作为信息质量内容处理。

修改稿

××石油分公司关于进一步加强和改进政务信息工作的意见

各市县分公司，公司机关各部门：

近年来，各单位坚持围绕中心、服务大局，通过政务信息主渠道，积极反映生产经营发展重要情况，主动服务公司各级领导科学决策，提高了政务信息服务效能，取得了显著成效。随着公司改革转型不断深入和信息化飞速发展，信息资源、信息形态、信息载体、信息作用发生了新变化，政务信息工作面临新的机遇和挑战。为适应新常态、新任务、新要求，进一步提高信息报送数量和质量，充分发挥政务信息主渠道作用，更好地为各级领导决策和公司生产经营发展服务，现就进一步加强和改进政务信息工作提出以下意见：

一、充分认识做好政务信息工作的重要性

政务信息是公司各级领导了解情况的重要渠道、指导工作和科学决策的重要依据，是各级各部门反映自身工作的重要载体××××××××××××××××××××××。

二、进一步提高政务信息质量和时效

（一）把握信息的报送要点。各单位要按照“突出重点、服务决策”的要求，敏锐捕捉信息。要坚持把政务信息工作放在公司工作大局中谋划，紧扣领导决策需求，突出反映大事要情，主要是总部和公司重大决策部署及领导同志重要指示批示的贯彻落实情况；××××国内外同行业可供借鉴的新思路、新理念和新举措，等等。

（二）把握信息的本质特征点。及时、准确、适用是信息的生命和价值所在。具体工作中，要突出重点、服务大局，想领导之所想、报领导之所需，善于选点突破，紧扣各级领导的决策需求，紧扣领导关注的重点、难点、焦点、热点收集整理和编报信息。××××要注重点面结合，在挖掘典型经验和成功做法等点上信息的同时，更加注重提炼面上的信息，体现全局性、战略性、宏观性和政策性××××通过采集信息，发现调研结合点，展开调查分析，提出对策建议，为领导科学决策提供全过程、全方位的信息服务。

（三）增强时效意识。×××××××××××××××××××××。

（四）编写报送信息要及时高效。××××××××××××××××××××××××。

三、进一步完善工作制度

（一）信息共享制度。各级机关部门生成的公开信息，在对口报送的同时，借助信息化办公平台集成共享，××××机关部门对此要积极合作，共同做好工作。

（二）定期报送制度。实行信息定期报送制度，区别单位和部门工作性质、业务特点等明确报送数量及时限。公司办公室每月印发信息报送要点××××确保按时保质保量完成。

（三）审核把关制度。报送的政务信息要进行认真核实，强化把关，确保文字表述、引用数据等准确无误，××××政务信息的撰稿人和审核人对信息的及时性、真实性和准确性负责。

（四）考核通报制度。公司办公室要及时统计汇总各单位××××。各级各部门也要把收集整理报送信息的数量和质量列为办公室（综合科）人员工作考核的一项内容。

四、进一步加强工作保障

（一）强化组织领导。单位主要负责同志要亲自过问政务信息工作，××××认真履职尽责，抓好工作落实。

（二）完善工作网络。要进一步健全完善政务信息工作网络。各单位××××，公司办公室要建立健全业务交流学习机制，采取适时举办培训班、以会代训、以干代训等方式，加强业务沟通交流，不断提升业务人员素质能力，促进队伍建设和整体工作上水平。

××（发文单位）（印章）

××年×月×日

案例61

原稿

××石油分公司关于推进信息化管理工作的实施意见

各市县分公司，公司机关各部门：

为推进公司信息化管理，进一步推动公司可持续发展，逐步建立与公司管理和生产经营相适应的信息化管理体系，不断提升信息化条件下公司管理能力，促进信息资源开发利用，推动公司可持续发展，按照总部信息化管理部和省工业和信息化厅有关制度要求，结合公司信息化管理现状特点，提出以下意见：

一、要清醒认识公司信息化管理工作发展现状

经过多年发展，特别实施ERP建设以来，公司信息化水平明显提升，正在由业务办公的支撑工具，逐步成为促进重大改革措施贯彻实施、支撑重大问题决策研判、推动重点工作督查落实、提高服务企业管理水平的有效抓手。××××但是，工作中也存在一些突出矛盾和问题。一是规划设计不完善，××××。二是应用力度还不够大，××××。三是经费保障不到位，××××。

二、要高度重视信息化建设工作

（一）上级高度重视信息化工作。

国家层面。进入新世纪以来，××××信息化已成为推进国民经济和社会发展的助力器。随着国家“两化”融合发展战略的深入推进，××××等与现代制造业结合的总体战略，信息化工作得到前所未有的重视。

集团公司层面。集团公司把“两化”深度融合作为助推产业提质增效升级的重要手段，提出要通过信息化手段推动公司运营模式、管控方式的变革，以信息化支撑引领产业迈向中高端××××。

（二）本公司高度重视信息化工作。××××。

（三）加强公司信息化管理的必要性。目前，公司信息化业务应用系统由于体系结构、功能设计、技术标准各不相同，甚至差异较大，难以实现信息交换和信息共享，容易形成信息孤岛，同时还可能存在管理不规范××××影响正常运行的危险。

加强信息化管理迫在眉睫。一是有利于促进企业管理水平提升，××，将极大地促进企业精益化和标准化管理水平的提升。二是有利于极大地促进企业信息资源的整合利用，××××，提升信息价值。三是有利于维护公司核心利益。

三、认真执行公司信息化管理工件的目标原则

（一）指导思想。以实现信息化与工业化深度融合，××××，培育具有国际竞争力的世界一流公司为目标，××××，发挥其促进公司价值提升、增强核心竞争力、保障可持续发展等方面的积极作用。

（二）主要目标。利用5年左右时间，××。

（三）基本原则。

1. 统一管理。××。

2. 全程管理。××。

3. 规范管理。××。

4. 安全管理。××。

四、做好公司信息化管理工作的统筹协调发展

信息化是一项复杂的系统工程，需要从××等方面统筹协调，为信息化健康发展创造良好条件。

（一）加强信息化管理的战略意义。××。

（二）推进信息化建设的紧迫性和必要性。××。

（三）加快××系统建设。按照统一规划和部署，××，2016年年底前完成。

（四）加强××系统管理。进一步理顺××机制，××。

（五）积极推动信息化建设。各部门××。

五、不断加强公司信息化的深化应用

信息化的成效在于应用，××。

（一）提高××管理水平。××。

（二）为推进生产经营提供有力支撑。××。

（三）完善办公业务应用。××。

（四）强化××利用。××进一步扩大应用范围。

六、努力做好公司信息化工作保障措施的实施落实

（一）开展××评估。××。

（二）推进信息化建设的基本路径。××。

（三）推进信息化建设的主要任务和要求。××。

（四）加强新技术应用。××。

（五）加强人才队伍建设。××。

（六）强化实施落实。××。

附件：重点任务分工

××（发文单位）（印章）

××年×月×日

评析

该例文是一篇偏重于实施意见的文稿，读了以后给人针对性不强、结构不合理的印象，再者文稿中既讲原则性实施意见又有具体项目安排，显得杂乱无章。梳理分析起来，主要存在以下几方面的问题：

1. 结构问题。全文共分六方面，即清醒认识公司信息化管理工作发展现状、高度重视信息化建设工作、认真执行公司信息化管理工件的目标原则、做好公司信息化管理工作的统筹协调发展、加强公司信息化的深化应用、做好公司信息化工作保障措施的实施落实，各部分内容虽有侧重但有交叉，如统筹协调发展与深化应用、措施保障落实等方面有交叉。

2. 内容问题。本例文的意见重点是如何结合实际加强本单位的信息化工作，不是如何贯彻执行好上级要求，正文第二部分“要高度重视信息化建设工作”中，分别写国家如何重视信息化工作和集团公司如何重视信息化工作，与本文行文目的不符，应省去。此部分“加强公司信息化管理的必要性”部分内容与高度重视信息化建设工作的题目不相符，需要梳理修改。

3. 逻辑问题。本例文中第四部分“做好公司信息化管理工作的统筹协调发展”中几部分内容概念不在一个层级上，有相对宏观的也有比较微观的，有实施意见也有具体项目安排。第五部分“不断加强公司信息化的深化应用”存在同样问题。

修改

调整结构，将原来六部分调整为四部分，即保留前三部分结构，四、五、六合并，调整后的四块内容为：正确认识公司信息化发展现状、加快推进信息化建设的重要性和紧迫性、加快推进信息化建设的指导思想和目标原则、加快推进信息化建设的主要措施。同时将第一部分不足部分突出出来，以增强做好信息化工作人重要性、紧迫感，并将第二部分联系不密切的内容去掉。通过调整结构来精练语言、突出主题，也理顺了逻辑关系。

修改稿

××石油分公司关于推进信息化建设工作的意见

各市县分公司，公司机关各部门：

为进一步加强公司信息化管理，逐步建立与公司管理和生产经营相适应的信息化管理体系，推动公司可持续发展，按照总部信息化管理部、省工业和信息化厅有关制度要求，结合公司信息化管理现状特点，提出以下意见：

一、正确认识公司信息化发展现状

经过多年发展，特别实施ERP建设以来，公司信息化水平明显提升，但与公司生产经营和改革发展的要求还不适应，工作中还存在一些突出矛盾和问题。主要表现在：

（一）规划设计不完善，××××。目前，公司信息化业务应用系统由于体系结构、功能设计、技术标准各不相同，甚至差异较大。

（二）应用力度不够大，××××。

（三）经费保障不到位，××××。

二、加快推进信息化建设的重要性和紧迫性

（一）重要性。××××有利于促进企业管理水平提升，促进企业精益化和标准化管理水平的提升。有利于促进企业信息资源的整合利用，提升信息价值。有利于维护公司核心利益。

（二）紧迫性。存在管理不规范、重复投资、信息资源丢失等诸多风险，××影响正常运行的危险，加强信息化管理迫在眉睫。

三、加快推进信息化建设的指导思想和目标原则

（一）指导思想。以实现信息化与工业化深度融合，××，培育具有国际竞争力的世界一流公司为目标，××，发挥其促进公司价值提升、增强核心竞争力、保障可持续发展等方面的积极作用。

（二）主要目标。利用5年左右时间，××。

（三）基本原则。

1. 统一管理。××。

2. 全程管理。××。

3. 规范管理。××。

4. 安全管理。××。

四、加快推进信息化建设的主要措施

（一）做好统筹协调。加强××管理，进一步理顺××机制。开展××评估，××。明确推进信息化建设的基本路径，××。

（二）加强建设管理。加快××建设，按照统一规划和部署，××，2016年年底前完成。积极××推动，各部门××。提高××管理水平，××。

（三）不断深化应用。信息化的成效在于应用，××。加强新技术应用，××。为推进生产经营提供有力支撑，××进一步扩大应用范围，强化××利用。

（四）加强人才队伍建设。××。

附件：重点任务分工

××（发文单位）（印章）

××年×月×日

（三）通知

▶ 案例62

原稿

关于开展内部市场专业化服务标准价格编制工作的通知

××××：

根据××公司机制建设工作要求，为完善市场化运行机制，引导员工转变观念，提高专业化队伍在市场化环境下的生存能力、竞争能力和盈利能力，建立内部模拟市场关系，××公司确定建设内部市场专业化服务标准价格（简称标准价格）体系，分批编制各专业标准价格，现通知如下：

一、组织机构

××公司成立内部价格编制领导小组。

组长：×××

成员：×××　×××　×××　×××　×××　×××　×××

领导小组下设办公室，办公室设在××单位（部门），×××任办公室主任。

××公司内部价格编制领导小组实行定期例会制度，研究讨论内部价格编制过程中的有关事项。

二、编制原则

（一）符合市场化运行要求；

（二）统一价格构成要素；

（三）量价分离原则。

三、编制范围

包括××服务项目（××作业执行××公司统一定额，不在本次编制范围）。

四、价格构成要素

主要包括：人工费、材料费、动力费、设备折旧费、工具用具摊销费及其他费用等直接成本要素项目。

五、工作要求

（一）××单位要高度重视专业化服务项目价格的编制工作，成立以分管领导为组长的编制工作领导小组，强化运行组织。

（二）××单位要明确一名联络人，负责与××公司内部价格编制领导小组的联络沟通，每周×定期将本周工作进展情况和下周安排报领导小组办公室。

（三）进度安排。

1. ×月上旬××单位理清本单位内部价格管理及应用现状，上报××公司领导小组办公室。

2. ×月中旬××公司领导小组研究确定××单位重点编制内容和××公司标准价格编制计划。

3. ×月下旬到×月中旬××单位组织标准价格编制工作，并进行内部审核。

4. ×月底之前××单位将编制成果及基础资料报××公司领导小组办公室。

5. ×月份××公司领导小组办公室组织开展对××单位上报的价格进行审核，综合确定形成××公司统一的标准价格编制成果。

6. ×月份将标准价格编制成果报××公司内部价格编制领导小组审定并发布。

（四）工作目标。

工作完成后初步建立起××公司内部市场专业化服务标准价格体系，实现××项目各专业全覆盖，服务项目价格标准化率达到××（比例）以上。

联系人：×××

电话：×××

邮箱：×××@××.com

××（发文单位）（印章）

××年×月×日

评析

该例文是一篇就某项具体工作进行全面部署和安排的通知，主要行文目的是上级机关向下级机关全面布置一项具体工作，明确组织机构、目标任务、时间范围和具体要求等事项，能够让受文者一目了然，一般具有指导性、实践性、操作性和具体性的特点。就原文进行梳理分析，主要存在以下几方面的问题：

1. 结构错乱，层次不清。把进度安排、工作目标等作为工作要求，显得结构层次错乱，摆放位置不准确、不科学，也不符合工作部署安排的一般性规律。

2. 概念表述不一，产生歧义。例如：第一段中“确定内部市场专业化服务标准价格（简称标准价格）”，但文稿中其他多处将此概念的表述为“内部价格”，存在前后不一甚至偷换概念的问题。

3. 成员排序不规范、不严谨。行文过程中，经常会遇到组织机构成员排序问题，若不统一规范，会出现今天这个样、明天那个样的乱象，这是公文制发中不允许的。除非成员有约定俗成的排序，否则，通常情况下，除领导小组组长、副组长有明确的排序外，其他成员均应按照姓氏笔画排序，具体可以按照《现代汉语字典》或者《通用规范汉字字典》的排序。为方便起见，大家可直接参考《人大选举手册》中的附录“姓名笔画排列方法及姓氏笔画索引”。

4. 原则笼统简单，表意不明。该文稿对编制原则的表述过于笼统简单，恐怕连起草文稿人员本人也无法讲明其意，更何况其他非专业人员，让人根本无法理解，应进行具体的解释，让大家十分明确才行。

5. 过于空淡，言之无物。特别是该文稿中的工作要求，犯了“种了别人的地，荒了自己的田”的错误，该要求的没要求。工作要求应讲明做好这项工作的具体保障性措施和针对性要求，且要有指导性、操作性和实践性。

6. 工作衔接不紧凑，时间划分不清晰。就该文稿的进度安排来讲，本身没有就整个工作量和时间进度进行细分，导致阶段性工作间衔接不紧凑，划分不详尽，时间交叉重叠，更谈不上具体时间节点明确。

7. 交代不清楚、不具体。一是编制范围没有交代清楚，太过笼统，让受文者难以准确理解，存在疑问。二是编制的价格构成要素应该具体明确，否则易造成不同单位编制的定额不一样。

另外，还有语法错误、语句不顺、逻辑不通等多处不当。

修改

查准该文稿的上述问题，提出对策建议，与拟稿部门充分对接，达成一致意见后，商请其充实调整相关内容，对存在问题逐一修改，并举一反三通读全文，确保通篇通顺、严丝合缝。需要注意的是，此类文件专业性较强，有时难以短时间内把握文件涉及专业知识要点，所以要深入阅读和体会，真正弄明白文稿的原意，并对难以把握的专业问题主动与拟稿部门沟通，不能仅靠字面意思或者自己的理解去修改，以免改变文稿原意，犯违背基本专业知识的低级错误。

修改稿

××单位关于开展内部市场专业化服务标准价格编制工作的通知

××××：

为建立××公司内部价格体系，规范××公司内部模拟市场，进一步完善××公司市场化运行机制，提高专业化队伍市场生存能力、竞争能力和盈利能力，××公司确定开展内部市场专业化服务标准价格编制工作。现通知如下：

一、工作目标

制定××公司统一的内部市场专业化服务标准价格，实现各专业××项目全覆盖和价格标准化率××以上，健全××公司内部市场专业化服务标准价格体系。

二、组织领导

××公司成立内部市场专业化服务标准价格编制工作领导小组。

组 长：×××

成 员：（按姓氏笔画排序）

××× ××× ××× ××× ××× ××× ×××

领导小组全面负责××公司内部市场专业化服务标准价格编制工作，审定工作方案，定期召开工作例会，决策重大事项。领导小组办公室设在××单位（部门），×××同志兼任办公室主任。

三、编制原则

（一）坚持市场化的原则。××公司内部市场专业化服务标准价格要与外部市场价格接轨，体现可比性和市场化水平，规范专业化服务项目预结算。

（二）坚持要素统一的原则。明确并统一标准价格的构成要素，增强标准价格编制的统一性和规范性。

（三）坚持量价分离的原则。××公司内部市场专业化服务标准价格各构成要素的基础数据应包括消耗量标准和价格标准，符合造价管理清单计价的发展方向。

四、工作内容

（一）编制范围。

××等专业化服务项目。

××服务标准价格执行××公司××年××月发布的《××工程定额》，不列入此次标准价格编制范围。

（二）构成要素。

人工费、材料费、动力费、设备折旧费、工具用具摊销费等直接成本。

（三）进度安排。

1. 基础工作准备阶段（××年×月×日前）。××单位梳理本单位专业化服务现行价格、构成要素、管理现状及意见建议，以电子邮件方式提交领导小组办公室（联系人：××，电话：××，邮箱：××）。

2. 工作方案编制阶段（××月××日至××日）。领导小组办公室下达××公司内部市场专业化服务标准价格编制任务；××单位据此拟定工作方案，提交领导小组办公室审核。

3. 标准价格编制阶段（××月××日至××月××日）。××单位根据领导小组办公室审核通过的工作方案，组织开展并完成标准价格编制工作，××月××日前将标准价格及相关基础资料提交领导小组办公室。

领导小组办公室组织对××单位编报的标准价格进行审核，汇总、编制××公司内部市场专业化服务标准价格方案。

4. 标准价格审定阶段（××月××日至××日）。领导小组办公室将××公司标准价格方案报××公司标准价格编制工作领导小组审定后，发布并组织宣贯实施。

五、工作要求

（一）提高认识，加强领导。

编制标准价格、健全标准价格体系是××公司规范内部模拟市场、推进××公司机制建设的一项重要举措。××单位要高度重视，加强领导，把标准价格编制工作列入重要议事日程，明确责任分工，强化组织落实，确保标准价格编制工作扎实推进，按期完成。

（二）统筹安排，确保质量。

此次标准价格编制工作时间紧、任务重、要求高。××单位要细排运行计划，严控时间节点，强化组织运行；同时，统筹考虑标准价格影响因素，紧贴××公司生产实际，认真对比分析内外部市场现行价格差异，严格执行国家、行业及企业技术标准，高标准、高质量编制好标准价格。

（三）加强协调，合力推进。

领导小组办公室要加强专业化服务标准价格编制工作的指导，及时协调解决工作中遇到的问题；××单位要明确工作联系人，每周×将本单位标准价格编制工作进展情况、存在问题、意见建议和下周工作安排提交领导小组办公室。

××（发文单位）（印章）

××年×月×日

案例63

原稿

关于转发《××××公司关于印发〈××用车改革实施方案〉的通知》的通知

公司机关各部室、各厂：

2016年5月15日，××××公司印发了《××用车改革实施方案》，这是自2010年以来第二次出台的改革方案，方案共分五部分：改革的指导思想和基本原则、改革的范围、改革的主要任务、实施步骤、工作要求等。根据实施步骤，这次××用车改革要在公司改革领导小组领导下，由改革领导小组办公室负责组织实施，将于2016年12月底结束。现将《××××公司关于印发〈××用车改革实施方案〉的通知》转发给你们，请各单位加强学习，明确责任，严肃纪律，保持稳定。

特此通知。

××（发文单位）（印章）

××年×月×日

评析

该例文是一篇转发式通知，除通知本身外，还有被转发的公文，是两件公文的复合体。转发通知的写作，一种情况是转发通知的内容简练，除告知转发上级文件外，不再提具体要求，此种情况可以直截了当地写要将××文件转发，要求认真执行即可。例如“现将××××转发给你们，请结合实际，认真执行”。这样做主要是起到引出要转发文件的作用，转发的文件才是下级机关执行的重点。此类通知，转发的文件附后一起印发即可。另一种情况是在转发时向下级机关提出一些具体明确的要求，这些要求与转发的文件都是重点，转发的文件附后一起印发。就原文进行梳理分析，主要存在以下几方面的问题：

1. 通知缘由不清晰。对转发的原通知内容中的方案作出简单的解释说明，未起到应起到的理由、目的或依据等方面的作用，给人多此一举的印象。

2. 要求事项不明确。文中提出“请各单位加强学习，明确责任，严肃纪律，保持稳定”的要求，过于原则性，操作性不强。如果转发通知中没有或不必提出落实的意见、措施、办法等，直接要求认真执行上级通知即可。

3. 公文格式不规范。正文中首次引用公文标题不完整，转发的文件未标引发文字号等。

修改

修改正文结构，将文中“2016年5月15日，××××公司印发了《××用车改革实施方案》，这是自2010年以来第二次出台的改革方案，方案共分五部分：改革的指导思想和基本原则、改革的范围、改革的主要任务、实施步骤、工作要求等。根据实施步骤，这次××用车改革要在公司改革领导小组领导下，由改革领导小组办公室负责组织实施，将于2016年12月底结束”进行压缩删减，将“请各单位加强学习，明确责任，严肃纪律，保持稳定”无实质意义的原则要求改为“请各单位结合实际，认真执行”。对不规范格式进行修改。

修改稿

关于转发××××公司××用车改革实施方案的通知

公司机关各部室、各厂：

现将《××××公司关于印发〈××用车改革实施方案〉的通知》（××××〔2016〕××号），请各单位结合实际，认真执行。

××（发文单位）（印章）

××年×月×日

案例64

原稿

关于落实总部降本减费工作的通知

各分厂、机关各部门：

根据总部年度工作会议提出“要抓费用控制降本，加强全价值链全口径全过程全员成本管控，在保证安全生产前提下，努力把生产变动成本压减××%，管理运行费用压减××%”的要求，公司年度重点推进该项工作。经研究，公司降本减费指标设定原则为：业务招待费、车辆使用费的"确保指标"严格按照年度同比降低××%设定；除业务招待费和车辆使用费之外的其他费用，生产运行费用的"奋斗指标"按照总部批复年度预算数降低××%设定；管理运行费用的"奋斗指标"按照总部批复年度预算数降低××%设定。根据上述指标设定原则，结合实际情况，确定各部门确保指标和奋斗指标详见附件。

1. 牢固树立长期过紧日子的思想

2016年是公司扭亏增盈的关键节点，仍然面临诸多市场挑战和内部瓶颈制约，公司上下要牢固树立长期过紧日子的思想，坚持勤俭办企业，勤俭办一切工作的要求，减少不必要支出。

2. 落实归口管理责任，加强专业费用管理

各归口管理部门加强专业费用的管控，根据费用归口管理实施方案，制定、细化内部管理流程，落实部门职责，实现管理制度、管理标准、业务安排、合同签订、工作监管、费用支付等的全面管理，努力通过加强和改进专业费用的管控，促进和提升专业管理水平。

各归口部门要根据制定的确保目标，与各单位展开对接、分解工作，内部预算分解数不得大于确保指标。

强化归口费用的过程控制，全程参与合同费率、金额等条款的商务洽谈，严格需求计划审批，实现业务源头降本；严格审核费用支出必要性与合理性，努力减少预算外费用支出；持续跟踪费用发生进度，确保目标受控。

3. 激励机制

2016年将继续对降本减费实行总经理专项奖励，完成确保指标的，根据降本减费实际完成数的一定比例对归口部门进行奖励；同时将归口费用作为归口部门的年度KPI指标，按照确定的计分规则严格考核。

附件：2016年降本减费确保指标与奋斗指标

××（发文单位）（印章）

××年×月×日

评析

该例文是一篇部署工作的通知，用于上级机关向下级机关布置工作、下达任务、告知事项等。一般具有操作性、指导性和具体性强等特点。例文分为两部分，主要内容是对公司落实上级降本减费，进一步加强费用管控工作进行部署。经分析，主要存在以下几方面问题：

1. 层次不清晰，文件整体结构散乱，尤其是提要求环节表述不清晰、不准确、不合理。

2. 正文第一段是说明降本减费工作部署目的和具体要求，在与第二段提出具体要求之间缺少过渡语句，显得突兀。

3. 自第二段开始主要对降本减费工作提出三点具体要求，存在几个问题，一是整体分段序号使用不规范，直接使用三级序号，一般应从一级序号开始使用；二是第一点要求表述不到位，没有准确表述该项工作开展的必要性，进一步引起全员重视，激发全员工作积极性；三是第二条要求整体表述混乱，条理不清，工作责任不明确；四是第三条考核激励方法表述不准确，容易造成理解上的歧义。

4. 一些细节的部分需要修改，比如个别语句的排序和删减等。

修改

就上述疑点与拟稿部门充分对接，达成一致意见后，商请其核实相关内容和说法，针对上述问题逐一进行修改。需要注意的是，此类文件专业性较强，文秘人员难以短时间内把握文件涉及专业的知识和要点，所以要深入阅读和体会，真正弄明白文稿的原意，遇到难以把握的专业问题要主动与拟稿部门沟通，不能仅靠字面意思或者自己的理解修改，以免改变拟稿部门原意，或者犯了违背基本专业知识的低级错误。

修改稿

关于落实降本减费工作的通知

各分厂、机关各部门：

按照总部年度工作会议提出的“抓费用控制降本，加强全价值链全口径全过程全员成本管控，在保证安全生产前提下，努力把生产变动成本压减××%，管理运行费用压减××%”的要求，根据公司年度重点工作的安排，公司降本减费的要求是业务招待费、车辆使用费的“确保指标”年度同比降低××%；除业务招待费和车辆使用费之外的其他费用，生产运行费用“奋斗指标”比总部批复年度预算数降低××%；管理运行费用“奋斗指标”比总部批复年度预算数降低××%。结合实际情况，经公司研究，确定各部门确保指标和奋斗指标。各单位、各部门要落实好以下工作要求。

一、牢固树立长期过紧日子的思想

2016年是公司从严从实、高质高效，打好效益提升攻坚战的关键之年，各单位、各部门要积极应对外部市场激烈竞争，内部生产瓶颈制约等因素，转变作风，真抓实干，树立长期过紧日子思想，坚持勤俭办企业、勤俭办一切工作的要求，进一步增强压力感、紧迫感和责任感，精打细算，勤俭节约，不断提高工作效率和质量，努力挖潜增效。

二、加强专业费用归口管理

各专业费用归口管理部门要根据《专业费用归口管理实施方案》，制定、细化业务管理流程，明确落实管理部门职责，实现管理制度、管理标准、业务安排、合同签订、工作监管、费用支付等全面管理，严格审批需求计划，严格审核费用支出的必要性与合理性，严格控制预算外费用，持续跟踪费用发生进度，确保全过程受控，通过加强专业费用管控，提升专业管理水平。各专业费用归口部门根据公司下达的确保目标，抓紧与各单位展开对接、分解工作，内部预算分解数不得大于确保指标。

三、落实绩效考核措施

2016年公司对降本减费实行总经理专项奖励，完成确保指标的，根据降本减费实际完成额度的相应比例对专业费用归口管理部门进行奖励；同时将降本减费指标作为费用归口管理部门年度组织绩效考核指标，按照确定的计分规则考核。

特此通知。

附件：2016年降本减费确保指标与奋斗指标

××（发文单位）（印章）

××年×月×日

（四）通报

案例65

原稿

关于表彰第××届职业技能竞赛优胜单位和个人的通报

××××：

为搭建技能操作人员技艺展示平台，打造快速成长通道，进一步激励广大员工学技能、钻业务、强本领，全面培养和造就一支技艺精湛的高技能人才队伍，为公司‘斗困难、求生存、谋发展’提供技能人才支撑，公司举办了第××届职业技能竞赛。本届竞赛有××个单位的××名选手参加，在××单位、××部门和全体工作人员的共同努力下，圆满完成了各项赛程。竞赛期间，参赛选手以饱满的热情和拼搏的精神，比技能，赛水平，相互学习，共同提高，充分展示了新时期技能人才队伍优良全面的技能素质和昂扬向上的精神风貌；参赛单位和承办单位周密筹划，精心组织，有力地保障了竞赛活动开展。为表彰先进，鼓舞士气，进一步激发广大技能操作人员参与岗位练兵活动和技能竞赛的热情，根据《公司职业技能竞赛管理办法》(××公司发〔××〕××号)，××公司决定：

（一）授予××等××家单位“公司第××届职业技能竞赛团体优胜单位”荣誉称号；

（二）授予××等××家单位“公司第××届职业技能竞赛优秀组织单位”荣誉称号；

（三）授予××等××名同志“公司第××届职业技能竞赛优胜个人”荣誉称号。

希望受表彰的单位和个人，戒骄戒躁，珍惜荣誉，再接再厉，再攀高峰。广大员工要以获奖选手为榜样，立足岗位，勤学苦练，不断提高技能水平，为公司建功立业。各单位要重视和加强技能人才培养工作，广泛开展导师带徒和岗位练兵等活动，加快培养转型发展急需的技术技能型及知识技能型人才，充分发挥技能人才在公司生产建设中的骨干作用，打造一支理论扎实、技术精湛的高技能人才队伍，为公司实现转方式调结构、提质增效升级作出新的更大贡献。

附件：公司第××届职业技能竞赛获奖单位和优胜个人名单

××（发文单位）(印章)

××年×月×日

评析

该例文是一篇对在公司技能竞赛中取得优异成绩的单位、个人进行表彰嘉奖的通报。就文稿整体而言，结构相对完整，文字比较简练，叙述简洁清楚。但仔细深入研读，会发现该例文生搬硬套、平铺直叙、泛泛而谈，重点不突出，立意不高远，内涵不充盈，且没有与公司当前形势紧密结合，也未能很好地发挥通报这个文种的应有作用，停留在“立意不高、视野狭窄、就事论事”的低水准上，显然与行文目的不符，无法实现领导机关意图。就原文进行梳理分析，主要存在以下几方面的问题：

1. 表意不全面，逻辑不严谨。从严格意义上讲，企业举办了职业技能竞赛，不完全是“为搭建技能操作人员技艺展示平台，打造快速成长通道，进一步激励广大员工学技能、钻业务、强本领”，还应体现检验员工技术实力和技能培训水平及新形势下员工要为企业创造效益、创造价值、贡献力量等深意，由此也导致所述目的与举办竞赛前后逻辑不尽相通。还有，“斗困难、求生存、谋发展”仅仅是公司面临的特殊时期的阶段性目标，从这个意义上讲，相对缺少队伍建设和人才战略等远景的表述，显得通报谋局和格调偏低。

2. 正文中语言啰嗦，呼应主题不够。“在××单位、××部门和全体工作人员的共同努力下，圆满完成了各项赛程”，类似句子在文稿中，既不能很好地起到过渡作用，反而冲淡主题，使本该短少精干的文稿啰嗦，显然成了累赘。“公司举办了第××届职业技能竞赛”，这个句子表述语意平淡，与通报主题呼应力度深度均不够。

3. 立意不高，号召乏力，领导意图体现不够。作为该文稿的结尾是前段表述的延续和递进，应该体现号召动员、鼓励先进、激励引导、营造氛围、聚焦发力等内容，一气呵成，激发热情，读后让人能有热身的感觉。原文显然未表现出应有的气势、力度、内涵和语境，进入文稿语境让人有种思路混沌、眼界模糊的感受。

修改

例文修改完善的难度较大，要想达到行文预期目标、实现领导机关意图，除了需要具备一定的公文处理能力外，还要深入了解本企业生产经营管理现状、发展目标、措施要求，甚至技能培训竞赛等各专项业务要点。修改时，商请拟稿部门补充相关素材、修正部分语言，主要是文秘人员积极构思、主动动笔、反复推敲、提炼拔高。通过该例文的评析和修改，可以深刻体会到，大家看到的文字只是表象，关键是努力透过表象对文稿所描述事项有深层次的认知和表现，一定要抓住事物的本质，这是修改文稿的根本所在。

修改稿

××单位关于表彰第××届职业技能竞赛优胜单位和个人的通报

××××：

为全面提高员工队伍整体素质和技术能力，充分调动广大员工立足岗位学技能、钻业务、强本领、创效益、促发展的自觉性和积极性，检验员工队伍的整体技能实力，培养和造就一支符合××公司发展需要的素质过硬、技艺精湛的高技能人才队伍，为推动××公司可持续健康发展提供智力支持和人才支撑，××公司成功举办了第××届职业技能竞赛。本届竞赛中，××公司共有××个单位的××名选手参加；参赛选手以饱满的热情和拼搏的精神，比技能，赛水平，相互学习，共同提高，充分展示了新时期××公司技能人才队伍优良全面的技能素质和昂扬向上的精神风貌；各参赛单位和承办单位周密筹划，精心组织，有力地保障了竞赛活动顺利开展。为表彰先进，鼓舞士气，进一步激发广大员工立足岗位钻研业务、开拓创新、多创效益、多做贡献的热情，营造广大员工岗位练兵、技术培训、技能竞赛的浓厚氛围，根据《××公司职业技能竞赛管理办法》（××公司发〔××〕××号），××公司决定：

一、授予××等××家单位“××公司第××届职业技能竞赛团体优胜单位”荣誉称号。××××。

二、授予××等××家单位“××公司第××届职业技能竞赛优秀组织单位”荣誉称号。××××。

三、授予××等××名同志“××公司第××届职业技能竞赛优胜个人”荣誉称号。××××。

希望受表彰的单位和个人，珍惜荣誉，再接再厉，开拓创新，再创佳绩。××公司广大员工要以获奖选手为榜样，增强创新意识、效益意识，立足岗位，勤学苦练，创新技术，提升技能，努力做到岗位成才、岗位建功。各单位要坚定不移地实施人才强企战略，广泛开展技术培训、岗位练兵、导师带徒和技能竞赛等活动，积极搭建好员工技艺展示平台，加快培养符合××公司发展需要的技术技能型人才和知识技能型人才，充分发挥技能人才在××公司生产建设中的主力军作用，建成一支素质过硬、技术精湛、担当奉献的高技能人才队伍，为××公司打好保效创效攻坚战、实现可持续发展作出新的更大贡献。

附件：××公司第××届职业技能竞赛获奖单位和优胜个人名单

××（发文单位）（印章）
××年×月×日

案例66

原稿

关于部分单位倒班运行岗位员工夜班违纪情况的通报

公司各单位：

根据公司从严治企、严格管理的有关要求，4月4日凌晨2:00—4:00，人力资源部（处）会同企业改革管理部（处）、干部部（处）分四组对八厂（部）23个基层单位倒班运行岗位员工夜班劳动纪律进行了专项检查，发现部分单位倒班运行岗位员工存在违纪现象。为严肃劳动纪律，加强员工责任心，确保生产装置稳定运行，现将有关情况通报如下：

一、检查情况

1. 第一组检查了塑料厂聚乙烯车间、聚丙烯车间，烯烃厂乙二醇车间、乙烯车间、丁二烯车间。夜班当班人员考勤情况正常，精神状态良好，抽查的巡检点巡检正常。

2. 第二组检查了水厂净水装置、供水装置，化工厂煤制气装置、PTA联合装置。夜班当班人员考勤情况正常，精神状态良好，抽查的巡检点巡检正常。

3. 第三组检查了芳烃厂加氢重整联合装置、合成气车间、水汽车间、制苯车间、二甲苯车间，炼油厂焦化联合装置、常减压联合装置、加氢联合装置。芳烃厂夜班当班人员考勤情况正常，精神状态良好。

4. 第四组检查了热电厂锅炉装置、汽机装置、电气装置、化学装置，物流部液体成品作业区、液体装卸作业区。热电厂四个基层单位和物流部液体装卸作业区夜班当班人员考勤情况正常，精神状态良好，抽查的巡检点巡检正常。

二、违纪情况

1. 炼油厂焦化联合装置、常减压联合装置和加氢联合装置均有个别内操精神状态不好，存在睡岗的违纪现象。

2. 物流部液体成品作业区外操存在未及时巡检挂牌的违纪现象。

上述违纪现象说明仍有少数员工存在思想麻痹、岗位责任心弱化、遵章守纪意识淡薄等问题；少数单位存在劳动纪律松懈、岗位责任制落实不到位、安全和效益压力传递不力等问题。

三、有关要求

1. 各单位要从上述违纪现象的通报中吸取深刻教训，举一反三，认真查找本单位存在的问题并加以整改。

2. 下一阶段，公司将依据《关于加强劳动纪律管理的通知》(××有限人〔2014〕5号）文件，结合严格管理年活动，对检查中发现的违纪现象及时通报，以促进各单位强化劳动纪律管理，保障公司生产经营和管理工作有序进行。

附件：
1. 炼油厂关于“4·4”中控室内操违纪责任人的处理通报
2. 物流部关于对液体成品作业区违纪问题的情况通报

××（发文单位）（印章）
××年×月×日

评析

该例文是一篇对违纪行为批评性质的通报，对倒班运行岗位人员夜班违纪情况进行处理。例文整体而言，没有明显的问题，结构完整，文字简练，叙述简洁。但结合实际深入研读，就会发现例文在语句描述准确度、条理清晰度时，用笔平铺直叙，没有突出重点，未能准确地分析违纪行为的深层次原因，未突出下一步整改具体措施，也不能有号召力地调动所属单位和员工以此为鉴，加强运行倒班管理。从这个角度而言，例文虽无明显错误，但难以起到以文辅政的效果。具体如下：

1. 正文开头部分描述通报事项，在表述检查的三个部门逻辑次序不严谨，原文是“人力资源部（处）会同企业改革管理部（处）、干部部（处）”，部门之间的职责表现出主次之分，而这项工作应该是三个部门共同牵头负责，体现出拟稿部门对这项工作职责理解不清楚。

2. 正文阐述检查和违纪情况时，基于检查出的情况分析原因过于简单，没有从深层次剖析原因，也没有明确对违纪单位提出严肃批评，无法体现严肃性。在要求各单位深刻吸取教训时，仅要求按照规章制度抓好倒班运行管理，过于笼统，没有对各层级、各对象提出具体要求，可操作性差，指导性不强。实际上，批评性通报目的在于通过批评错误、剖析引发错误的根源，归结出教训，并提出相应要求，这是通报的核心之点。此文却未做到这些。

修改

例文修改的难度相对较大，因为事件来龙去脉、制度规定以及需要提出的措施要求都具有一定的专业性，这就要求文秘人员除具备公文拟制、审核的基本能力外，还要求熟知本单位从严治企、严格管理的相关制度，深入了解有关措施安排。修改时，除了请拟稿部门补充相关素材外，文秘人员还要自己构思，亲自动笔丰富有关内容。通过这篇例文，可以深刻体会到，大家看到的文稿语言只是表象，需要大家对文稿所表达事项有深层次认识，这是修改文稿的要义和关键。

修改稿

××公司关于部分单位倒班运行岗位员工夜班违纪情况的通报

公司各单位：

根据公司从严治企、严格管理的要求，2016年4月4日凌晨2：00—4：00，人力资源部（处）、企业改革管理部（处）、干部部（处）分四组对8个二级单位23个基层单位倒班运行岗位员工夜班劳动纪律进行了专项检查，发现部分单位倒班运行岗位员工存在违纪现象。为严肃劳动纪律，增强岗位责任心，确保生产装置安全稳定运行，现将有关情况通报如下：

一、检查情况

1. 第一组检查了塑料厂聚乙烯车间、聚丙烯车间，烯烃厂乙二醇车间、乙烯车间、丁二烯车间。夜班当班人员考勤情况正常，精神状态良好，抽查的巡检点巡检正常。

2. 第二组检查了水厂净水装置、供水装置，化工厂煤制气装置、PTA联合装置。夜班当班人员考勤情况正常，精神状态良好，抽查的巡检点巡检正常。

3. 第三组检查了芳烃厂加氢重整联合装置、合成气车间、水汽车间、制苯车间、二甲苯车间，炼油厂焦化联合装置、常减压联合装置、加氢联合装置。芳烃厂夜班当班人员考勤情况正常，精神状态良好。炼油厂焦化联合装置、常减压联合装置和加氢联合装置个别内操精神状态不好，存在睡岗的违纪现象。

4. 第四组检查了热电厂锅炉装置、汽机装置、电气装置、化学装置，物流部液体成品作业区、液体装卸作业区。热电厂4个基层单位和物流部液体装卸作业区夜班当班人员考勤情况正常，精神状态良好，抽查的巡检点巡检正常。物流部液体成品作业区外操存在未及时巡检挂牌的违纪现象。

二、对违纪现象的处理意见

检查结束后，公司分管领导和有关部室听取了各小组检查情况汇报，公司总经理办公会对检查中发现的违纪现象进行了专题研究。会议认为，在公司深入开展从严治企、严格管理等活动的形势下，个别单位仍存在劳动纪律松懈、岗位责任制落实不到位、安全和效益压力传递不力等问题，少数员工仍存在思想麻痹、岗位责任心弱化、遵章守纪意识淡薄等问题，这些问题与公司从严治企、从严管理的要求极不相符，与公司严峻的安全生产和经营形势极不相称。根据公司《关于加强劳动纪律管理的通知》（××有限人〔2014〕5号，以下简称“5号文”）有关要求，经研究，处理如下：

1. 对炼油厂焦化联合装置、常减压联合装置、加氢联合装置，物流部液体成品作业区等违纪现象予以通报批评。

2. 责成炼油厂、物流部严肃处理，认真反思，查找原因，制定具体整改措施。

三、有关要求

1. 各单位要从上述违纪现象中吸取深刻教训，举一反三，认真查找本单位存在的问题并加以整改，切实做到从严管理，严格落实岗位责任制，增强岗位员工责任心。

2. 公司将依据“5号文”要求，结合管理年活动，继续组织劳动纪律有关专项检查：对倒班运行岗位员工进行不定期抽查；组织基层员工代表对公司机关职能部门岗位员工进行不定期抽查；组织各二级单位之间进行不定期互查。对检查中发现的违纪现象将及时通报批评，严重者将根据有关规定进行处理。

××（发文单位）（印章）
××年×月×日

（五）报告

案例67

原稿

××单位关于提请对××年产能建设用地预审的报告

××省国土资源厅：

××年我公司建成原油产能××万吨，总投资××亿元，涉及的油井井场、生产路及配套设施建设用地规模××公顷，其中农用地××公顷（耕地××公顷）、未利用地××公顷。按照功能划分，其中油井井场用地××公顷，进井场道路用地××公顷，配套设施用地××公顷。

现提请省国土资源厅予以预审。

特此报告。

××（发文单位）（印章）
××年×月×日

评析

该例文是根据国家和地方法律法规，向地方政府提报建设用地预审文件的报告，不需要地方省政府进行批复。就原文进行梳理分析，主要存在以下几方面的问题：

1. 文种使用和主送机关错误。企业与省政府业务主管部门属非隶属关系，从这个意义上讲，企业若向该业务主管部门行文应该使用“函”这个文种；再从业务办理要求上考虑，此事项也非简单地只告知省政府业务主管部门而不报告诉省政府。因此，经拟稿部门向省政府业务主管部门了解，把向该业务主管部门改为向省政府行文，且使用“报告”文种。

2. 文件标题表述有歧义。初读标题，大都会认为该文稿是一份请示类公文。但经与拟稿部门深入沟通，该报告向省政府业务主管部门报备年度产能建设用地情况的程序性文件，不需要批复。

3. 主体内容表达不完善。产能建设用地政策性非常强，除了详言土地用量和县区分布外，还需要就用地的依法合规及落实相应土地政策等上级业务主管部门关心的重点事项进行必要的阐述，让上级部门既掌握了土地用量，又知道是依法合规用的地，做到用地情况通透。

4. 缺少必要的附件。使用文字对土地分布、分类等情况进行表述，存在文字量大、准确表述难且不直观等问题。为提升表达效果，增强文件直观可读性，应以表格的附件形式列出具体用地明细，让人一目了然。

修改

该例文修改难度不大，但把握的重点和关键是，一定要与拟稿部门深入沟通，清楚该报告的行文背景、关系、目的和关键要素等，做到主题突出、详略得当和言简意赅。

修改稿

××单位关于××年产能建设用地预审的报告

××省人民政府：

××年，我单位建成原油产能××万吨，总投资××亿元，涉及的油井井场、生产路及配套设施建设用地分别分布在××市××区等××个区（县、市），总用地规模××公顷，其中农用地××公顷（耕地××公顷）、未利用地××公顷。按照功能划分，其中油井井场用地

××公顷，进井场道路用地××公顷，配套设施用地××公顷。

我单位上述用地规模符合住房和城乡建设部、国土资源部《石油天然气工程项目建设用地指标》（建标〔2009〕7号）规定的标准，已纳入当地××年土地利用总体规划；有关补偿费用已按照国家有关规定纳入项目投资概算，并及时足额支付到位。同时，根据土地管理相关法律法规，我单位采用缴纳耕地开垦费委托补充的方式完成了耕地补充工作。

根据国家和省土地法有关规定，现将我单位××年产能建设用地进行情况提报，请省政府予以预审。

特此报告。

附件：××单位××年产能建设用地统计表

××（发文单位）（印章）

××年×月×日

案例68

原稿

××公司关于××单位部分员工××诉求情况的报告

××省国有资产监督管理委员会：

今天上午，得到××单位百余名员工提出××诉求，并于××月××日到你单位反映情况的信息。××公司高度重视，再次详细了解具体情况，要求公司相关部门切实做好有关工作。现将有关情况汇报如下。

一、事情概况

进入新世纪以来，我国市场经济深入发展，市场竞争日趋激烈。企业作为市场竞争主体，积极按照市场经济发展要求，不断深化改革，努力增强企业活力。其中，改制分流措施是当时企业将自己的经营范围向有竞争力的主营业务回归，为强杆去枝、减员增效、提升核心竞争力而采取的战略性变革措施，也是适应市场竞争采取的重要措施。改制分流工作是一项复杂的系统工程，涉及多方面工作，目的是实现主体单位、改制企业、改制职工和地方政府等多个利益相关方的共赢。

正是在这种时代背景下，2003年××月××日，经××公司批准，××单位与有关单位签署划转协议，××单位××名在岗正式员工参与改制分流。××单位改制后，积极采取有效措施，苦练内功，强身健体，夯实根基，不断提升核心竞争力，努力使企业在竞争中立于不败之地。

×××××××××××××××××××。

但是，随着国内外同类企业的发展壮大，市场竞争白热化，××单位终究由于生产装置规模过小，工艺技术相对落后，发展后劲不足等问题，于××××年停产，至今没有投产迹象，一些员工思想不稳定，多次向我公司和政府部门反映他们的诉求，要求××单位开工生产。

二、工作开展情况

对于××单位部分员工的诉求，××公司高度重视，成立专门工作组，对当初有关历史资料进行了认真梳理、仔细分析、核实研究，认定××单位当初实施改制分流时履行了必要的民主程序，合法合规。同时，也将上述情况向上级单位进行了汇报。

××公司在前期工作中，也对××单位停产问题从技术、成本、员工素质等方面进行了论证，主要意见如下：

1. ××单位与国内外同类型企业相比，工艺相对落后。××××××××××××。

2. ××单位停产前生产经营成本居高不下。××××××××××××。

3. ××单位现有员工技术水平偏低。××××××××××××××。

总体上，××单位停产前工艺技术居于劣势，生产经营成本高于同类企业的平均水平，员工适应现代技术要求的能力相对较低，在目前市场环境下，仅仅是简单地让装置恢复生产并不可行。

三、有关建议

在目前情况下，××公司和××单位作为两个市场独立主体，在法律上并无隶属关系，由××公司要求××单位解决其部分员工的诉求，理由不充分，也缺乏法律依据。鉴于历史两个单位之间的关系等因素，现提出如下建议：

1. ××单位如需要恢复生产，××公司在技术上予以一定的指导支持。

2. 请省国资委给予关注，从政府的角度向××单位提出重视听取并合理解决员工诉求的要求。

特此报告。

××（发文单位）（印章）

××年×月×日

评析

该例文是一篇企业就××单位员工诉求问题向属地政府部门的报告，内容包括员工反映诉求的背景情况、已开展工作情况、下一步工作意见等。就原文进行梳理分析，主要存在以下问题：

1. 重点不突出。原文本意是将了解到的原属××公司、现改制的××单位因停产导致员工利益得不到保障，引发一些员工向政府部门反映诉求，以及××公司对处理此事件的意见建议向政府部门报告，但报告正文“事情概况”部分并未介绍清楚为什么这些员工反映诉求，诉求是什么，诉求是否正当，诉求反映的经过等，而是介绍改制的历史大背景，这些背景即使不介绍，政府部门也都了解，更重要的是介绍还没有抓住要点，让收文单位难以抓住核心问题。

2. 文字不精练。对于集访员工诉求问题产生的历史原因、背景等介绍过多且过于繁杂，概括不够。对于××单位改制后采取的措施，取得的效果虽进行了报告，但这些并不是问题产生的直接原因，没有多少因果关系。

3. 将××公司采取措施写得过于具体。表面上看似乎是做了大量工作，实际上就是一点，即分析了××单位停产的原因。这样写的原因，一是可能××公司的确未做其他更多的工作，二是可能做了其他工作，但未表述出来。应进一步了解××公司开展工作情况，准确表述出来。

修改

明确报告主题，理顺逻辑关系，突出重点，报告主体要简单明了叙述事件经过，员工反映的诉求问题，××公司对员工诉求的看法，以及××公司已经采取的措施和下一步工作建议等。特别是在下一步工作建议中，要阐述此类诉求如果处理不当有何后果，以方便主送部门开展下一步工作。

修改稿

××公司关于××单位部分员工××诉求情况的报告

××省国有资产监督管理委员会：

收到你委有关××单位部分员工××月××日到你单位反映诉求情况的批示要求后，××公司高度重视，再次详细了解具体情况，要求公司相关部门切实做好有关工作。现将有关情况汇报如下。

一、事情大致经过

经向××单位和该单位反映诉求的部分员工了解，××月××日，由××人在其专门建立的微信群发起向贵单位反映××单位长期停产导致员工利益得不到保障的呼吁，多名员工响应，××人、××人、××人等在微信群进行意见征集。××××××××××××××××××××××。

经初步整理，这次××单位部分员工反映的诉求，除上报贵单位的6条外，还有以下几条：

××××××××××××××××××××××。

初步分析，这次××单位部分员工反映的诉求，主要想达到以下目的：

××××××××××××××××××××××。

二、××公司相关工作开展情况

因××公司和××单位在××××年以前存在隶属关系，在××单位停产的几年来，部分员工认为两家单位以前存在隶属关系，先后有多人向××公司反映诉求。主要包括：

××××××××××××××××××××××。

对于××单位部分员工反映的诉求，尽管两家单位从法律上现在已属各自独立的经济主体，但××公司考虑到历史渊源，本着××××的原则，仍然高度重视，主要采取××项措施：

××××××××××××××××××××××。

××公司采取的上述措施，对××单位的影响：××××××××××××××××××××××××。对反映诉求员工的影响：××××××××××××××××××××××××。

三、有关建议

××单位部分员工反映的诉求，××××××××××××××××××××××（主要谈影响）。现提出如下建议：

1. 建议省国资委明确××公司将发挥技术指导优势。在目前情况下，××公司和××单位作为两个市场独立主体，在法律上并无隶属关系，如果由××公司要求××单位解决其部分员工的诉求，缺乏法律依据，××单位也不会接受。但鉴于历史两个单位之间的关系等因素，××单位如需要恢复生产，××公司可以发挥自身优势，在技术上予以一定的指导支持。

2. 建议省国资委从政府职能部门方面考虑××单位部分员工的诉求。××××××××××××××××××××××。

特此报告。

××（发文单位）（印章）

××年×月×日

（联系人：××××　　电话：××××）

（六）请示

▶ 案例69

原稿

××单位关于申请清欠奖励资金的请示

××公司：

为积极应对市场低迷，改善企业现金流状况，我单位按照公司要求强化两金占用管控，加大了对××年以前应收款项的清收力度。上述应收款项多为历史遗留，账龄时间长、基础资料缺失、债务人多次变更重组，清收难度极大。经过扎实有效地工作，我公司清收工作成效显著。截止10月末，应收外部单位款余额较年初下降××亿元，清理处置长期无动态欠款××亿元。

按照《××公司应收款项管理办法》（××财〔××〕××号）××（条款）规定的清欠奖励标准，应得清欠奖励资金××万元，恳请协调按照该办法规定给予我单位相应奖励。

同时，我单位为降低运营成本，拟取消位于××区的销售网点，改在××区和平街新设立销售网点一处，新网点位于××工业园附近，接近用户，有利于降低销售运营成本，增强产品竞争力。恳请早日批准新网点建设。

妥否，请批示！

××（发文单位）（印章）

××年×月×日

评析

该例文是就应收款项清欠所取得的成效，按照政策规定向上级机关申请奖励的请示，具有请求性、回复性（需要批复）、先行性（事前行文）和单一性（一事一报）等特点。就原文进行梳理分析，主要存在以下几方面的问题：

1. 标题有歧义、不准确。单从“申请清欠奖励资金”这句话理解，其中包含两层意思，本义应该是“申请清欠工作所应获得的奖金”，还存在着“申请清理欠交的奖励资金”的歧义，显然违背了行文目的和单位意图，须相应地对文稿标题进行必要的修正。

2. 结构不规范。此文稿主要目的是申请清欠工作所应获得的奖金，但说完主要请示内容后，又“附带”请示新设销售网点一事，属“一文两事”，须去掉“附带”请示的内容，做到“一文一事”，以免影响批复。

3. 内容不完整。主要申请清欠奖励资金事项中，上级规定具体条款内容不完整，不利于上级有针对性地进行回应相关事宜。既然是规定要求的，就不能过于笼统，必须补充完善相关内容，包括收回资金的分类明细等，都要予以对应，确保表述充分。

4. 结尾用语及标点存在问题。一般请示结尾语用“请予批复”加上句号即可，不用“！”。

修改

修改该文稿的重点和关键是静下心、明事由，事先搞清楚上级机关有关政策规定的具体内容，在此基础上，会同拟稿部门有针对性地对原文材料进行补充、加工和完善，做到理由充分、要求明确、行文规范，以使请示的问题得到及时有效解决。本文稿重点针对标题歧义，正文中理由不充分、内容不完整、行文不规范等问题进行修改。

修改稿

××单位关于收回应收款项奖励的请示

××公司：

为积极主动地应对市场低迷，着力改善企业现金流状况，今年以来，我单位按照公司要求，持续强化两金占用管控，特别是加大了××年以前的长期无动态应收款项的清收力度，专门成立一体化清收工作领导小组，集中力量和时间，对每笔应收款项进行梳理分析，分类制定并落实三方抵账、法律诉讼等清收措施，对逾期未清收的实施四级预警管理，逐级落实清收责任和清收时限，并严格考核兑现，克服了应收款项账龄长、历史遗留问题多、基础资料缺失和债务人多次变更等一系列困难，使应收款项清收工作取得显著成效。截至××月底，外部应收账款余额较年初下降××亿元，应收坏账准备余额较年初下降××亿元；清理处置长期无动态应收账款××亿元，其中以资金形式收回××万元（拖欠时间××年的应收款项××万元，拖欠××年以上的应收款项××万元）。

鉴于上述情况，根据《××公司应收款项管理办法》（××财〔××〕××号）中"对于以资金形式收回的应收款项，拖欠时间在2年以上3年（含3年）以下、×年以上×年（含）以下和×年以上的，原则上分别按不高于收回资金×%、×%、×%的比例予以奖励"的规定，恳请给予我单位收回应收款项奖励。

请予批复。

××（发文单位）（印章）

××年×月×日

（联系人：××××　　电话：××××）

案例70

原稿

××公司关于上报《××系统建设可行性研究报告》的请示

××××公司：

我单位现有××系统建于××××年，至今已运行××年有余，设备老化严重，存在较大的安全风险。根据公司要求，应加强安全风险管理，即在生产建设过程中进行风险识别和风险评价，落实风险控制措施，以改善安全生产环境、减少和杜绝安全生产事故的过程。长期以来，我公司一直按照“××监管、企业主责、全面覆盖、全员参与”的原则，落实安全风险管理，确保不发生安全事故。

为切实加强××管理，根据公司《关于全面××的通知》（××〔××××〕××号）和××省安全生产监督管理委员会有关要求，按照××××，我单位结合××等生产经营特点和系统运行实际，积极推进××系统建设，根据需要决定建设××系统。

一、系统建设必要性

（一）现有系统情况。

我单位现有××套××××系统，其中建成于××××年的系统，×××××××××，主要用于××××使用；建成于××××年的系统，×××××××××，主要为××××配套服务。按照生产工况及×××××××××，××能力已呈饱和状态，无法提供更多服务。

（二）新增××需求情况。

我单位拟新增××需求如下：一是××项目。×××××××××。二是××调整项目中××内容，预计需要提供××规模的××服务。三是拟合作伙伴××单位，为其潜在客户提供×××××××××服务。

二、新建××系统情况

（一）××系统基本情况。

××。

（二）新建××系统主要内容。

××。

三、新建××系统投资情况

××。

四、效益测算

××。

五、前期工作开展情况

××。

六、新建××系统可研情况

××的可研报告预算如下：资金为××万元。

序号	管线	长度（km）	资金（万元）
1	××	××	××

我单位现将随文上报××的可行性研究报告（见附件），恳请××公司给予批复。

特此请示。

附件：××管理系统可行性研究报告

××（发文单位）（印章）

××年×月×日

评析

该例文是报送项目可行性研究报告的请示。请示上级批准可研项目，在正文中首先要注意说明建设项目的缘由，这直接关系到请示目的能否顺利实现，可用简明扼要的语言表述项目建设的必要性；其次要注意将项目主要内容、投资、本单位的倾向性意见等交代清楚，以供上级参考、决策。写法上要叙事精炼，说理透彻。就原文进行梳理分析，主要存在以下问题：

1. 正文中在叙述建设项目的缘由时略显庞杂，写了一些与之关系不紧密的内容。例如，第一段中“根据公司要求，应加强安全风险管理，即在生产建设过程中进行风险识别和风险评价，落实风险控制措施，以改善安全生产环境、减少和杜绝安全生产事故的过程。长期以来，我公司一直按照按照‘××监管、企业主责、全面覆盖、全员参与’的原则，落实安全风险管理，确保不发生安全事故”，与缘由并不密切，可以删除。

2. 正文结构上有进一步完善的地方。例如，“新建××系统情况”、“新建××系统投资情况”“效益测算”“前期工作开展情况”“新建××系统可研情况”等可以重新组织，有些内容可以合在一起，有些内容先后顺序应调整。

3. 格式上、语言上存在瑕疵。例如，正文中有“见附件”的表述时，附件说明要去掉；对直属上级请示事项过于客套，应少用“恳请批准”之类的语言；请示要有附注，附上联系人及电话，便于联系。

修改

从结构上进行适当调整，同类内容进行合并精简。将原稿中与请示缘由联系不密切的内容、项目建设中与项目联系不密切的内容等均去除。将不规范的格式予以规范。

修改稿

××公司关于上报××系统建设可行性研究报告的请示

××××公司：

我单位现有××系统建于××××年，至今已运行××年有余，设备老化严重，存在较大的安全风险。为切实加强××管理，根据公司《关于全面××的通知》(××〔××××〕××号）和××省安全生产监督管理委员会有关要求，我单位结合××等生产经营特点和系统运行实际，决定建设××系统。现将有关情况请示如下：

一、系统建设必要性

（一）现有系统情况。

我单位现有××套××××系统，其中建成于××××年的系统，×××××××××，主要用于××××使用；建成于××××年的系统，×××××××××，主要为××××配套服务。按照生产工况及

××××××××，××能力已呈饱和状态，无法提供更多服务。

（二）新增××需求情况。

我单位近年新增××方面的需求包括：

1. 新建××项目带来的系统需求。××××××××。

2. ××项目调整带来的系统需求。××××××××。

3. 拟合作伙伴××单位新增的系统需求。××××××××。

二、新建××系统情况

（一）主要内容。

××。

（二）投资效益测算。

××。

（三）前期工作情况。

××。

现随文上报××系统的可行性研究报告。

请予批复。

附件：××系统可行性研究报告

××（发文单位）（印章）

××年×月×日

（联系人：××××　　电话：××××）

（七）批复

案例71

原稿

关于××单位××改造工程可行性研究报告的批复

××单位：

你单位《关于报批××改造工程可行性研究报告的请示》（××发〔2016〕××号）收悉。由公司发展规划处牵头，工程处、企业管理处、财务处等参加，进行了研究，提出了建议。公司分管领导×××组织了专题会，研究讨论了××改造工程。经研究，现批复如下：

一、厂区改造工程是我公司2016年的一项重点工作，主要是××××××。你单位提出××改造工程，是适应×××××要求，非常必要。

二、××改造工程，主要是改造××路西段，长度××，车行道宽××m，人行道宽××米，横断面形式为单幅路。改造道路基层，面积××平方米；新建道路沥青混凝土面层，面积××平方米。更新检查井盖及雨水箅子××个，检查井××个。改造花砖人行道××平方米。

三、工程投资控制在××万元。

××（发文单位）（印章）

××年×月×日

评析

该例文是上级机关对下级机关报批工程可行性研究报告的请示进行的批复，属请示来批复往的办文。就原文进行梳理分析，主要存在以下问题：

1. 缺少办文机关的态度和意见。批复作为上级机关答复下级机关请示事项的公文，办文机关要根据党和国家的方针政策、法律法规、制度以及本单位的实际情况，对请示中提出的问题作出明确答复，是原则同意还是同意部分内容等，均需明确告知。

2. 涉及无关内容过多。批复是答复性的公文，除了直接回答所请示的事项外，无需要涉及其他问题，也不用讲道理，谈办理过程等。

3. 执行依据和标准残缺。像工程项目可行性研究报告的批复，不仅批复具体工作量等主要指标，还要相应说明工程项目执行的依据和标准，因为不同的依据和标准，将会执行不同的工程造价。

4. 标准制单位混用。在同一文件中，标准制单位名称不能交叉使用，应该统一使用中文或英文，且最好为国际单位制。

5. 结构不完整。按照工程项目可行性研究报告编制有关规定，新增工程项目须增加安全、环保、节能和职业卫生设施建设篇。据此，在该文稿中应增加工程安全、环保、节能和职业卫生设施建设等要求的内容。

修改

表明态度，提出有关依据和要求，规范数量标准、名称，补充完善安全、环保等方面的要求，去掉与批复事项无关的讲工作过程、工程背景与意义的内容。

修改稿

关于××单位××改造工程可行性研究报告的批复

××单位：

你单位《关于报批××改造工程可行性研究报告的请示》（××发〔××〕××号）收悉。经研究，批复如下：

一、同意你单位按方案××实施××改造工程。

二、该工程按照《城市道路工程设计规范（CJJ37−2012）》中的次干路建设标准改造××路西段，长××米，车行道宽××米、人行道宽××米，横断面形式为单幅路。改造道路基层××平方米、花砖人行道

××平方米，新建道路沥青混凝土面层××平方米，更新雨水箅子××个、检查井及井盖各××个。

三、工程安全、环保、节能和职业卫生设施建设，严格按照国家和上级有关规定执行。

四、工程投资控制在××万元以内。

××（发文单位）（印章）

××年×月×日

▶ 案例72

原稿

关于××单位落实“三重一大”决策制度实施办法的批复

××单位党委：

根据《××公司“三重一大”决策制度实施办法》（××〔××××〕××号）、《××公司直属单位党委（常委）会议事规则》（××〔××××〕××号）和《××公司直属单位领导班子会议事规则》（××〔××××〕××号）的有关规定，你单位党委报送的《关于印发××单位落实“三重一大”决策制度实施办法的请示》（××〔××××〕××号）收悉。现根据上述三项制度的有关规定，经公司党群办研究，并报经党委员会同意，批复如下：

一、《××单位落实“三重一大”决策制度实施办法》（以下简称《实施办法》）体现了《关于进一步推进国有企业贯彻落实“三重一大”决策制度的意见》精神，符合公司有关要求和你单位实际，党委会同意你单位报送的《实施办法》。

二、“三重一大”事项提交会议集体决策前应当认真调查研究，经过必要的研究论证程序，充分吸收各方面意见。重大投资和工程建设项目，应当事先充分听取有关专家的意见。重要人事任免，应当事先征求国有企业和履行国有资产出资人职责机构的纪检监察机构的意见。研究决定企业改制以及经营管理方面的重大问题、涉及职工切身利益的重大事项、制定重要的规章制度，应当听取企业工会的意见，并通过职工代表大会或者其他形式听取职工群众的意见和建议。决策事项应当提前告知所有参与决策人员，并为所有参与决策人员提供相关材料。必要时，可事先听取反馈意见。

三、请按照有关规定，将《实施办法》结合你单位制度（包括内控制度）加以贯彻落实，并对其执行情况进行严格监督检查，确保到位。执行中如遇问题，及时向公司党群办、总经理办公室报告。

××（发文单位）（印章）

××年×月×日

评析

例文是上级机关对下级机关报批的落实“三重一大”决策制度实施办法进行批复的文件，一般来说，此类文件应表明上级机关就请示事项的具体态度和意见，具有针对性、指导性、简要性等特点。就原文进行梳理分析，主要存在以下问题：

1. 从结构上看，第二条要求是强调在落实“三重一大”决策中要注意的事项，第三条也属同类要求，存在两条要求可以合并的问题。

2. 从逻辑上看，第二条要求与批复事项不符，下级机关应该是请示上级机关批复同意实施该办法，不是请示落实“三重一大”决策中要注意哪些问题、按照程序开展这方面工作的问题，可以将这部分内容去掉或与第三条要求合并。在引语中将“经公司党群办研究，并报经党委员会同意”批复的条件之一，不合逻辑和常理，党群办作为党委的内设部门，他研究与否不影响党委行文批复，更不成为批复的条件。

3. 从语言上看，在引语中，讲下级机关报送请示的原因，也属于旁牵他涉，导致语言拖沓、语义重复。

修改

分条目论述，一是说明请示文件收悉，研究后予以批复；二是明确是否同意实施办法的态度；三是将第二条要求删除，个别要求纳入第三条；四是精练语言文字。

修改稿

关于××单位落实“三重一大”决策制度实施办法的批复

××单位党委：

你单位《关于印发××单位落实“三重一大”决策制度实施办法的请示》（××〔××××〕××号）收悉。根据《××公司“三重一大”决策制度实施办法》（××〔××××〕××号）、《××公司直属单位党委（常委）会议事规则》（××〔××××〕××号）和《××公司直属单位领导班子会议事规则》（××〔××××〕××号）的有关规定，经研究，批复如下：

一、原则同意《××单位落实“三重一大”决策制度实施办法》（以下简称《实施办法》）。

二、请按照有关规定，将《实施办法》结合你单位制度（包括内控制度）加以贯彻落实，并对其执行情况进行严格监督检查，确保到位。执行中如遇问题，及时向公司党群办、办公室报告。

××（发文单位）（印章）

××年×月×日

案例73

原稿

关于对××单位转让一套闲置房产请示的批复

××单位：

你单位“关于对青年路小区闲置房进行转让的请示”（××发〔××××〕××号）和“关于对青年路小区闲置房进行转让有关事项的请示”（××发〔××××〕××号）收悉。经研究，同意你公司对该闲置房（原值××.××元，4月底净值××.××元）通过资产评估，进行公开转让。

请你单位在公开转让中，严格按照《××公司资产处置管理规定》（××财〔××××〕××号）文件规定做好上述资产的处置工作。你单位清产核资后续落实工作要抓紧进行。

××（发文单位）（印章）

××年×月×日

评析

例文是上级机关对下级机关报批的转让闲置房产事项进行批复的文件，是针对下级机关上报的请示类文件形成的。一般来说，此类文件应表明上级机关就请示事项的具体态度和意见，原则上应一请示一批复，且相互对应。就原文进行梳理分析，主要存在以下问题：

1. 条理混乱。不符合批复文件条目清晰的要求，收文情况、批复意见与资产情况一起表述，显得混乱。应在确认文件收悉后，直接表述批复意见，然后另起一段单独谈闲置房资产情况。

2. 批复是一种下行文文体，不但要意见明确，而且要求明确、严谨、全面，以利于下级机关执行。因此，在用语上少使用“请”来提出工作要求，直接提出“要××××”；需要提出的要求要全面、到位，不当省的不能省。

3. 批复原则上应一请示一批复，不应将多个请示一起批复。在标题上不能直接或基本直接引用下级机关报送的请示标题加上“批复”二字。

修改

分条目论述，一是说明请示文件收悉，研究后予以批复；二是说明对转让闲置房产明确态度，如完全同意、原则同意或者不同意；三是根据上级部门对转让闲置房产等的具体要求，结合本单位实际，对下级单位提出资产转让等方面的具体要求。

修改稿

关于××单位转让闲置房产的批复

××单位：

你单位《关于对青年路小区闲置房进行转让的请示》（××发〔××××〕××号）收悉。经研究，批复如下：

一、同意你单位按照该闲置房资产评估价格进行公开转让。

二、该闲置房坐落于××区××街道××号，原值××.××元，经××机构于××××年××月评估，评估价格为4月底净值××.××元。

三、你单位要按照《××公司资产处置管理规定》（××财〔××××〕××号）要求，规范做好该闲置房产的处置工作。

四、公开转让完成后，要按照××规定办理相关手续。

××（发文单位）（印章）

××年×月×日

（八）函

▶ 案例74

原稿

关于办理幼儿园登记的请示

××市人民政府：

根据××省教育厅《关于做好全省学前教育机构登记注册工作的通知》（××××函〔××〕××号）中“××公司的学前教育机构登记注册由××公司学前教育部门负责初审，××市教管中心负责终审”的相关要求，××年我公司组织所属幼儿园进行了登记注册，××年进行了年审。××年××月，××省教育厅等××部门印发了《××省学前教育机构登记注册管理办法》（××××发〔××〕××号），规定“县（市、区）教育行政部门是学前教育机构登记机关，负责审查辖区内学前教育机构的办园资格，并颁发《登记注册合格证》”，要求××公司所属幼儿园在所属地市登记注册，自××年×月×日起施行。目前，××公司在××市辖区内所属幼儿园共有××所（含自有他营幼儿园××所），其中××区××所、××县××所；在园幼儿××名。

需要特别说明的是，按照总部“将学前教育明确定位于社会化、市场化范畴，要求企业逐步退出该类业务，通过自有他营、引资办园等方式，实现社会化、市场化服务”的有关要求，××公司在幼儿园办园体制机制方面进行了一些探索，在坚持公益性普惠幼儿园为主体、着力保障适龄儿童就近入园的前提下，对部分无力举办的幼儿园实行自有他营，采取房屋、场地设备设施租赁的方式，由社会教育机构来举办幼儿园。目前，××公司在××市辖区内共有自有他营幼儿园××所，其中××区××所、××县××所。在推进自有他营的过程中，××市辖区内××所自有他营幼儿园办园资质不完善，没有完成办园许可证变更。××年××月，总部与××市人民政府签订新的《战略合作框架协议》，明确“××市积极推进××地区学前教育资源整合，将××公司学前教育纳入××市区域规划；支持××公司推进学前教育业务社会化进程，通过油地合作、自有他营、移交等形式，实现资源共享，促进共同发展。”

综上所述，为贯彻落实××××发〔××〕××号文件精神，规范学前教育机构管理，依法合规办园，申请对××市行政区划内××公司自办自管的幼儿园，由幼儿园所在单位学前教育部门进行登记注册初审，县（市、区）教育局终审并颁发《登记注册合格证》；对自有他营幼儿园由举办单位分别到县（市、区）教育局登记注册。

可否，请批复。

××（发文单位）（印章）

××年×月×日

评析

该例文是某企业就自办幼儿园登记注册手续事宜，商请所在地人民政府协调办理的函。就原稿进行分析，主要存在以下问题：

1. 文种选用错误。该企业与其所在地人民政府属不相隶属关系，应将“请示”改为“函”。商请地方人民政府协调办理某一具体事项，选用“函”这个文种无可厚非。

2. 标题表述不准确。仔细阅读文稿标题，可以发现，一是市人民政府不会直接办理幼儿园登记事项，具体手续办理职能应在其教育主管部门；二是“幼儿园登记”的说法不完整、不准确；通读例文后，得知其正确的表述应该是“幼儿园注册登记手续”。

3. 结构层次混乱。首先简要交代事件的基本情况，进而指出存在的问题和影响，最后顺理成章、合情合理地提出行文的目的和商请地方人民政府帮助协调的具体事项。

4. 内容不精练。该文稿过多地强调上级机关和地方主管部门的有关文件要求，反而淡化了实际情况及存在问题的表述，混淆了视听，不利于地方人民政府了解真实情况并做出及时有效的处理。

修改

将文种改为函，标题进一步反映内容主旨，理清结构层次，精炼文字语言。

修改稿

××公司关于协调办理幼儿园注册登记手续的函

××市人民政府：

目前，我公司在××市辖区内共有幼儿园××所，其中××区××所、××县××所，在园幼儿××名。××年下半年以来，我公司按照总部关于学前教育定位于社会化、市场化和逐步退出的要求，以公益性普惠幼儿园为主体、着力保障适龄儿童就近入园为前提，积极探索自有他营办园模式，对其中×所保育、教育等人力资源严重匮乏的幼儿园转由社会教育机构承办，实行自有他营。

××年××月，××省教育厅等×部门印发《××省学前教育机构登记注册管理办法》(××××发〔××〕××号)明确：县（市、区）教育行政部门是学前教育机构登记机关，负责审查辖区内学前教育机构的办园资格，并颁发《登记注册合格证》，××公司所属幼儿园在××市登记注册。据此，我公司与××市、区（县）教育行政部门商讨幼儿园登记注册事宜，相关部门提出需要市政府明确办理权限并授权后方可办理。目前，登记注册事宜尚未取得实质性进展，已影响到我公司幼儿园正常管理和运营，幼儿家长对此反应强烈。

为加快办理幼儿园登记注册手续，确保依法合规办园，恳请市政府尽快明确各级教育行政部门办理我公司幼儿园登记注册手续的权限并予以授权，督促办理完成登记注册手续；同时，对属民办性质的×所自有他营幼儿园，建议按照××××发〔××〕××号文件规定，由兴办单位分别到所在地县（市、区）教育局办理登记注册手续。

特此致函，请予函复。

××（发文单位）(印章)

××年×月×日

▶ 案例75

原稿

关于商请业务账款抵抹事项的请示

××焦煤集团有限责任公司：

一直以来，贵公司和我公司在坚持互利双赢、互惠发展中不断深化合作、增进互信，巩固拓展了良好的战略合作关系。特别是××年，贵公司在解决我公司、××特钢集团有限公司和贵公司三方业务账款抵抹事项上，克服了诸多困难，给予大力支持与协助，有效缓解了××特钢集团有限公司资金紧张的被动局面，在此深表感谢！

近年来，国际钢材价格下跌严重、持续低位震荡，我公司生产经营遇到了前所未有的困难，由传统的盈利大户变成亏损企业，××年亏损××亿元，资金形势异常紧张，支付贵公司煤炭货款的周期明显拉长。作为我公司改制企业的××特钢集团有限公司，其生产经营形势也异常严峻，虽然近年来深化了与贵公司××煤电（集团）有限责任公司、××矿业（集团）有限责任公司的业务合作，但由于账款回收周期较长，资金缺口十分严重，应付我公司的账款大幅增加。

为妥善解决贵公司、我公司和××特钢集团有限公司三方业务账款相互拖欠问题，借鉴××年的有效做法，特商请以我公司采购贵公司销售总公司的煤炭货款，抵抹贵公司××煤电（集团）有限责任公司、××矿业（集团）有限责任公司及其所属单位应付××特钢集团有限公司的设备和工程款，不断增加互信、深化业务合作，抱团取暖，共战寒冬，进一步盘活资金，降低资金成本，提高资金使用效益和企业经营管理水平。

特致此函。

××（发文单位）（印章）

××年×月×日

评析

该例文是一份发文单位为其改制企业向××焦煤集团有限责任公司商洽账款抵抹事项的函。就原稿进行分析，主要存在以下问题：

1. 文种使用不准确。行文关系单位属不相隶属机关，应当使用“函”这个文种，而不是“请示”。实际上，并非发“请示”对方才给予受理。

2. 表述不切合实际。不同企业之间保持一定业务往来是正常的，不能因为有求于对方而过于拔高关系。如该例文第一段开头的表述，显然不符合实际，像是外交语言。

3. 站位偏离方向。从该例文不难看出，发文单位是作为第三方沟通协调其他双方之间的业务处理，因此过于突出一方的困难，未能站在双方共同的角度讲事，不免让人读出偏心的味道。这是不合情也不合理的。

4. 尊重而不应和。使用函这个文种，一定要准确把握其自身语言特点，坚持实事求是的原则，在语言表达上要表现出尊重，而不是应和应付。

修改

修改该例文与拟稿部门沟通难度大，因为拟稿部门总会站在自身利益的角度谈问题讲观点，很难跳出已有的思维模式和认识。对此，一定要进行破冰，讲明讲透行文特点和语言要求及表述方式，达成共识后，请其补充完善相关素材，并与其一道进行整理加工，直至成稿。

修改稿

关于商请解决业务账款抵抹事项的函

××焦煤集团有限责任公司：

××年××月，在贵公司的大力支持与关心下，××特钢集团有限公司（以下简称××特钢集团）与××煤电（集团）有限责任公司等关联单位签署了《抵抹账协议》，加快了部分货款的流转，有效缓解了××特钢集团的燃眉之急，在此深表感谢。

近年来，国际钢材价格下跌严重、不断低位震荡，国内能源行业经济形势持续低迷。面对严峻的经济形势，××特钢集团与贵公司××煤电（集团）有限责任公司、××矿业（集团）有限责任公司等单位，在煤矿瓦斯综合利用方面充分发挥各自的资源优势和技术设备优势，不断加强深度融合，继续保持了良好的业务合作。目前，由于××特钢集团资金严重短缺，企业经营面临前所未有的艰难局面。为了能够维持胜动集团的简单再生产，我公司商请贵公司采取货款抵抹的方式，加快××特钢集团与××煤电（集团）有限责任公司、××矿业（集团）有限责任公司及其所属单位业务往来货款的流转速度。

特此致函。

××（发文单位）（印章）

××年×月×日

（联系人：××××　　电话：××××）

（九）纪要

案例76

原稿

××工程规划设计方案讨论会纪要

××月××日，在公司第××会议室，×××主持召开了××工程规划方案讨论会，会议听取了设计公司关于××工程规划方案的汇报。与会人员进行了认真讨论。

会议指出××工程规划建设在依法合规的基础上，相关单位和部门进一步研究建设模式，做到独立运行，规范运作。各部门共同办理立项手续，协调招标事宜，勘察设计原则上沿用一期工程的勘察设计单位，参与配套图纸各阶段会审，确保水电气暖等配套设计一次完善。会议要求设计公司××月中旬完成修建性详规和单体方案设计，达到规划报批条件。

会议原则通过工程规划设计方案，要求规划设计按照“依法合规、方便使用、安全、经济、节能、环保、美化”的原则，工程规划设计要做到“三个不变，两个改变”：

“三个不变”：1. 原有规划设计风格不变；2. 各规划区内房屋户型平面布局不变；3. 建设标准不变。

“两个改变”：1. 根据国家规范标准的变化而改变；2. 根据一期工程建设经验而改变，完善细部设计。

同时，会议进一步明确：

（一）规划总平面不变；每个规划区只设置两个出入口，其中一个设置门卫房；小区总图设计要考虑充电桩位置。

（二）户型确定为××型、××型和××型三种，以××型为主；××型住宅户数适当调整，维持在××套左右，集中布置在××和××区域。

（三）在满足规划设计条件的前提下，各区的规划建筑面积要仔细核对，用足容积率。

（四）设计公司负责工程的景观绿化方案设计，要做到与系统配套设计同步完成。

（五）规划区安防监控、智能化规划要本着实事求是、方便使用的原则，适度布设；在满足规范的基础上，消防监控尽可能集中布置。

（六）商业街及高层底商方案进一步完善和细化，×月底前完成方案设计，专题进行讨论。

评析

该例文是一份就某项工程规划设计方案召开讨论会后，形成的专题工作会议纪要。就原稿进行分析，主要存在以下问题：

1. 结构不完整。缺少与会人员和必要的过渡语等内容。

2. 内容表述繁琐。纪要和会议记录不一样，不是有言必录，而是择“要”而记，要将会议情况和议定事项摘要记载。如该文稿中的“会议指出”可以删除。

3. 标点符号标识错误。公文的结构层次序数依次可以用“一、”“（一）”“1.”“（1）”。而文稿中错标了“1、”，显然与公文格式要求不符。

4. 表述交叉重复、条理性不够。该文稿中的“会议要求”“明确事项”布局分散，你中有我、我中有你；过多地单列并强调“三个不变，两个改变”，这明显不符合会议纪要的撰写要求。还存在语序错乱、偷换主语等问题。

5. 工作分工不明确。该会议就相关工作作了分工部署、提出了明确要求，但没有全部落实到责任部门，交代不清，不利于会议决议事项的贯彻落实。

修改

与拟稿部门沟通结合，了解部门分工、出席和列席人员等会议综合情况，并补充相关资料；根据会议纪录，梳理会议主要情况及议定事项，按照先总体、后具体的顺序，先记录原则性事项，再记录具体性事项，最后搭建构架、精炼文字，做到择“要”而记，条理清晰，内容明确，轻重有序，分工落实。

修改稿

××工程规划设计方案讨论会纪要

××年×月×日下午，在公司××会议室，××主持召开办公会议，专题研究××工程规划设计方案。与会人员进行了研究讨论，现将会议议定事项纪要如下：

会议原则同意设计公司提出的××工程规划设计方案，要求按照“依法合规、方便使用、安全、经济、节能、环保、美化”原则，做到规划设计“三个不变”（设计风格、平面布局、建设标准不变）和“两个改变”（根据国家规范标准的变化而改变；根据一期工程建设经验而改变，完善细部设计）。

会议要求，××工程规划建设，要在依法合规基础上，进一步研究建设模式，做到独立运行、规范运作。××部门负责办理工程立项手续，××部门积极配合；××部门负责与××市有关部门协调招标事宜；设计公司要于××月中旬完成修建性详规和单体方案设计，达到规划报批条件。

会议明确：

一、规划总平面不变。每个规划区设置两个出入口，其中之一设置门卫房，总图设计要考虑充电桩位置。

二、各规划区内房屋户型确定为××型、××型和××型三种，以××型为主。在满足规划设计条件的前提下，设计公司要仔细核对各规划区建筑面积，用足容积率。

三、设计公司负责工程的景观绿化方案设计，要做到与系统配套设计同步完成；要进一步完善细化商业街及高层底商方案，并于××月底前完成方案设计，再组织讨论。

四、设计公司要本着实事求是、方便使用的原则，对规划安防监控及智能化进行适度布设。同时，在满足规范的基础上，尽可能集中布置消防监控。

出席：××××。

请假：××××。

列席：××××。

▶ 案例77

原稿

关于听取××××发展规划方案的会议纪要

2016年××月××日，在公司第三会议室，副总经理×××主持召开专题会议，听取××××关于发展规划方案的汇报。会议充分肯定了公司开展×××工作的必要性及方案的务实性和可操作性。会议议定：

一、以×××为主体，组建公司可研团队，对下属单位采取市场化的方式进行运作，公司系统内人力资源可统筹调配，2017年务必正式开展可研工作。

二、关于咨询和设计资质的获取。可采取合作挂靠、按规定程序申办及收购等三种方式进行。

三、关于人员问题。对于具备相应资质证书的核心专业技术人员原则上可直接调入引进，重要的专业技术人员可先借调到下属单位，然后安排到××公司工作，要以开放的思路，采取多种合作方式，充分利用社会上的人力资源为我所用。

四、要鼓励学习，加强培训。请××××处在制定2017年培训计划时做好两项工作，一是制定有针对性的取证培训、实践培训、应急培训等专题培训计划；二是制定鼓励政策，鼓励员工学习和取证。

五、请××××根据本次会议精神和可研工作的要求，提出人员引进和可研资质获取的具体工作方案，方案要简明便于操作；抓紧对公司2017年要开展的可研工作进行调研，收集和总结公司近年来的项目可研报告，结合安评、环评、能评、职业卫生评价和可研目标，做好衔接工作，进一步细化2017年可研工作计划。

评析

该例文是一份听取专项工作汇报会后形成的专题会议纪要。就原稿进行熟读分析，主要存在以下问题：

1. 标题不准确。对于会议纪要的标题，很少使用“关于××的会议纪要”的写法，应改为“××发展规划方案汇报会纪要”。这样写更加简洁明了直观。

2. 结构不完整、不紧凑。缺少与会人员等内容，整体结构尚有进一步优化整理的空间和余地。

3. 表述繁琐、散乱。一般情况下，会议纪要第一段主要表述会议的基本情况及过渡语。应将该例文第一段中“会议充分肯定××”改为“会议原则同意××”并调整到第二段首，作为会议议定事项来处理。再如例文“四、关于人员问题”，内涵偏大、外延偏小，偏离主题，扩大外延或予以删除能表达得更加准确。

4. 要求不具体。如例文“三、”里的内容，事项大家都明白，但不具体，没有实际可操作性。

5. 职责不明确。专题会议大都研究具体重要事项，会后往往需要部门据此开展工作。而该例文中罗列了多项工作，却没有明确执行落实部门，难免形成一纸空文，这是很大的失误。

修改

一定要了解会议的背景和全过程，并吃透会议精神。在此基础上，与起草部门进行充分结合，理清会议议定的主要事项和具体要求后，再按照会议纪要的写作规范进行整理，确保达到文字精炼、要点突出、表述准确、条理清楚、职责清晰、具体可行的效果。

修改稿

××发展规划方案汇报会议纪要

2016年××月××日，在公司第三会议室，××主持召开专题会议，听取了××处关于××发展规划方案的汇报。与会人员进行了研究讨论，现将会议议定事项纪要如下：

一、会议原则通过××发展规划方案，请××处根据会议讨论意见和建议予以修改完善。

二、会议明确，一是以××为主体，组建公司可研团队，并务必于2017年正式开展可研工作。二是按照先易后难的原则，可采取合作挂靠、按规定程序申办及收购三种方式，确保取得咨询和设计资质。

三、会议要求

（一）××处要做好选人用人工作。一是统筹调配公司内部人力资源，对于具备相应资质证书的核心专业技术人员，原则上可直接调整到位。同时，要加强人才引进，通过合作等方式，择优用好公司外部人力资源。同时，负责做好人才引进和可研资质具体方案的优化细化工作，报公司审定后组织实施。

（二）××处要抓紧开展可研工作前期调研，并进一步细化完善2017年可研工作计划。

出席：××××。

请假：××××。

列席：××××。

（十）规章制度

案例78

原稿

××公司用火作业安全管理实施细则

1　基本要求

1.1　本规定适用于××公司所属单位及承揽本公司工程的施工单位，不适用于炼化、海（水）上等用火作业。

1.2　用火作业是指在具有火灾爆炸危险场所内进行的涉火施工作业。

1.3　用火作业的主要类型

1.3.1　气焊、电焊、铅焊、锡焊、塑料焊等各种焊接作业及气割、等离子切割机、砂轮机、磨光机等各种金属切割作业。

1.3.2　使用喷灯、液化气炉、火炉、电炉等明火作业。

1.3.3　烧（烤、煨）管线、熬沥青、炒砂子、铁锤击（产生火花）物件，喷砂和产生火花的其他作业。

1.3.4　生产装置和罐区联接临时电源并使用非防爆电器设备和电动工具。

1.3.5　使用雷管、炸药等进行爆破作业。

1.4　用火作业分特级、一级和二级用火三个级别，具体划分见附件6.1。附件列举内容以外的用火分级由所属单位研究决定。

1.5　用火作业实行作业审批制度。用火单位在用火作业前必须办理《胜利油田用火作业许可证》（以下简称用火许可证，见附件6.2）。

1.6　用火作业涉及进入受限空间、临时用电、高处作业、破土作业等直接作业环节时，用火单位应按规定办理相应作业许可证。

1.7　用火单位应对用火作业实行全程视频监控。

1.8　用火许可证审批人和监护人应接受二级单位安全监督管理部门组织的业务培训，具备审批人、监护人资格。

1.9　用火作业实行“三不用火”原则，即无用火作业许可证不用火、用火监护人不在现场不用火、防护措施不落实不用火。

2　职责分工

2.1　管理分工

2.1.1　用火单位为用火作业责任主体，对用火作业全过程负监督管理责任，应指派用火现场监护人。

2.1.2　施工单位为用火作业施工责任主体，对用火作业施工负主体责任，应指派用火现场监护人和负责人。

2.1.3　按照“管业务必须管安全”的原则，用火单位业务主管部门对业务范围内的用火作业负管理责任，对用火作业实施全过程安全监管。

2.1.4　用火单位安全监督管理部门有权检查用火作业现场安全生产情况并及时制止违章行为，并根据违章情节，对违章者提出处理意见。

2.1.5　消防部门有权检查用火作业情况，在发现违反用火管理制度或危险用火作业时，有权收回用火许可证、停止用火。

2.2　用火审批人资格及职责

2.2.1　用火审批人应具备二级单位安全监督管理部门认可的审批资格。

2.2.2　用火作业前，用火审批人应进行现场检查，组织双方（即用火单位、施工单位，下同）共同落实防火措施后，方可审签用火许可证。

2.3　用火作业人资格及职责

2.3.1　用火作业人应持有有效的本岗位工种作业证。

2.3.2　用火作业人应严格执行“三不用火”原则，有权拒绝违章指挥、违反劳动纪律的行为。

2.4　用火监护人资格及职责

2.4.1　用火监护人由双方单位各指派一名熟悉生产工艺操作和设备状况的人员担任，并具备二级单位安全监督管理部门认可的用火监护人资格。

2.4.2　用火监护人应了解用火区域或岗位的生产过程；有较强的责任心，出现问题能正确处理；有处理应对突发事故的能力。

2.4.3　用火监护人接到用火许可证后，应在施工前勘查现场，逐项检查落实防火措施。

2.4.4　实施用火过程中，用火监护人应佩戴明显标志，不得随意离开用火现场，确需离开时，收回用火许可证，暂停用火。

2.4.5　用火监护人当发现用火部位与许可证不相符合，或者用火安全措施不落实时，有权制止用火；当用火出现异常情况时应及时采取措施，有权停止用火；当用火作业人不执行“三不用火”原则且不听劝阻时，监护人有权收回许可证，并向上级报告。

2.5　用火负责人资格及职责

2.5.1　用火负责人由施工单位的项目负责人担任，应掌握用火安全技术知识，持有《安全资格证书》，具有应对突发事件的能力。

2.5.2　用火负责人应在施工前勘查现场，熟悉用火系统的工艺、设备状况。

2.5.3　实施用火过程中，用火负责人应佩戴明显标志，负责用火作业全过程的指挥与协调。

2.5.4 用火负责人不得增加用火许可证以外的项目，不得随意离开用火现场，确需离开时，收回用火许可证，暂停用火。

3 管理内容及要求

3.1 用火申请

3.1.1 按照“谁的业务谁申请”的原则，由基层用火单位提出申请，会同施工单位按照用火级别审批程序报本单位业务部门、业务主管领导审批。

3.1.2 特级和一级用火应由三级单位业务主管部门会同施工单位编制《用火作业指导书》。其中，特级《用火作业指导书》须报二级单位业务主管部门审批，并报二级安全监督管理部门备案。《用火作业指导书》应包括但不限于安全施工方案、技术与安全交底、采样检测、JSA分析（工作安全分析）、用火前措施确认及应急预案等内容。

3.1.3 二级单位安全监督管理部门最迟于用火作业前1日内，通过网上办公平台，将特级用火涉及的用火时间、地点、部位及措施等主要信息上传至安全环保处备案。

3.2 用火审批

3.2.1 二级单位应明确各级用火审批人。审批人外出时，审批人可委托一名授权人代理审批，授权委托必须有书面材料。

3.2.2 特级用火须经二级单位业务主管部门审核后，由二级单位业务主管领导审批签发，授权人为同级代管领导。一级用火由三级单位业务主管领导审批签发。二级用火由三级单位业务主管人员审批签发。

3.2.3 各级用火审批人应严格按照用火作业分级标准，审批相应等级的用火报告，不得越级、降级审批。

3.3 危害识别

3.3.1 用火作业前，用火单位应会同施工单位运用JSA分析等方法，对现场和作业过程中可能存在的危害因素进行风险分析，制定相应的作业程序及安全措施。

3.3.2 制定的安全措施应在用火许可证中进行落实确认。

3.4 用火分析

3.4.1 用火作业前，施工单位应会同用火单位进行环境气体检测分析，并将分析数据填入《用火作业指导书》采样检测数据表中。

3.4.2 当可燃气体爆炸下限大于4%时，检测数据小于0.5%（12.5%LEL）为合格；可燃气体爆炸下限小于4%时，检测数据小于0.2%（5%LEL）为合格；在生产、使用、储存氧气的设备上进行用火作业，设备内氧含量不应超过23.5%。对采用惰性气体置换的系统检测分析，不得采用触媒燃烧式检测仪直接进行检测。

3.4.3 用火分析应保持一定有效期。用火分析与用火作业间隔一般不超过30分钟，如现场条件不允许，间隔时间可适当放宽，但不应超过60分钟。

3.5 安全措施

3.5.1 在正常运行生产区域内，要尽可能减少用火作业。凡可用可不用的用火一律不用火，凡能拆下来的设备、管线均应拆下来移到安全地方用火。

3.5.2 一张用火作业许可证只限一处用火，实行一处（一个用火地点）、一证（用火许可证）、双人（监护人）管理。

3.5.3 特级、一级用火许可证有效时间不超过8小时；二级用火许可证不超过48小时。

3.5.4 用火区域应设置警戒线，备齐消防器材并清除用火点15米范围内的可燃物。特级用火应根据现场情况，安排消防车执勤。

3.5.5 首次用火前，由用火许可证审批人组织用火单位和施工单位落实安全防护措施，并在许可证中签字确认。业务主管部门应组织技术与安全交底，并将交底内容填入《用火作业指导书》中。

3.5.6 用火负责人、用火作业人对安全防护措施确认无误后签字，由用火负责人下达实施用火指令。

3.5.7 用火作业现场条件发生变化或中途停工1小时（含）以上的，应再次对现场安全措施进行逐项确认，并在《用火作业指导书》安全措施确认表中签字。

3.5.8 生产装置或系统全部停车且在采取清洗、置换、分析合格、安全隔离等措施后的长周期用火，用火许可证可按5天审批1次。除首次用火执行3.5.5条规定外，其余每日用火作业前，还应由业务主管部门会同用火负责人、监护人、作业人共同对现场进行检查并在《用火作业指导书》会签栏中签字确认。

3.5.9 每日用火结束后，应由用火负责人、监护人、作业人共同对现场进行验收并在《用火作业指导书》会签栏中签字后方可离开。

3.5.10 在法定节假日（公休日除外）期间，以及雨雪天、五级风以上等恶劣天气时，不得进行特级用火作业，如需用火作业应升级管理。

3.5.11 采用置换用火时，应切断物料来源，加装隔离盲板，并经吹扫、清洗、置换、采样分析合格后方可用火。

3.5.12 用火期间，用火警戒区域内严禁其他交叉作业。距用火点30米内严禁排放各类可燃气体，15米内严禁排放各类可燃液体。

3.5.13 用火期间，监护人应佩带便携式可燃气体报警仪，全程进行监测。当可燃气体报警仪报警时，应立即查明原因。遇有突发险情，负责人、监护人有权下达停止用火和人员撤离指令。

3.5.14 应急情况下的作业用火

3.5.14.1 二级单位应针对可能发生的应急用火环境、级别，提前制定应急用火安全措施确认表。

3.5.14.2 发生特级、一级应急用火时，二级单位业务主管领导或受委托的同级领导应到现场组织落实安全防护措施。发生二级应急用火时，三级生产单位业务主管领导或受委托的同级领导应到现场组织落实安全防护措施。

3.5.14.3 用火作业人、监护人、负责人对现场安全防护措施确认无误后，在应急用火安全措施确认表中签字。业务主管领导或受委托的同级领导现场审签后，由负责人下达实施用火指令。

3.5.14.4 用火结束后，用火安全措施确认表由用火点所在的操作控制室或岗位保留。

3.6 许可证管理

3.6.1 用火许可证是用火作业的凭证和依据，不应随意涂改，不应代签，应妥善保管。

3.6.2 用火许可证一式四联，第一联存放在业务主管部门，第二联由用火作业人持有，第三联由用火监护人持有，第四联存放在用火点所在的操作控制室或岗位。

3.6.3 用火完工验收签字后，用火监护人持有的第三联许可证应由安全监督管理部门统一保存，按月归档，保存期限为1年。

4 其他规定

4.1 ××公司涉海单位的海（水）上石油设施用火作业应按照SY 6303《海上石油设施动火作业安全规程》执行。

4.2 ××等单位应按照《××公司用火作业安全管理规定》，结合炼化、销售行业有关标准，制定本单位用火管理实施细则，并报××部门审查备案。

5 监督检查与考核

5.1 各级安全监督管理部门及业务管理部门随时对本单位用火作业的安全管理和现场情况进行督查。

5.2 各级安全监督管理部门及业务管理部门对发现不按规定办理及审批用火许可证、不按规定落实安全措施、存在严重安全隐患和严重违章行为的施工项目，应立即停工并给予处罚。

5.3 ××部门对用火作业检查中查出的问题，依据《××公司HSE考核管理规定》进行考核。

6 附件

6.1 用火作业分级

6.2 《用火作业许可证》

评析

该例文是为实施上级机关用火作业安全管理规定，结合企业实际，制定的详细具体的细则，与上级机关用火作业安全管理规定配套使用，目的是对原规定条文进行细化并堵住原规定条文中的漏洞，使原规定在本企业发挥出具体入微的实施效应，具有派生性、解释性、补充性和可操作性等特点。就原文进行梳理分析，主要存在以下问题：

1. 整个结构层级错乱。文稿“2 职责分工”中明确了单位职责分工，但又罗列着岗位人员资格和职责，显然相互不匹配；“3 管理内容及要求”中的“用火申请”与“用火审批”两个层级，可以合并为“用火作业审批”一个层级；随意插入“4 其他规定”，等等。

2. 称谓错误、过多。文稿中1.1条款一开始就把“细则”写成“规定”。这里需要引起高度重视的是，在规章制度类文件拟制过程中，往往存在照抄照转、生搬硬套、脱离实际等习惯做法。在审核规章制度类公文过程中，必须予以杜绝，并举一反三，做到滴水不漏。文稿中还有“用火单位、施工单位、基层用火单位、三级单位、二级单位、涉海单位”等多个称呼混乱，让人费解，难以区分。

3. 概念表达不准，适用范围不明。文稿中“用火作业”“用火申请、用火审批、用火分析”等概念表达的内涵不准确、不明确、不清楚、不具体，存在严重不确定性，使适用范围模糊，容易造成制度无法落地。还应将企业用火作业全部业务罗列齐全，并分类明确具体适用范围，避免不同用火作业相互交叉。同时，要注意从正面表述，如将“不适用于”改为具体适应的规程或规定。

4. 违反统一律。文稿中对于同一概念的表述前后一致，极易形成错误概念或不同概念的错觉，违反统一律。例如：有“一级用火”与“一级用火作业”“一级应急用火”与“一级应急用火作业”“用火单位”与“基层用火单位”等不同的表述。

5. 主体不明、职责不清。文稿中除了单位称呼过多混乱外，还有岗位人员，如：用火监护人、用火作业人、用火审批人等多种表述，甚至部分用火作业人还是外部施工单位人员。显然，这些混乱的表述，导致了主体不明、职责不清。

6. 语言模糊，交代不明。既然是“实施细则”，就是对上级规定的细化具体化，以使制度更加明确、更易操作，也就是说应该把每个流程每个节点交代清楚具体做什么、怎么做、做到什么程度、有什么具体要求。文稿中多处应该明确的反而使用模糊语言，虽然讲了，但也不清不明，让人无所适从，更谈不上照此执行了。例如“1.7用火单位应按规定办理相关作业许可证”中，就有两个模糊之处：一是“按规定”，到底是什么规定，恐怕只有起草人知道了；二是“相关作业许可证”也存在同样问题。

7. 脱离实际、操作性不强。称谓过多混乱，不仅导致主体不明、职责不清，而且使用火作业审批脱离工作实际，让人分不清哪个环节到底由哪级单位审批，进而导致该制度实践性和操作性不强。如果不加以修改完善，即使印发，该制度也形同虚设。

8. 引用不规范。文稿中多处引用存在不全、不规范的现象。正确的引用方法是“发文机关+文件名+文件号”，文件名中包含发文机关名称的，可省略“发文机关”。

9. 附件标注重复。在公文正文中标注了附件，则不能再在正文结尾处重复标注附件，两者只能选择其一。

10. 不同程度地存在语句不顺、语法不通、偷换主语、语序颠倒等或大或小的问题，这里不再逐一赘述。

修改

该类文稿的审核有相当大的难度，需要综合的素质能力，即一方面要掌握一定的专业理论知识，有具体工作实践认识；另一方面，要有较高的综合文字表达能力，还要具备一定的逻辑学基础和核稿经验。总之，一定要字斟句酌、推敲提炼，确保字稳句稳、通篇通顺、自成体系，让人看得十分清楚明白，没有歧义。

修改稿

××公司用火作业安全管理实施细则

1　基本要求

1.1　本细则所称用火作业是指××公司各单位在具有火灾爆炸危险场所内进行的涉火施工作业。

1.2　本细则适用于××公司陆上油气开发、储运、基本建设等用火作业。涉海用火作业执行《海上石油设施动火作业安全规程》（SY 6303），炼化、油气销售用火作业执行《××总部用火作业安全管理规定》（××××〔××〕××号）。

1.3　用火作业的主要类型

1.3.1　使用气焊、电焊、铅焊、锡焊、塑料焊等设备进行的焊接作业。

1.3.2　使用气割机、等离子切割机、砂轮机、磨光机等设备进行的切割作业。

1.3.3　使用喷灯、液化气炉、火炉、电炉等设备进行的明火作业；

1.3.4　烧（烤、煨）管线、熬沥青、炒砂子、铁锤击（产生火花）物件、喷砂作业，以及产生火花的其他作业。

1.3.5　生产装置和罐区连接临时电源并使用非防爆电器设备和电动工具的作业。

1.3.6　使用雷管、炸药等爆炸物的爆破作业。

1.4　油田用火作业分为特级、一级和二级3个级别。

1.5　对涉及进入受限空间、临时用电、高处作业、破土作业等直接作业环节的用火作业，用火单位除办理《用火作业许可证》（以下简称《许可证》）外，还应按照《××总部作业许可管理规定》（××××〔××〕××号）办理相应直接作业环节的作业许可证。

1.6　用火作业坚持“三不用火”原则，即无《许可证》不用火、用火监护人不在现场不用火、防护措施不落实不用火。

1.7　用火单位要依据《××总部安全视频监控系统配置管理规定》（××××〔××〕××号），对用火作业实行全程视频监控。

1.8　在生产设施正常运行区域内，要尽量避免用火作业；确实无法避免的，要按照本细则规定严格履行用火作业审批程序。

1.9　对可拆除且拆除后不影响整体生产装置或系统正常运行的设施进行用火作业，一律将其拆除并移至安全区域后进行。

2　用火单位职责

用火单位为用火作业责任主体，对用火作业全过程负监管责任，逐级指定用火审批人、指派用火监护人，组织对用火审批人、本单位及施工方的用火监护人进行用火作业管理业务培训并颁发资格证书，监督施工方做好用火作业安全管理工作。

3　管理内容及要求

3.1　用火作业审批

3.1.1　用火作业实行审批制度。按照“谁的业务谁申请”的原则，用火作业所在班（站）提出申请，会同施工队伍填写《许可证》，按照用火作业的级别分别报相应层级的用火审批人审批。

3.1.2　用火单位逐级指定用火审批人审批相应层级的用火作业。用火审批人不得越级或降级审批用火作业；因出差等原因不能履行审批权时，应提前以书面形式委托代理人。

3.1.3　对特级、一级用火作业，用火作业所在班（站）会同施工队伍编制《用火作业指导书》。其中，特级用火的《用火作业指导书》须经用火单位业务主管部门审批、安全监督管理部门备案；一级用火的《用火作业指导书》由用火作业所在班（站）的上级单位留存备查。《用火作业指导书》内容包括但不限于安全施工方案、技术与安全交底、采样检测、JSA分析（工作安全分析，下同）、用火前安全措施确认及应急预案等。

3.1.4　用火审批人必须在现场勘察、督促落实安全措施后，方可审签《许可证》。

3.1.5　对特级用火作业，用火单位至少提前1个工作日，通过××公司工业用火网上办公平台，将用火作业所在区域（地点）、设施及部位、采取的安全措施等主要信息报××部门备案。

3.2　危害识别

用火作业前，用火单位负责组织施工方运用JSA分析等方法，对用火作业存在的危害因素进行识别和风险分析，确定作业程序，落实《许可证》中明确的安全措施。需要新增安全措施的，填写在《许可证》“补充措施”栏中并予以落实。

3.3 环境气体检测分析

3.3.1 用火作业前，用火单位负责组织施工方进行环境气体检测分析，并将检测分析结果填入《许可证》。

3.3.2 对于可燃气体爆炸下限浓度不小于4%的，实际浓度检测结果小于0.5%为合格；可燃气体爆炸下限浓度小于4%的，实际浓度检测结果小于0.2%为合格。对生产、使用、储存氧气的设施进行用火作业，设施内氧气含量不得超过23.5%。

3.3.3 环境气体检测分析与用火作业间隔时间一般不超过30分钟；受检测条件限制等因素影响需延长的，间隔时间不应超过60分钟。

3.3.4 采用惰性气体置换方法进行环境气体检测分析时，不得使用触媒燃烧式检测仪直接检测。

3.4 用火作业安全措施

3.4.1 用火负责人由施工方项目负责人担任，须持有县（含）级以上地方政府安全监督管理部门核发的《安全资格证书》，熟练掌握用火安全技术知识，并具有用火作业突发事件处置能力；用火单位及施工方用火监护人均须接受用火单位组织的用火作业管理业务培训，取得用火监护人资格；用火作业人均须持有施工所属工种的岗位作业证。

3.4.2 每张《许可证》仅限于1处用火作业。特级、一级用火作业的《许可证》有效时间不超过8小时，二级用火作业的《许可证》有效时间不超过48小时。

3.4.3 对带有压力且不置换介质的设施进行用火作业，按特级用火作业进行管理；对已停运且经清洗、置换、环境气体检测分析合格，并采取安全隔离措施的设施进行用火作业，经相应层级的用火审批人批准，按二级用火作业进行管理。

3.4.4 对生产、储存、输送可燃物料的设备、容器及管道进行用火作业，应切断物料来源并进行可靠封堵隔离，经彻底吹扫、清洗、置换和环境气体检测分析合格后方可。

3.4.5 对盛装或输送可燃气体、可燃液体、有毒有害介质或其他重要运行设备、容器、管线进行焊接用火作业，用火单位要监督施工方编制施工方案，并对设备、容器、管线的壁厚进行检测合格后方可。

3.4.6 用火单位要监督施工方在用火作业现场设置警戒线，备齐消防器材。警戒区域内严禁其他交叉作业，用火点半径15米范围内严禁排放各类可燃液体，半径30米范围内严禁排放各类可燃气体。对特级用火作业，应根据现场情况安排消防车执勤。

3.4.7 用火作业前，用火单位对施工方进行用火作业技术与安全交底，并将交底内容填入《用火作业指导书》。

3.4.8 用火负责人在勘查现场，会同用火作业人、用火监护人共同确认安全措施已落实并在《许可证》上签字后，下达用火指令。用火作业过程中，用火负责人应佩戴明显标志，全程指挥、协调用火作业，不得新增用火作业项目。

3.4.9 用火作业过程中，用火监护人应佩戴明显标志，并携带便携式可燃气体报警仪，实施全程监测，不得擅自离开用火作业现场；确需离开的，须收回用火作业人的《许可证》并暂停用火作业。发现用火作业与《许可证》登记内容不符，安全措施未落实，出现异常情况，以及"三不用火"原则执行不到位的，用火监护人有权停止用火作业，收回用火作业人的《许可证》并向用火单位安全监督管理部门报告。

3.4.10 用火作业人须严格执行"三不用火"原则，有权拒绝违章指挥行为。

3.4.11 用火作业过程中遇到突发险情，用火负责人、用火监护人均有权下达停止用火和撤离人员的指令。

3.4.12 用火作业现场条件发生变化或中途停工的，恢复作业前，由用火负责人会同用火作业人、用火监护人再次对安全措施进行逐项确认，并在《用火作业指导书》上签字确认。

3.4.13 用火作业完工后，用火单位及施工方共同组织完工验收。验收合格的，由用火负责人、用火作业人、用火监护人在《许可证》上签字确认；验收不合格的，由用火单位督促施工方整改，直至完工验收合格。

3.4.14 在法定节假日（公休日除外）期间，以及遇雨雪天、五（含）级风以上等恶劣天气时，不得进行特级用火作业；对确需实施的一级、二级用火作业，均进行升级管理。

3.5 应急用火作业

3.5.1 应急用火作业须制作《应急用火作业安全措施确认表》，用火审批人须到现场组织落实安全措施。

3.5.2 确认现场安全措施落实后，用火负责人先会同用火监护人、用火审批人在《应急用火作业安全措施确认表》上签字，再下达用火指令。

3.5.3 应急用火作业结束后，《应急用火作业安全措施确认表》由用火作业所在班（站）保存，保存期限为1年。

4 检查与考核

4.1 ××部门负责采取“四不两直”方式，组织对用火单位用火作业管理情况进行检查，并按照××公司HSE考核办法进行考核。

4.2 用火单位负责组织本单位用火作业检查，发现用火作业存在《许可证》办理不规范、安全措施未落实、严重安全隐患和严重违章行为等情况的，应立即责令停止用火作业，并依据本单位HSE考核实施细则对责任单位和人员进行处理。

5 附件

5.1 用火作业分级

5.2 用火作业许可证

二、常用公文写作参考模板

（一）决定

1. 重要事项决定

关于××（事由）的决定

为了××××××（目的），根据××××××（依据），经研究，决定：

一、××××××。

二、××××××。

三、××××××。

××（发文单位）（印章）

××年×月×日

2. 嘉奖决定

关于表彰××的决定

最近，××××××（被表彰人员或单位的事迹）。××××××（被表彰事迹产生的积极影响和表现出的精神）。

为了××××××（表彰目的），根据××××××（表彰依据），决定对××等予以表彰（或授予×××等××××××称号）。

希望××××××（号召向先进学习，提出更高的工作要求和希望）。

附件：表彰名单

××（发文单位）（印章）

××年×月×日

3. 处分决定

关于给予××处分的决定

最近，××××××（违规违纪事实）。××××××（造成的危害和产生的不良影响）。

为了××××××（目的主旨），根据××××××（处分依据），经研究，决定给予××（受处理的人或单位）××××××（处分决定）的处分。

××（发文单位）（印章）

××年×月×日

（二）通知

1. 指示性通知

关于××（拟采取措施）的通知

××××（主送机关）：

近期，××××××（从正反两方面分析面临的形势和存在的问题）。××××××（指出采取进一步措施的重要性、必要性和紧迫性）。根据××××××（依据），为了××××××（目的主旨），确定××××××（拟采取措施）。现就有关事项通知如下：

一、××××××。

二、××××××。

三、××××××。

……（通知的具体内容）

××××××（提出希望和要求）。

××（发文单位）（印章）

××年×月×日

2. 周知性通知

关于启用××（单位或机构）印章的通知

××××（主送机关）：

根据××××××（依据），现启用（刻制）××××印章×枚（机构更名时，需注明原××××印章同时废止）。

附件：印模式样

××（发文单位）（印章）

××年×月×日

关于成立××（机构）的通知

××××（主送机关）：

为了××××××（目的），根据××××××（依据），决定成立××××（机构）。现将有关事项通知如下：

一、××××（机构）成员名单

××××××。

二、××××（机构）的主要职责

（一）××××××；

（二）××××××。

……

三、××××（机构）下设办公室，主要负责××××××工作。

××××××（其他需要说明的事项）。

××（发文单位）（印章）

××年×月×日

3. 任免通知

关于××等××人职务任免的通知

××××（主送机关）：

经××××研究，决定：

聘任×××为××××××；

聘任×××为××××××；

解聘×××的××××××（职务）。

××（发文单位）（印章）

××年×月×日

4. 印发、转发性通知

关于印发《××规定》的通知

××××（主送机关）：

现将《××××××规定》印发给你们，请认真遵照执行。

××（发文单位）（印章）

××年×月×日

关于转发××的通知

××××（主送机关）：

为了××××××（目的），现将××××（上级单位或有关业务主管部门)《××××××》(文号)转发给你们,请结合实际,认真贯彻执行。

×××××(具体贯彻意见)。

××(发文单位)(印章)

××年×月×日

5. **会议通知**

关于召开××会议的通知

××××(主送机关):

为了××××××(目的),根据××××××(依据),××××(主办单位)决定召开××××××会议。现将有关事项通知如下:

一、会议内容:××××××。

二、参会人员:××××××。

三、会议时间、地点:××××××。

四、其他事项

(一)请与会人员持会议通知到××××××报到,××××××(食宿费用安排)。

(二)请将会议回执于××年×月×日前传真至××××(会议主办或承办单位)。

(三)××××××(其他需提示事项,如会议材料的准备等)。

(四)联系人及电话:×××××××。

××(发文单位)(印章)

××年×月×日

通　知

××××（主送机关）：

现定于×月×日×时，由×××主持，在××××（地点）召开××××××会议。会议主要内容（议题）是××××××，请××××××参加。

请于×月×日前将参会人员名单（车号）报××××（凭会议通知进大门）。

联系人：×××

电话：××××、××××（传真）

××（发文单位）（印章）

××年×月×日

（三）通报

1. 表彰通报

关于表彰（奖励）××（集体或个人）的通报

××××（主送机关）：

××××××（表彰奖励对象的先进事迹）。××××××（产生的积极影响和表现出的精神）。为了××××××（目的），根据××××××（依据），经××××研究，决定对×××等予以通报表彰。

希望××××××（号召向先进学习，提出更高的工作要求和希望）。

××（发文单位）（印章）

××年×月×日

2. 批评通报

> **关于××问题的通报**
>
> ××××（主送机关）：
>
> ××××××（通报×××违规违纪的事实和做法）。
>
> 经查，××××××（调查结果）。
>
> 为了××××××（目的），根据××××××（依据），经研究，××××××（对通报对象的结论和处理意见）。
>
> ××××××（警示教育和杜绝措施）。
>
> ××（发文单位）（印章）
>
> ××年×月×日

3. 情况通报

> **关于××情况的通报**
>
> ××××（主送机关）：
>
> ××年×月×日，××××（事故、事件责任单位）在××××（地点）发生××××××事故（事件）。××××××（事故或事件的性质）。为了××××××（目的），进一步加强××××××工作，防止此类事故（事件）的发生，现将××××××事故（事件）情况通报如下：
>
> 一、××××××（事故或事件的原因分析）。
>
> 二、××××××（对有关单位和人员的处理情况）。
>
> 三、××××××（应吸取的教训和拟采取的措施等）。
>
> ××（发文单位）（印章）
>
> ××年×月×日

（四）报告

1. 工作报告

关于××工作情况的报告

××××（主送机关）：

根据××××××要求（或××××以来），我单位××××××（概述工作背景或基本情况），对××××××工作进行了认真总结。现将有关情况报告如下：

一、××××××（工作基本情况）。

二、××××××（主要做法和成绩，包括采取的办法、措施和产生的效果等）。

三、××××××（存在的问题，以及拟采取的对策措施）。

四、××××××（下一步工作安排和思路）。

特此报告。

××（发文单位）（印章）

××年×月×日

2. 答复上级单位询问和交办事项的报告

关于××有关情况的报告

××××（主送机关）：

根据××××××要求（或根据×××批示精神，或根据转来的《××××××》要求），我单位对××××××情况进行了认真研究（或我单位对××××××问题进行了调查核实）。现将有关情况报告如下：

一、××××××（事件的过程、原因等）。

二、××××××（经调查核实的情况或处理的依据、结果等）。

三、××××××（下一步拟采取的措施）。

特此报告。

××（发文单位）（印章）

××年×月×日

3. 反映情况的报告

关于××有关情况的报告（紧急报告）

××××（主送机关）：

××年×月×日（最近，近日），××××××（概述“报告”反映情况的产生原由、进展情况和存在的问题）。为了××××××（目的），现将有关情况报告如下：

一、××××××（情况过程和最新事态）。

二、××××××（原因及后果分析）。

三、××××××（已采取的措施及作用）。

四、××××××（下一步拟采取的措施）。

五、××××××（需引起上级机关重视或关注的问题）。

特此报告。

××（发文单位）（印章）

××年×月×日

（五）请示

1. 请求批准的请示

关于××（事由）的请示

××××（主送机关）：

为了××××××（目的），根据××××××（依据），我单位拟××××××（意图主旨）。现报告如下：

一、××××××（基本情况）。

二、××××××（请示事项的必要性和可行性及意见）。

三、××××××（具体方案和请示事项）。

请予批复。

××（发文单位）（印章）

××年×月×日

（联系人：×××　　电话：××××××）

2. 请求解决问题的请示

关于协调解决××问题的请示

××××（主送机关）：

目前，我单位××××××（遇到的问题或困难）。为了××××××（目的），根据××××××（依据），现就××××××（意图主旨）请求如下：

一、××××××（问题的由来）。

二、××××××（问题的不利影响）。

三、××××××（解决问题的积极意义）。

四、××××××（请示内容，即请求协调解决的问题及解决问题的有关建议）。

请予批复。

××（发文单位）（印章）

××年×月×日

（联系人：×××　　电话：××××××）

3. 请求指示的请示

关于××问题的请示

××××（主送机关）：

近日，我单位××××××（在某项工作进行中遇到的问题）。现将有关问题请示如下：

一、××××××（有关情况）。

二、××××××（遇到的问题）。

三、××××××（请示内容，即恳请上级机关对××××××问题作出指示）。

请予批复。

××（发文单位）（印章）

××年×月×日

（联系人：×××　　电话：××××××）

4. 外事请示

关于××出访（赴）××（国家或地区）的请示

××××（主送机关）：

为了×××（出国目的、根据及相关背景介绍），应××××邀请，我单位拟派××××××（职务、姓名）于××年×月×日～×月×日赴×××（国家）或××××地区（港、澳、台）×××（出国具体事项）。在外停留×天，费用××。

请予批复。

××（发文单位）（印章）

××年×月×日

（联系人：××× 电话：××××××）

（六）批复

1. 请示问题批复

关于××有关问题的批复

××××（主送机关）：

你单位《关于××××的请示》（文号）收悉。根据××××××（依据），经研究，同意你们××××××（主旨）。请你们在××××××工作中切实加强领导，确保××××××。

××（发文单位）（印章）

××年×月×日

2. 可研报告批复

关于××可行性研究报告的批复

××××（主送机关）：

你单位《关于××××××可行性研究报告的请示》（文号）收悉。经研究，批复如下：

一、同意你们建设××××××项目。

二、××××××（具体建设内容）。

三、××××××（征地、人员、安全环保事项）。

四、投资控制××××××。

请你单位××××××（其他要求）。

××（发文单位）（印章）

××年×月×日

（七）函

1. 征询意见函

关于征求××××××意见的函

××××（主送机关）：

为了××××××（目的），根据××××××（依据），我单位拟××××××（或我单位研究制定了《××××××》）。现就××××××有关问题征求你单位意见（或现将《××××××》转去），请研究提出修改意见，于××年×月×日前函告××××××。

××（发文单位）（印章）

××年×月×日

（联系人：××× 电话：××××××）

2. 答复意见函

关于××××××有关意见的复函

××××（主送机关）：

你单位《关于征求××××××意见的函》（文号）收悉。经研究，现将有关意见函复如下：

一、原则同意××××××。

二、××××××（具体意见）。

××（发文单位）（印章）

××年×月×日

3. 请求批准函

关于申请××××××的函

××××（主送机关）：

为了××××××（目的），根据××××××（依据），我单位申请××××××。现将有关情况和我们的意见函告如下：

一、××××××（基本情况）。

二、××××××（必要性和可行性及其意义）。

三、××××××（我们的意见）。

现将有关材料随文报送，请予审批。

××（发文单位）（印章）
××年×月×日

（联系人：×××　　电话：××××××）

（八）纪要

××××××会议纪要

（第×期）

××××（制发单位）　　××年×月×日

××年×月×日，×××主持召开××××××会议，×××、×××等（领导）出席会议。会议听取了×××关于××××工作情况汇报。与会人员进行了认真研究讨论，纪要如下：

会议认为，××××××。

会议指出，××××××。

会议决定，××××××。

会议要求，××××××。

出席：×××、×××、×××。

请假：×××、×××、×××、×××。

列席：×××、×××、×××、×××。

中国石化　商密▲5年

中国石化专题会〔××××〕×号

集团公司××××××纪要

××年×月×日上午，××在总部主持召开集团公司××××会议，××、××，以及总部有关部门、专业公司负责人参加会议。××，现将会议精神及要求纪要如下：

一、××××。

二、××××。

三、××××。

出席：××××

送：集团公司、股份公司领导，各总师级领导。

发：××××××××××××

中国石油化工集团公司办公厅　　　　　　××年×月×日印发

第三编

非法定公文写作

非法定公文，即《党政机关公文处理工作条例》中没有明确规定的文种，它们大至工作总结、计划、规划、调查报告、会议记录、会议讲话稿类文书，小到专用书信、便函等。非法定公文在整个公文体系中处于次要、从属地位，既没有法定的格式，也不具备独立的行文资格。尽管如此，作为辅助性公文，非法定公文在国家机关、企事业单位、社会团体等机关中使用范围广，使用频率较高，起着不可替代的作用。

第十一章　内部文书

本章主要讲与我们日常工作密切相关的内部文书，即签报和工作表单。签报作为内部文书，一方面起到总部领导与总部机关部门、专业公司沟通了解情况、部署与落实工作等作用，另一方面也起到规范内部公文流转的作用。作为机关工作人员，了解和正确办理签报是一项必备的基本功。工作表单作为优化文件层类、改进文风作风的重要手段，不但分流了部分“红头文件”、规范了非正式文件的管理，而且具有篇幅短、背景信息全等特点，机关工作人员应认真学习掌握和加以利用。

一、签报

（一）概念

签报是总部机关部门、专业公司（以下统称部门）等向总部领导请示汇报工作、反映情况、报告交办事项处理结果，使总部领导能够及时全面掌握工作动态并作出指示的机关内部文书。

（二）基本要求

1.《签报》包括请示、报告两种形式。请示要求明确问题，说明理由，并提出解决的意见和办法，必要时附有关资料加以说明。报告要求观点明确，条理清楚，详略得当，实事求是。《签报》要求一事一报，文字简练。

2. 主办部门负责人需签字，保证文稿合法合规、文字准确、格式规范、部门内流程完整，主办部门确定是否需会签、总师审核/联签。总师审核/联签后再提交办公厅（总裁办）核稿。

3. 凡签报所请示、报告的内容涉及其他部门业务范围的，要先行会签。

如意见不一致，会签部门要及时反馈，并由负责同志签字后退呈报部门，必要时由呈报部门牵头协商，待意见一致后呈报。签署时要签署负责人姓名和时间，以示负责。

4. 签报所涉一般情况呈送总部分管领导，涉及重大、全局事项须同时呈送主要领导。

5. 办公厅核稿人员按照“三重一大”、内控制度要求确定上会建议，或主送领导。如需上会，董事长办公会、党组会需主要领导签字，总经理办公会需总经理签字，总裁办公会需总裁签字，总经理总裁联席办公会需总经理签字。

6. 签报不得直送或横传。

7. 签报由呈报单位根据内容按照有关保密规定标明密级。企业核心商秘和国家秘密文件通过纸质方式流转。

8. 签报由呈报单位根据内容的急缓程度标明紧急程度。

9. 签报要标注字号。属集团部门在“中国石化”后“签”字前填写“集××”，属股份部门填写“股××”。××为部门发文代字。例如：集团财务部综合管理处标注字为“集财综”等；签报号为呈报部门流水号。

（三）基本流程

签报办理的基本流程为：拟稿、处室审核、部门办公室核稿、部门负责人审核、需要部门会签的进行会签、需要总师审核或财务总监（总会计师）联签的提交审核或联签、办公厅核稿、机要室收文办理、领导签批、送部门办理（或送其他领导签批）、摘录领导批示编辑《集团公司领导重要批示》、归档。各流程的主要事项或要达到的标准包括：

1. 拟稿。主办部门起草报告或请示事项的文稿，要做到准确、清晰、简洁、完整。根据“三重一大”、内控制度等需要上会的，在文稿正文末提出上会建议。同时确定是否需要部门会签、总师审核或财务总监（总会计师）联签，以及确定密级（涉及国家秘密、核心商密事项的以纸质文件为主，不上传电子文档，不填写完整标题，如，标题可写成“关于××××事项的请示”）。

2. 处室审核。拟稿处室负责人对文稿进行初核，重点审核是否达意、合规、有无缺漏以及格式是否规范，上会建议是否准确，是否需要部门会签，是否需要总师审核或财务总监（总会计师）联签，定密是否准确等。

3. 部门办公室核稿。审核格式、内容是否符合有关规定，上会建议是否准确，会签部门是否准确，是否需要总师审核或财务总监（总会计师）联签，定密是否准确等。

4. 部门负责人审核。履行部门负责人职责，确认总师审核、财务总监（总会计师）联签、定密等事项。

5. 需要部门进行会签的，会签部门收到会签文稿后一般应于2个工作日内完成，需讨论研究的应于5个工作日内完成。

6. 需要总师审核或财务总监（总会计师）联签的，提交总师审核或财务总监（总会计师）联签。

7. 办公厅核稿。审核政策法规、行文规范、内容格式，以及附件、背景材料是否齐全，上会建议是否准确，是否需要部门会签、总师审核或财务总监（总会计师）联签，定密是准确等。

8. 机要室收文办理。接收、编号、查看签报稿纸各要素是否填写完整、规范、准确，是否急办件或限时办件。

9. 总部领导签批后，由秘书返回机要室。

10. 机要室将签批后的签报送有关部门办理（或送其他领导签批），摘录领导批示编辑《集团公司领导重要批示》。

11. 按照有关规定要求归档。

（四）注意事项

1. 送总师审核、财务总监（总会计师）联签，需要办公厅总师办（以下简称总师办）服务的总师审核的，主办部门负责将签报发送总师办，由总师办协调总师审核。需要财务总监联签的，主办部门负责将签报发送股份财务部，由股份财务部办公室协调财务总监联签。需要总会计师联签的，主办部门负责将签报发送办公厅核稿环节，由办公厅核稿岗位人员送总会计师审签。

2. 签报所涉一般事项只报送分管领导。

3. 在签报正文末，应根据“三重一大”、内控制度要求，提出送主管领导审定或需要“党组会”“董事长办公会”“总经理办公会”“总裁办公会”等审议建议。

4. 凡部门向总部领导报告、请示事项的文稿，均需以签报形式，不得以非正式文稿形式报送。

5. 现行规章制度或文件已有明确规定的事项，应按照制度规定执行，不得再签报报告或请示。

6. 中国石化内控制度及授权范围内的事项，部门应按照职责权限处置，不再签报请示。

7. 工作总结、情况报告、问题建议等，能通过政务信息系统平台报送的应在平台报送，不得以签报报送。

8. 除根据有关规定可以直送总部领导的签报外，均需经办公厅核稿、机要办理。特殊情况下先送签的，待办理完毕后在公文系统中补办手续。

9. 涉及国家秘密和企业核心商密的，应在公文系统相应选项中填写密级和保密期限，标题须是省略反映核心事项的文字，如“关于××××事项的请示”“关于××××事项的报告”等，不得上传签报文档。签批内容等均在纸件反映，在系统里仅显示流转痕迹，不显示签批内容。

10. 有两个及以上文档的，应按照先后顺序标注文档序号。

▶ 案例79

原稿

关于××××分公司扭亏脱困工作的报告

××同志：

按照××××会议要求，我部对××分公司亏损原因进行了研究分析，形成了××××的工作思路，并组成专题调研督导组，两次赴××分公司调研了解情况，指导企业进一步细化、完善扭亏脱困具体方案和工作措施。现将有关情况和建议报告如下：

一、企业基本情况

××。

近三年来，受××××××影响，××分公司因××××××，造成企业亏损。亏损××××××。

二、企业扭亏脱困面临的困难和问题

××。

三、企业已经开展的工作和阶段性成效

××。

四、企业提出的扭亏脱困方案

××。

五、建议

（一）××××，确保各项措施落地落实

××。

（二）妥善处理扭亏脱困与××××的关系问题

××。

（三）建议总部给予必要的政策支持

××。

妥否，请批示。

××（签报单位）

××年×月×日

评析

该例文是就某分公司扭亏脱困工作给总部领导的签报，是一篇符合要求的公文。作为向总部领导汇报企业扭亏脱困工作的材料，有事实、有分析、有建议，里面既有对企业基本情况的介绍、近三年亏损原因及程度，又有企业扭亏脱困面临的困难和问题的分析；既有企业在扭亏脱困方面已经开展的工作和阶段性成效，又有企业提出针对下一步扭亏脱困制定的方案；在建议意见里既有技术优化、挖潜增效的具体措施，又有总部给予企业的政策支持。结构上详略得当，需要概括的简明扼要，需要分析的则深入分析。总体上看，是一篇值得学习借鉴的签报。

二、工作表单

为有效解决总部机关部门管理、作风建设等文件管理深层次矛盾问题，推动总部文件工作与塑造中国石化管理模式相适应，创新中国石化公文管理模式，2011年开始，中国石化全面实施总部机关文件管理创新方案。工作表单管理是总部机关文件管理创新的一项重要内容，目的是进一步优化文件层类，精简文件数量，提高文件质量和运转效率。

（一）概念

工作表单是不作为正式文件、在中国石化内部封闭运行的文书。

总部部门之间一般工作往来，以及总部（部门）与企业之间一般日常性、临时性工作安排，均以工作表单形式制发。日常性工作主要包括内部关联交易、原料互供安排、调度令、计划调整等专项业务，以及其他定期或日常性的工作安排、工作规划、工作总结、情况通报等；临时性工作主要包括检查、评比、验收、培训、竞赛、会议等工作安排。

（二）基本要求

1. 工作表单分为总部层级和部门层级，要合理使用表单层级，能用部门层级工作表单能办理的事项，不得提升为总部层级。

2. 安排部署一般性工作用工作表单，决策和政策类用“红头文件”。

3. 总部部门以各类层级文件部署的工作，各企事业单位、股份公司各分（子）公司可用对等形式报送总部部门。

4. 使用工作表单时要用专用模版，并符合格式要求。

（三）基本流程

制发部门层级工作表单的基本流程为：拟稿、处室审核、部门办公室核稿、部门负责人签发、部门办公室制发、归档。其中，部门办公室制发环节有的部门需要经过办公厅文件处文印调盘及生成版式文件。部门层级工作表单如果涉及需要其他部门协调配合的事项，仍需要相关部门会签。

制发总部层级工作表单的基本流程为：拟稿、处室审核、部门办公室核稿、部门负责人审核、（需要部门会签的）会签、（需要总师审核或财务总监、总会计师联签的）审核或联签、办公厅核稿、领导签发、印制与发送、归档。各流程的主要事项或要达到的标准包括：

1. 拟稿。主办部门起草文稿要做到准确、清晰、简洁。确定是否需要部门会签、总师审核或财务总监（总会计师）联签，以及确定密级（涉及国家秘密、核心商密事项的以纸质文件为主，不上传电子文档，不填写完整标题，例如标题可写成“关于××××事项的通知”）。

2. 处室审核。拟稿处室负责人对文稿进行初核，重点审核是否达意、合规、有无缺漏以及格式是否规范，确认是否需要部门会签，是否需要总师审核或财务总监（总会计师）联签，定密是否准确等。

3. 部门办公室核稿。审核格式、内容是否符合有关规定，会签部门是否准确，是否需要总师审核或财务总监（总会计师）联签，定密是否准确等。

4. 部门负责人审核。履行部门负责人职责，确认总师审核、财务总监（总会计师）联签、定密等事项。

5. 需要部门进行会签的，会签部门收到会签文稿后一般应于2个工作日内完成，需讨论研究的应于5个工作日内完成。

6. 需要总师审核或财务总监（总会计师）联签的，提交总师审核或财务总监、总会计师联签。

7. 办公厅核稿。审核政策法规、行文规范、内容格式，以及附件是否齐全，是否需要部门会签、总师审核或财务总监（总会计师）联签，定密是否准确等。

8. 办公厅核稿根据总部领导签批情况，属于不同意发文或需要部门重新修改或补报材料的，返回部门继续办理；总部领导签发的，复核编号后发送文印进行调盘、生成版式文件。

9. 主办部门对版式文件进行校对、确认。

10. 生成最终版电子文件、发送。

11. 按照有关规定要求归档。

（四）注意事项

1. 送总师审核、财务总监（总会计师）联签。需要总师办服务的总师审核的，主办部门负责发送总师办，由总师办协调总师审核。需要财务总监联签的，主办部门负责发送股份财务部，由股份财务部办公室协调财务总监联签。需要总会计师联签的，主办部门负责发送办公厅核稿环节，由办公厅核稿岗位人员送总会计师签批。

2. 需要对工作表单发文背景等进行说明的，可以添加“公文办理情况说明”，文档单独建立，不得与正文文档合并。有两个及以上文档的，应按照先后顺序标注文档序号。

3. 部门间根据工作需要可联合发文。联合遵守公文处理有关规定。

4. 能通过电话、传真、电子邮件、业务平台布置的工作，不制发工作表单。

5. 需在一定范围内通告的事项，可通过内部网站、报刊、公共平台发布，不制发工作表单。

6. 涉及国家秘密和企业核心商密的，应在公文系统相应选项中填写密级和保密期限，标题须是省略反映核心事项的文字，如“关于××××事项的通知”等，不得上传发文文档。具体以纸件流转，在系统里仅显示流转痕迹。

案例80

原稿

关于做好××年度《××××》填报工作的通知

××：

根据××××做好2016年度《××××》填报工作的通知（××××发〔××××〕××号）精神，为进一步做好××公司××××年度××××填报工作，现将有关事项和工作要求通知如下：

一、加强组织领导，提升填报质量

××。

二、落实填报要求，按时优质报送

为保障××××整体填报质量，特提出如下要求：

（一）填报范围

××。

（二）填报格式

××。

（三）报送时限

××。

各单位在填报过程中遇到问题，请及时与××××联系。

××（发文单位）（印章）

××年×月×日

评析

该例文是就做好某项资料填报制发的工作表单，体现出总部与企业之间一般日常性、临时性工作安排等以工作表单形式制发的要求。从结构、内容等方面看，是一篇符合要求的公文。作为工作安排类工作表单，提出了加强领导、提高填报质量的要求，同时明确了填报范围、格式和报送时限，将工作要求表述得直接、清楚、到位，文字简练，有利于收文单位按要求做好填报工作。总体上看，是一篇值得学习借鉴的工作表单。

第十二章 部分非法定公文

日常工作中经常用到的非法定公文，还有工作计划、工作总结、新闻通讯、简报、感谢信、推荐信、启事等，它们使用范围广、频率高，起着法定公文不可替代的作用。掌握这些非法定公文知识并能熟练应用，也是机关工作人员必备的技能。

一、企业经营计划

（一）企业经营计划的含义和编制程序

1. 企业经营计划的含义。

企业经营计划是指在经营决策基础上，根据经营目标对企业的生产经营活动和所需要的各项资源，从时间和空间上进行具体统筹安排所形成的计划。

企业经营计划的体系可以分为三个基本层次，即业务计划、战略计划以及基层作业计划，三者之间具有密切的联系。战略计划主要是提供一个由上而下的工作指导，确定基本的工作方向以及工作的规划，而基层的作业计划则主要是提供一种自上而下的工作保障，最后，业务计划主要起到一种承上启下的作用，保证企业内部各项经营管理活动可以稳步进行与开展。

2. 企业经营计划的编制程序。

编制一个较完整的经营计划，一般需要经过以下程序：调查预测，估量机会；统筹安排，确定目标；拟定方案，比较选优；确定预算，综合平衡。

（二）企业经营计划的写作

1. 系统性原则。

企业经营计划制定要坚持系统性，不但要考虑企业生产经营活动本身，还要从整个系统的角度出发，认识到企业是整个大系统中的一个小系统，树立良好的大局观，从大处着眼，从小处着手，力争统筹兼顾，不失偏颇。

2. 平衡性原则。

企业的内外部环境都存在着许多矛盾，平衡就是要对影响企业生产经营的各个方面，企业内部各部门的产、供、销等各环节进行协调，使之保持合理的比例关系。

3. 灵活性原则。

计划规定的是未来的目标和行动，而未来充满诸多的不确定性，因此计划的制定就要保持一定的灵活性，即留有一定余地，不能规定得过死或过分强调计划的稳定。更要注意计划执行过程中不确定因素的出现，适当对原计划做出必要的调整或修改。

4. 效益性原则。

企业经营计划必须以提高经济和社会效益为中心，不仅要取得产品开发和制造阶段的效益，还要考虑产品在流通和销售阶段的效益。

5. 全员性原则。

全员参与并不是说所有的员工都要参与计划制订工作，而是指计划的制定应该让企业员工周知，并取得员工的支持，这是计划能够得以实现的保证。

二、工作计划

（一）工作计划的含义和特点

工作计划是一个单位或团体在一定时期内的工作打算，要求文风简洁直接、内容具体明确。

（二）工作计划的写作

工作计划的格式：

1. 计划的名称。一般包括订立计划单位或团体的名称、计划期限两个要素，如“××××团委××年工作计划”。

2. 计划的具体要求。一般包括工作的目的和要求，工作的项目和指标，实施的步骤和措施等，也就是为什么做、做什么、怎么做、做到什么程度。

3. 订立计划的日期。

（三）工作计划写作注意事项

1. 写好工作计划三大要素。

（1）工作内容：做什么（WHAT）——工作目标、任务。计划应规定出在一定时间内应完成的目标、任务和达到的要求。任务和要求应具体明确，有的还要定出数量、质量和时间要求。每项任务，在完成过程中都有阶段性，而每个阶段又有许多环节，它们之间常常是互相交错的。因此，制订计划必须胸有全局，哪些先干，哪些后干，应合理安排。而在实施当中，又有轻重缓急之分，哪是重点，哪是一般，也应该明确。在时间安排上，要有总的时限，也要有每个阶段的时间要求，以及人力、物力的安排。只有这样，才能够让有关单位和人员在一定时间内、一定条件下，争取主动，有条不紊地协调开展工作，力争把工作做到最好。

（2）工作方法：怎么做（HOW）——采取措施、策略。明确了何时实现目标和完成任务，须制定出相应的措施和办法，这是实现计划的保证。措施和办法主要指达到既定目标需要采取什么手段，动员哪些力量与资源，创造什么条件，排除哪些困难等。总之，要根据客观条件，统筹安排，将“怎么做”写得明确具体，切实可行。特别要针对工作中存在问题进行分析，拟定解决问题的方法。

（3）工作步骤：什么时间做什么（WHEN）——进度期限。强调工作的时效性，也要结合客观条件，注意期限制定的合理性，不可违背基本的客观事实，制定不切实际的时间期限，将工作变成“不可能完成的任务”。

2. 工作计划制订步骤。

（1）认真学习研究上级的有关指示办法，领会精神，武装思想。

（2）认真分析本单位的具体情况，明确计划制订的根据和基础。

（3）根据上级的指示精神和本单位的现实情况，确定工作方针、工作任务、工作要求。据此，确定工作的具体办法和措施，确定工作的具体步骤。环环紧扣，付诸实现。

（4）根据工作中可能出现的偏差、缺点、障碍、困难，预先制定克服的办法和措施，以免问题发生时工作陷于被动。

（5）根据工作任务的需要，合理组织并分配力量，明确责任分工，统筹部署运行。

（6）计划拟定后，应交全体员工讨论。计划是要靠团队共同完成的，只有正确反映员工的要求，才能成为大家自觉奋斗的目标。

（7）在实践中进一步修订、补充和完善计划。计划经正式通过或批准后，就要坚决贯彻执行。执行过程中，往往需要继续加以补充、修订，使其更加完善，切合实际，更加具有针对性和可操作性。

三、企业工作总结

（一）企业工作总结的写作

工作总结分为标题、正文、落款。标题又分公文式（一般由单位名称、时限、内容、文种组成）、概括式、双标题等。正文由前言、主体、结尾组成。结尾又分自然收尾和总结全文。落款由单位名称和时间组成。写作要求：突出重点、突出个性、实事求是。

1. 标题。

工作总结的标题有多种形式，其中最常见、最常用的是由单位名称、时间、主要内容、文种组成，如《××××部门××××年工作总结》《××××厂××××年上半年工作总结》。有的总结标题中不出现单位名称，如《创先争优活动总结》《2016年××××工作总结》；有的总结标题只是内容的概括，并不标明“总结”字样，但一看内容就知道是总结，如《一年来的谈判及前途》《走活三步棋，选好一把手》等；还有的总结采用双标题，正标题点明文章的主旨或重心，副标题具体说明文章的内容和文种，如《落实全面落实管党治党责任　加快建设世界一流央企——××××公司2016年工作总结》。具体工作中，可根据实际需要选取合适的形式。

2. 正文。

和其他应用文体一样，总结的正文也分为开头、主体、结尾三部分，各部分均有其特定的内容。

开头。总结的开头主要用来概述基本情况，主要包括单位名称、工作性质、主要任务、时代背景、指导思想，以及总结目的、主要内容提示等。开头部分要简明扼要，文字不可过多。

主体。这是总结的主要部分，主要包括工作的成绩和做法、经验和教训、今后的工作打算等方面。这部分篇幅大、内容多，要特别注意层次分明、条理清楚。

主体部分常见的结构形式有三种。

第一，纵式结构。就是按照事物或实践活动的过程安排内容。写作时，把总结所包括的内容按时间顺序划分为几个阶段，分别叙述每个阶段的成绩、做法、经验、体会。这种写法的好处是事物发展或社会活动的过程清楚明白，使阅读者易于理解。

第二，横式结构。按事实性质和规律的不同分门别类地依次展开内容，使各层之间呈现相互并列的形式。这种写法的优点是各层次的内容鲜明集中，使重点更加突出。

第三，纵横式结构。安排内容时，既考虑到时间的先后顺序，体现事物的发展过程，又注意内容的逻辑联系，从几个方面总结出经验教训。这种写法，多数是先采用纵式结构，写事物发展的各个阶段的情况或问题，然后用横式结构总结经验或教训。

主体部分的表现形式，有贯通式、小标题式、序数式三种。贯通式适用于篇幅短小、内容单纯的总结，像一篇短文，文中不用外部标志来显示层次。小标题式将主体部分分为若干层次，每层加一个概括核心内容的小标题，重心突出，条理清楚。序数式也将主体分为若干层次，各层用“一、二、三……”的序号排列，层次一目了然。

3. 结尾。

结尾是正文的收束，应在总结经验教训的基础上，提出今后的方向、任务和措施，表明决心、展望前景。这段内容要与开头相照应，篇幅不宜过长。有些总结在主体部分已将这些内容表达过了，结尾就不必再写。

（二）企业工作总结写作注意事项

1. 坚持实事求是的原则。

实事求是、一切从实际出发，这是总结写作的基本原则。

2. 注意共性、把握个性。

要写出个性，总结就要深刻、有见地，有独到的发现、独到的体会、新颖的角度、新鲜的材料，这样才会吸引人，引发阅读者的共鸣和感悟。

3. 详略得当，突出重点。

总结的选材不能求全贪多、主次不分，要根据实际情况和总结的目的，把既能显示本单位、本地区特点，又有一定普遍性的素材作为重点选用，写得详细、具体，对一般性的素材则要略写或舍弃。

四、简报

（一）简报的含义和特点

1. 简报的含义。

简报是机关、团体、企事业单位内部用来汇报工作、反映问题、沟通情况、指导工作、交流经验、传递信息、交流宣传的一种简短的带有新闻性质的文书材料。相对于文件，简报在编排格式、编发内容等方面自由度更大一些，具有交流性、指导性、简短性、精准性、实用性、灵活性、及时性、连续性、新闻性等特点，因此简报经常又被称为“动态”“通讯”“简讯”“情况反映”“内部参考”等等。可以说，简报就是简要的调查报告、工作报告、情况报告、消息报道等。

2. 简报的特点。

简报不是一种文章体裁，也不是一种刊物。可以说简报是一种专业性比较强的内部小报，与一般报纸的共性就是具有新闻性时效，但是更具自身特点。

内容专业性强。简报一般由有关单位或者部门主办，专业性明显。对一般读者来说，能使他们了解工作进展情况，增强责任感和紧迫感；对领导机关来说，能够及时掌握工作信息，作为决策参考。

篇幅比较简短。简报的语言必须精炼简明，不能繁文缛节，不能把简报搞成文学作品。

简报仅限于内部交流。简报一般只在编发简报的机关管辖范围内的各单位间交流，不宜公开，有的还需要进行保密，更不能广泛传播。工作简报往往只能送给某一级机关或者某一级领导阅看，不能任意扩大阅读范围，特别要注意不能和报纸一样，追求发行量和读者群，认为读者越多越好，否则就会造成内容泄密和工作被动，甚至带来不必要的负面影响。

（二）简报的种类

简报的种类：按时间，分为定期、不定期；按性质，分为工作简报、学习简报、会议简报等；按内容，分为综合简报、专题简报等。

1. 日常工作简报，又称业务简报。这是一种反映本地区、本系统、本单位日常工作情况的经常性简报，包含的内容比较广泛，工作情况、取得成绩、存在问题、经验教训、表扬批评、对上级某些政策或指示执行的步骤措施等都可以反映。可以定期或不定期编发。

2. 中心工作简报，又称专题简报。这是一种阶段性的简报，是针对机关工作中某个时期的中心工作、某项中心任务而办的简报，相应工作完成后，简报也就停止编发。

3. 会议简报，是召开会议期间反映会议情况的简报，是一种临时性的简报，内容包括会议中的情况，发言、会议决定等。规模大、时间长的会议简报常要编发多期，以起到及时交流情况、推动会议的作用。小型会议一般是一会一期简报，通常在会议结束后，编发一期较为全面的总结会议情况和反响的简报。

4. 动态简报，包括情况动态和思想动态，这类简报的时效性、机密性较强，要求编发迅速，一般限制发送范围，在某个时期、某个阶段要保密。

（三）简报的写作

1. 报头。

简报的报头类似公文的“红头”，一般套红印刷。首页间隔横线以上称为报头，由简报名称、期数、编发机关、日期、保密提示等项目组成。简报除用“××简报”“××动态”“情况反映”等常用四字名称之外，还可加上单位名称、专项工作等内容，如《××××安全隐患专项治理工作简报》。简报名称用大号字套红印刷。

期数位于简报名称下方正中，加括号。如果是综合工作简报，一般以年度为单位，统编顺排；如果是专题简报，按本专题统编顺排。如有特殊内容而又不必另出一期简报时，就在名称或期数下面注明“增刊”或“××专刊”字样。连续出的简报，要注明总期数。编发机关一般是“××办公室”“××秘书处”等，位于期数下面、间隔横线上方左侧。编发日期位于编发机关右侧。如需保密，在首页报头左上角标明秘密、机密、绝密或“内部刊物”等字样。必要时，对于保密的简报还可在首页报头右上角顺序印上份号。间隔横线一般为红色。

2. 报核。

报头以下、报尾以上部分叫报核，是指简报所刊发的一篇或多篇文章，可按重要程度依次排列。这个部分是简报的核心。简报文章的写法多种多样，形式也较为灵活，大多数是消息报道，包括标题、导语、主体、结果和穿插在叙述中的背景材料。除消息之外，还有别的文体，如调查报告、情况反映等。但不是每篇简报刊发的文章都要有这几项内容。报核具体包括目录、编者按、报道等。

目录，只有一篇文章时直接编排，集束式的简报就要编排目录。由于简报内容单纯，容易查找，目录一般不需标序码和页码，只需将编者按、各篇标题排列出来即可，为避免混淆，可以每项前加一个五星标志。

编者按，有时为了说明或者强调编发这期简报或者这篇文章的目的，或要对文中涉及事项进行评价，说明工作任务来源、本期重点稿件的意义和价值、征稿通知、征求意见等，就有必要在简报开始或者文章标题上端加注编者的“按语”，即编者按，加以说明。编者按不可过长，短者三五行，长者半页即可。

报道，就是每期简报里的文章。一期简报可以只有一篇报道，也可以有多篇报道。依次排列即可。一篇报道分为标题、导语、主体（正文）、结尾。

3. 报尾。

报尾排在简报末页的下方，用两条平行横线框起来，以和报核分开，内容比较简单，在平行框线内部从左自上而下依次写明报、送、发的机关名称或者个人姓名职务等，框线右侧下方写上本期印发份数，字体小于正文，用圆括弧括上。在平行框线的上面，左边写上签发、审签人，右侧写上责任编辑、编发者姓名，在平行线的下框线之外右下方写明印发份数。

案例81

“三严三实”专题教育

简　报

第1期

××公司“三严三实”专题教育
工作组织协调办公室　　　　　　　　　　××年×月×日

按：按照中央统一部署和党组安排，×月×日，××公司正式启动“三严三实”专题教育工作。从今天起，××公司“三严三实”专题教育工作组织协调办公室将陆续编发工作简报，及时传递中央精神和党组要求，刊发各单位、各部门开展专题教育工作的进展、成效和经验，供大家学习参考。

××公司启动部署“三严三实”专题教育工作 ××××带头讲专题党课

×月×日，××公司召开“三严三实”专题教育工作启动部署会，×××为全系统处级及以上领导干部讲专题党课。他强调，××××。

×××主持会议，×××、×××出席会议。×××、×××参加视频会议。

×××在党课中紧扣中央“三个讲清楚”要求，结合党史，联系×××实际，阐述了“三严三实”的内涵和重大意义，××××。

深刻领会“三严三实”的内涵和重大意义。×××说，××××。

充分认识“不严不实”的突出问题和危害。×××说，××××。

着力营造从严从实、风清气正的政治生态和企业管理生态。×××说，我们开展“三严三实”专题教育，总的要求就是要在营造从严从实、风清气正的政治生态和企业管理生态上见实效，在推动公司改革发展稳定上见实效。

领导干部要强化五种意识。一是强化忠诚坚定的信念意识。要加强政治学习，要严守纪律规矩，要坚定搞好国有企业的信心和决心。二是强化开拓进取的使命意识。要有强烈的责任担当，要有时不我待的紧迫感。三是强化最讲认真的严细实意识。要注重细节，要敢抓敢管。严从细中来，实在严中求。细字为先，严字当头，实字托底，细是严的基础，严是实的保证。四是强化共同奋斗的团结意识。要切实发挥班子整体功能，要认真践行党的群众路线，要坚持五湖四海，不能拉山头、搞小圈子。五是强化知止不殆的自律意识。要依法依规用权，要严守规则程序，要守住原则底线，要习惯在监督下工作和生活。

各级党组织要重点抓好六项工作。一是严肃党内政治生活，二是严明党的纪律规矩，三是树立正确用人导向，四是强化权力规范运行，五是加强干部考核评价，六是坚持不懈反“四风”反腐败。

以高度的政治责任感抓好“三严三实”专题教育。×××说，××××。

×××强调，要把开展“三严三实”专题教育作为清除思想灰尘、匡正干部行为、净化政治生态的过程，在解决“不严不实”问题、加强干部监督管理、健全作风建设长效机制上下功夫，使每一名党员干部在坚定政治信仰、强化责任担当、树立务实作风、严格廉洁自律上都有一个大的进步，推动形成良好的政治生态和企业管理生态，推动从严治党落地生根，推动政治优势转化为核心竞争力。

××对贯彻落实这次会议精神，扎实开展“三严三实”专题教育工作提出三点要求。一是要认真学习贯彻×××同志讲话精神，迅速部署开展专题教育工作。二是要扎实做好“关键动作”，从严从实组织实施。三是要坚持统筹兼顾，确保专题教育与生产经营工作“两手抓、两促进”。

报：××××

发：××××

五、企业新闻通讯稿

（一）企业新闻通讯的特点

一般来说，通讯有四大特点：严格的真实性、报道的客观性、较强的时间性、描写的形象性。

（二）企业新闻通讯的种类

通讯按内容分，一般分为人物通讯、事件通讯、工作通讯、概貌通讯。

人物通讯，就是以报道各条战线上的先进人物为主的通讯。它着重揭示先进人物的精神境界，通过叙述人物的先进事迹，反映出人物的先进思想，使之成为社会的共同财富。同时，也报道转变中的人物和某些有争议的人物。“金无足赤，人无完人”，在写作时切不可把先进人物写成从来无过、大智大勇、十全十美，写人叙事力求言真意切，恰如其分。

事件通讯，就是报道典型的、有普遍教育作用的新闻事件。写事当然离不开事件有关的人，但它不像人物通讯那样着力刻画人，而是以事件为中心，在事件的总画面中，为了写好事来写人。它既可以反映现实生活中发生的重大的、振奋人心的典型事件和突出事件；也可以从某一新闻事件截取一个或若干个片断，进行细致详尽的描述，揭示事件的深刻含义；还可以是若干事件的综述。

工作通讯，就是反映贯彻执行党的路线、方针、政策中的成绩，总结实际工作中的经验和教训，或者探讨有争议、亟待解决问题的报道。它是报纸上经常运用指导工作的重要报道形式。它的主要特点：一是把介绍工作经验和分析问题作为主旨；二是凭借事实，深入分析；三是生动活泼，讲究文采；四是不拘一格，形式多样，随笔、散记、侧记、札记、记事均可。

概貌通讯主要是反映一个单位、地区的某种气象、面貌。概貌通讯又称风貌通讯，是反映社会生活、风土人情、自然风光和日新月异的建设成就为主要内容的报道。

通讯按形式分，分为一般记事通讯、访问记（专访、人物专访）、小故事、集纳、巡礼、纪实、见闻、特写、速写、侧记、散记、采访札记。

通讯与消息的区别在于：选材不同，通讯要选择含量较大的真实典型材料，而消息选材不受此限制；详细不同，通讯内容表述比较复杂详尽，讲究场面和细节描写，而消息内容要求简单概括；表达方式不同，通讯除叙述外，还要运用描写、议论、抒情手段，而消息多用叙述；结构不同，通讯无固定格式，而消息却有严格要求。

（三）企业新闻通讯的写作

1. 主题要明确。有明确的主题，取舍材料才有标准，起笔、过渡、高潮、结尾才有依据。

2. 材料要精当。按照主题思想的要求，去掂量材料、选取材料，把最能反映事物本质的、最具典型意义的、最有吸引力的材料写进去。

3. 写事离不开写人。写人物通讯固然要写人，就是写事件通讯、概貌通讯、工作通讯，也不能忘记写人。当然，写人也离不开写事。离开事例、细节、情节去写人，势必写得空空洞洞。

4. 角度要新颖。写作方法要灵活多样，除叙述外，可以描写、议论，也可以穿插人物对话、自叙和作者的体会、感受，既可以用第三人称的报道形式，也可以写成第一人称的访问记、印象记或书信体、日记体等。通讯所报道的新闻事实，可以从各个不同的角度去观察，去反映，诸如正面、反面、侧面、鸟瞰、平视、仰望、远眺、近看、俯首、细察角度不同，印象各异。若能精心选取最佳角度去写，往往能使稿件陡然增添新意，写得别具一格，引人入胜。

（四）企业新闻通讯写作的具体技巧

通讯稿的标题。消息的标题，分眉题（又称引题、肩题）、正题（又称主题、母题）和副题（又称辅题、子题）。从结构来说，正题是标题中最主要的部分，是标题的枢纽，眉题和副题都是直接与主题发生关系的。正标题，对于一般的小活动，可以使用对偶句形式，以增强文采；对于一些比较大的活动，可以用相对正式的标题，如“××××（机构）成功举办××××活动”。副标题，是对标题的补充，如“×××××，×××××——记××××（机构）成功举办第×届‘××××’比赛”。

拟对偶标题的方法：利用活动中数字的巧合，如“四人四载四枝花，一室一生一颗心”；化用诗句，如“电影共欣赏，党史相与析”；使用叠词增加韵律感，如“党史口口相传，党魂代代益彰”；将活动名称巧妙加进标题，如“为青春写诗，替岁月喝彩”。

正文“三段论”（以某项活动通讯报道为例）：开头，交代开展这次活动的目的、意义及简要信息，包括时间、地点、主办方、参加者等，字数控制在100字左右，关键词“为了”。中间，交代活动具体过程，简要陈述活动内容及步骤、观众反应、现场气氛、比赛结果等，切忌过于冗杂，要详略得当，字数在200字左右，关键词“伊始、接着、然后、最后”等过渡词。结尾，主题升华，由个人上升到企业或者社会，国家，民族精神等高度，例如和谐企业、国企责任、社会贡献等，字数控制在100字左右，关键字“不仅、而且、更”等。

▶ 案例82

××化学会要求××公开致歉
“××化学”广告违反科学误导大众

××网讯11月26日，××报记者获悉，××在收到××化学会要求就××“××恨化学”广告公开致歉并弥补损失的函后，已于26日下午派人前往××化学会进行沟通。

11月24日，××化学会致函××，要求停播××“××恨化学”广告，并公开致歉。××化学会认为，广告中使用“××恨化学”的广告语，已造成对化学形象的严重诋毁，极其恶劣地误导了公众对化学的正确认识。

××化学会函中提到，该广告“伤害化学，反对科学，通过哗众取宠的出位言论片面追求广告效果”。根据《××标识管理规定》内容，任何××品都不可能没有化学成分，“××作为日化企业应该非常清楚化学对于化妆品的重要性，如此广告人为地制造并传播‘化学有害’的错误论调，造成公众对化学的怀疑和抵触”。同时，函中援引新《广告法》内容，“以虚假或者引人误解的内容欺骗、误导消费者的，为虚假广告”。××化学会方认为，××广告的意图是宣传自己产品的“纯天然”，“但是化妆品根本无法实现纯天然”，因此××化学会方面认为，××广告以“××恨化学”的方式宣传产品“纯天然”，误导消费者对化学产生“敌意”，涉嫌构成虚假广告。

××化学会要求××立即撤销该广告并就播出该广告公开致歉，同时要求××制作并播放宣传化学正面形象的公益广告，弥补已经造成的恶劣影响。

同时，××化学会特别强调，化学是研究化学反应和物质转化的学科，是创造新分子和构建新物质的根本手段，是与其他相关学科密切交叉和相互渗透的一门中心学科。作为一门中心学科，百年来化学支撑了人类社会的可持续发展。2014年化学化工占国家GDP的23.5%。可以说，人类的衣食住行不可能离得开化学的发展。联合国特意将2011年定为“国际化学年”，并以“化学——我们的生活，我们的未来”作为国际化学年的主题，已经充分肯定了化学作用，彰显了化学的地位。

据××报记者了解，目前，××广告已经在××电视台停播。××22日在其官方微博发文致歉。文中指出，对于“××恨化学”的描述而给观众带来的困扰，××方面“深表歉意”。但同时强调，××“在自然护肤系列产品中做到了不含人工香料、不含人工色素、不含石油成分、不含苯甲酸酯类防腐剂、不含酒精、不含甲醛释放体、不含硅油”。

资源来源：http://www.ccin.com.cn/ccin/news/2015/11/27/326127.shtml（有删节）

六、招聘广告

（一）招聘广告写作注意事项

1. 招聘广告是指企业招聘人才时在相关的媒体（含网络招聘、报纸招聘、现场招聘、店面招聘）上发布企业的招聘信息，也是对招聘方的一种宣传。

2. 招聘广告主要内容包括公司名称、企业简介、岗位名称、招聘名额、职位描述、职位要求、联系方式等。

（二）招聘广告写作的具体技巧

1. 要弄明白招聘广告写给谁看，以及对方看后是否能心动。

2. 要弄明白招聘广告发布的媒体是什么，这点也很关键。具体来说，现场招聘信息展示要突出岗位名称、要求及待遇、企业优势等，切忌拖沓冗长，没完没了，既占篇幅又没说到重点。网络招聘因为不受字数限制，可以做详细的介绍和描述。报纸招聘和现场招聘因为受到版面和海报大小的限制，字数不能太多，这两种媒体的原则是简单明了，把主要的说清楚就可以。

3. 招聘广告也可以把企业对人才如何重视、对人才如何培训、对人才如何晋升等关键点突显出来。

4. 避免不必要的争议。招聘广告的内容不能包含偏见或歧视。

一份招聘广告对企业来说很重要，招聘广告怎么写，除了要做到以上所述内容外，还要在整体上把握招聘广告语的设计效果。

七、推荐信

推荐信一般由标题、称呼、正文和落款四部分组成。

标题。推荐信的标题一般由文种名构成，即在第一行正中写上“推荐信”三个字。

称呼。推荐信要在第二行顶格写上收信方领导的姓名和称呼或只写对方领导的职务，如“尊敬的××局局长：”；如果推荐人同收推荐信的人是熟人朋友，则也可以用常见的私人信件一样的称呼，如“××兄：”。

正文。推荐信的正文分为开头、中段和结尾三部分。开头，推荐信的开头既可以先问候一下对方，略叙思念之情，也可以开门见山直说其事，这要视和对方的关系而定。假如和对方见面较多，关系也较为密切，就无须太多的客套话了。要在开头介绍自己（或推荐人）的身份，以及自己同被推荐人之间的关系，同时说明写此信的意图。中段，中段是推荐信的展开部分，要针对用人单位的情况需要，介绍被推荐人的一些情况，如学历学位、专业特长、外语水平、业务能力以及其他能力，以使对方能通过推荐信对被推荐人产生好感，从而达到推荐人才的目的。如果是自荐信，更要写明自己在原来岗位未能发挥或没有机会发挥的潜能和特长。结尾，再次表达自己希望能办成此事的愿望，恳请领导给予被推荐人工作或晋升机会，并向对方致以感激祝福之情。文末也可附上一些被推荐人业绩等有关材料。

落款，推荐信的落款要在正文右下方署上推荐人的姓名，以及成文日期。有些推荐信还可以注明自己的详细通讯地址，以备必要时联系。

八、启事

（一）启事的含义和特点

1. 启事的含义。

启事是机关单位、社会团体、企事业或公民个人公开申明某件事情，希望有关人员参与或者协助办理而使用的告知性应用文。

启事这种文体的种类很多，使用范围广泛，已由原来仅限于“寻人”“寻物”“招领”等启事，发展到“征婚”“招贤”“招聘”“征集”等几十种类型，涉及社会生活的方方面面。

2. 启事的特点。

内容的广泛性。它可以用于公务中的招生、招聘、开业、庆典、单位成立、商标的使用与更换等多种事宜。

告知的回应性。启事不同于只是向社会“告知”的声明，它要求通过告知得到社会上广泛的回应，以解决自己的某件公务事宜。

参与的自主性。启事不具有强制性和约束力。启事的对象有参与的自主性，可以参与或不参与。

传播的新闻性。启事通过张贴、登报、广播、电视等各种新闻媒体公开传播消息，对社会公众来说，是广告性消息，具有新闻性质。

除上述特点外，公务性启事还有其自身特点：一是启事的主体为机关、团体、企事业单位，而不是公民个人；二是启事的内容属于公务事宜。

公务性启事的分类。启事根据内容、性质的不同来划分，可以分为招领启事、迁移启事、房屋租赁启事、开业启事、单位成立启事、庆典启事、招聘启事、招生启事、征文启事、征集启事、更名启事、邮购启事、供货会启事等数十种。

（二）启事的写作

公务性启事一般由标题、正文和尾部三部分组成。

标题。公务性启事的标题构成形式比较灵活。可以由事由和文种构成。如“征集启事”“征稿启事”；可以只写文种“启事”；可以由启事机关单位的名称和事由组成，如《××公司××培训班即日起开始报名》。

正文。是启事的主体部分，主要说明启事事项。具体包括发出启事的目的、意义，办理启事事项的方式、方法，要求等内容。正文部分的写法比较灵活，可以分段说明，也可以不分段说明；可以标序列述，也可以分层次列小标题分述。但应注意以下三点：一是不同的启事，写法不尽相同，形式应该为内容服务；二是表述要简洁、明确、直截了当；三是要恰当使用礼貌用语。

尾部。包括署名、时间和附项等内容。附项即在正文左下方注明联系地址、邮编、电话及联系人等内容。

（三）启事的种类

寻物、寻人启事。寻物、寻人启事是国家机关、社会团体、企事业单位公开向社会申明寻找丢失物品或寻找、查询有关人员时所使用的一种启事。

招领启事。招领启事是拾到东西或收留了走失者的机关单位，为寻找失主时使用的启事。

迁移启事。迁移启事是机关、企事业单位、社团组织等在搬迁新址时，向社会及有关方面告知的一种启事。

房屋租赁启事。房屋租赁启事是机关、团体、企事业单位作为求租方或出租方向社会公开申明租赁事宜时使用的一种启事。

开业启事。开业启事是新企业或服务、娱乐等行业新项目建成后，在开始营业前，向社会各界告知开张消息所使用的一种启事。

单位成立启事。单位成立启事是新单位在成立之前，用以向社会告知成立事宜的一种启事。

庆典启事。党政机关、社会团体、企事业单位举办有关庆祝或纪念活动时，由筹办单位、部门向社会各界及有关人员告知庆典事宜的启事。

九、介绍信

（一）介绍信的含义和特点

介绍信是机关团体、企事业单位派人到其他单位联系工作、了解情况或参加各种社会活动时使用的一种函件，具有介绍和证明的双重作用。

（二）介绍信的种类

介绍信有两种类型：一种是事先印好格式的，使用时只需在空白处填写有关内容即可。这种介绍信一般都有编号，并留存根；另一种是用公用信笺临时书写的，这种介绍信由于不受固定格式的限制，可以根据工作需要灵活掌握。这两种介绍信的写作格式基本相同。

（三）介绍信的写作

标题。有两种写法：一种是只写文种名称，另一种是在文种名称前加上发信单位名称。

正文。由三部分构成：第一部分，写被介绍者的姓名、身份、人数，如果联系的工作涉及到保密事项，还应写清被介绍人的政治面貌、职务、级别等；第二部分，写需要接洽的事项与要求；第三部分，写上恳请或谦敬用语，如“请接洽”“请协助”等。后边写“此致”，再另起一行顶格写“敬礼”。

发信单位名称和相应的公章。发信日期，要写全年、月、日。有效时间，在结尾处右下角，加括号注明（也可不加括号）。

（四）介绍信写作注意事项

1. 不得将盖有公章的空白介绍信发给外出人员自行填写。

2. 一份介绍信只能向一个单位发出。

3. 重要介绍信要经过相应级别的领导人批准并在存根上签字后才能开出。

4. 要填写持信人的真实姓名和身份，不得冒名顶替。

5. 存根或底稿的内容要同介绍信正文完全一致；存根或底稿要留存，以备查考。

6. 接洽和联系事项要写得简明扼要，与此无关的不写。

7. 书写要工整，不任意涂改。如有涂改，涂改处必须加盖公章。否则，对方可以不予接待。

十、会议记录、会谈纪要

（一）会议记录、会谈纪要的含义和特点

1. 会议记录的含义和特点。

会议记录是如实记录会议的基本情况、会议中的报告、讲话、发言、决定、决议、议程以及各方面的意见等内容的一种重要的应用文。

会议记录具有原始性和凭据性的特点。原始性是指按会议发展顺序，将发言人的讲话内容、议定事项如实记录下来，一般不许加工、整理。凭据性是指会议记录是会议原始情况的真实记录，因此更为可靠，是查对会议情况的真实凭据。

2. 会谈纪要的含义和特点。

会谈纪要是指在商务洽谈活动中，经过双方初步讨论或协商后，用简明的文字将双方会谈的具体事项和结果记录下来，以作为进一步洽谈时参考的记事性商务文书，也称为会谈备忘录、谈判备忘录、谈判纪要等。会谈纪要是在商务领域的业务实践中因需而逐渐产生的商务文种之一，被广泛应用于商务领域的会谈性活动中。会谈纪要的文种功用是把会谈双方的意见、谅解、承诺等记录下来，起到备忘的作用，更多是为了进一步建立合作关系，也可以为了解决合作过程中出现的问题或结束现有合作关系。概言之，会谈纪要的核心功用是备忘。

会谈纪要具有纪实性或客观性的特点。要如实反映会谈的目的、议程、内容、结果等，不能擅自增删会谈的内容或改动会谈商定的事项。

具有提要性或概括性的特点。要根据会谈和各种会谈材料整理而成，是在分析、综合会谈情况的基础上锤炼而成，不是简单的再现。

具有备忘性特点。要全面记录会谈中的相关事项，包括尚未达成共识甚至存在争议的事项，为进一步洽谈和签订协议、合同等提供参考性依据，充分体现了其备忘性特点。

具有协商性特点。要充分尊重和考虑会谈双方的每一点意见，并作如实记载，体现了明显的协商性，所以会谈纪要对与会双方的制约不存在程度上的差异，一般不具有法律约束力。

（二）会议记录、会谈纪要的写作

1. 会议记录一般由标题、会议基本情况、会议内容、会议结尾四部分组成。

标题。标题即会议的名称。一般写法是单位名称、会议事由、“届、次”，加上“记录”组成。如“××××办公会记录”。

会议基本情况。这部分要写清会议时间、地点、出席人、缺席人和列席人（即不属于本次会议的正式成员，但与会议有关的各方面人员）。要写明主持人的姓名、职务，写上记录者的姓名，必要时注明其职务，以示对所作记录的内容负责。上述内容要在会议召开之前写好，不可遗漏，倘若会议记录要在报纸上公开发表，则可删去。

会议内容。主要写会议议程、议题、讨论过程、发言内容、会议决议等。这一部分是了解会议意图的主要依据，是会议成果的综合反映，是日后备查的重要部分，要着重记录。

结尾。会议记录没有固定的格式。一般要另起一行，空两格写“散会”字样。在会议记录的右下方，由会议主持和记录人签名，以示负责。

2. 会谈纪要一般由标题、正文、落款组成。

标题。常见的也有两种形式，一是会谈事由+文种名称，如《关于筹建工艺品公司的会谈纪要》。二是直接写文种名称，即《会谈纪要》，也可以写成《备忘录》。如果会谈次数较多，也可以加上次数，如《第×次会谈纪要》。

正文。一般也由前言、主体、结语三部分内容构成。前言部分概要介绍会谈的基本情况，包括会谈的时间、地点、目的、项目及双方单位名称、会谈代表姓名等。主体部分具体明确地写清会谈的基本内容、双方取得一致意见的主要目标及具体事项、各自的意见或承诺等。结语部分则为双方对可能考虑不周到、不细致的问题或一时未能估计到的问题留有一定的磋商余地。

落款。在正文的下方署上合作双方单位名称、会谈代表姓名，在署名的下方写上纪要形成的日期。

（三）会议记录、会谈纪要写作应注意事项

1. 做好准备。事先要了解会议的议程，以便于在记录过程中注意各有关方面的关系，将一些事宜有机地联系起来，加快记录的速度，记准、记全。采用速记和录音的办法，也是保证记录准确、齐全的有效方法。

2. 记录方法。既可采用符号速记，也可采用文字记录。重要会议、重要领导人讲话可速记。一般会议，可使用文字摘要记录的方法。

3. 注意整理。通常情况下，现场记录是原始记录，一般需要整理。整理

的要求是在原始记录的基础上增补遗漏、纠正错误、核实决议，纠正语法错误，合理划定段落。

十一、会议开幕词／闭幕词

（一）会议开幕词/闭幕词的含义和特点

会议开幕词是会议讲话的一种，是党政机关、社会团体、企事业单位的领导人在会议开幕时所作的讲话，旨在阐明会议的指导思想、宗旨、目的、意义，向与会者提出开好会议的中心任务和要求。它以简洁、明快、热情的语言阐明大会宗旨、性质、目的、任务、议程、要求等，对会议起着重要的指导作用。

闭幕词是一些大型会议结束时由有关领导人或德高望重者向会议所作的讲话，具有总结性、评估性和号召性。闭幕词与开幕词一样，具有简明性和口语化两个共同特点，其种类与开幕词相同。

（二）会议开幕词/闭幕词的写作

1. 会议开幕词的写作。

会议开幕词由首部、正文和结束语三部分组成，各部分的项目内容与写作要求如下：

首部。包括标题、时间、称谓三项。

标题。一般由事由和文种构成，如《中国共产党第十八次全国人民代表大会开幕词》；有的标题由致词人、事由和文种构成，其形式是《×××同志在××××××会上的开幕词》；有的采用复式标题，主标题揭示会议的宗旨、中心内容，副标题与前两种标题的构成形式相同，如《×××××——×××××大会开幕词》；也有的只写文种《开幕词》。

时间。标题之下，用括号注明会议开幕的年、月、日。

称谓。一般根据会议的性质及与会者的身份确定称谓，如“同志们”“各位代表、各位来宾”“运动员同志们”等。

正文。包括开头、主体和结尾三部分：

开头部分。一般开门见山地宣布会议开幕，也可以对会议的规模及与会者的身份等作简要介绍，如“参加这次大会的代表有×××人，其中有来自……”，并对会议的召开及对与会人员表示祝贺。需要说明的是，开头部分即使只有一句话，也要单独列为一个自然段，并将其与主体部分分开。

主体部分。这是会议开幕词的核心部分。通常包括三项内容：一是阐明会议的意义，通过对以往工作情况的概括总结和对当前形势的分析，说明会议是在什么形势下，为了解决什么问题和达到什么目的召开的；二是阐明会议的指导思想，提出大会任务，说明会议主要议程和安排；三是为保证会议顺利举行，向与会者提出会议的要求。

结尾部分。提出会议任务、要求和希望。

结束语。会议开幕词的结束语要简短、有力，并要有号召性和鼓动性。写法上常以呼告语另起一段，如“预祝大会圆满成功”。

2. 会议闭幕词的写作。

闭幕词的写作方法。由标题、称呼和正文三部分组成。标题与称呼的写法与开幕词基本相同：一般由“事由+文种”构成，如《中国共产党第十八次全国人民代表大会闭幕词》；有的标题由“致词人+事由+文种”构成，如《×××同志在××会上的闭幕词》；有的采用复式标题——主标题揭示会议的宗旨、中心内容，副标题与前两种标题的构成形式相同，如《×××××——×××××大会闭幕词》；也有的只写文种《闭幕词》。

在标题和称谓之后，另起一段首先说明会议已经完成预定任务，现在就要闭幕了；然后概述会议的进行情况，恰当地评价会议的收获、意义及影响意义。核心部分要写明：会议通过的主要事项和基本精神；会议的重要性和深远意义；向与会人员提出贯彻会议精神的基本要求等。一般说来，这几方面内容都不能少，而且顺序是基本不变的。写作时要掌握会议情况，有针对性地对会议内容予以阐述和肯定；同时可以对会议未尽事宜做出适当强调或补充。行文要热情洋溢，文章要简洁有力，起到激发斗志、增强信念的作用。结尾部分一般先以坚定语气发出号召，提出希望，表示祝愿等。最后郑重宣布会议闭幕。闭幕词出现在会议终了，因此要写得与开幕词前后呼应、首尾衔接，显示大会开得很圆满、很成功。

十二、感谢信

（一）感谢信的含义

感谢信是对某个单位或个人的关怀、支援、帮助表示感谢的信。感谢信不仅有感谢的意思，而且有表扬的意思。这种信可以直接给对方或对方所在单位，也可以张贴在对方单位内或所在地的公共场所，还可以交给报纸刊登、电台广播、电视台播映。

（二）感谢信的写作

感谢信的格式如下：第一行的正中用较大的字体写上“感谢信”三个字；如果写给个人，可以不写“感谢信”。有的还在“感谢信”的前边加上一个定语，说明是因为什么事情、写给谁的感谢信。

第二行顶格写对方单位名称或个人姓名，姓名后面可以加适当的称呼，如“同志”“师傅”“先生”等，称呼后用冒号。如果感谢对象比较多，可以把感谢对象放在正文中间提出。

第三行空两格起写正文。这一部分要写清楚对方在什么时间、什么地点、什么原因、做了什么好事，对自己或单位有什么支持和帮助，事情有什么好的结果和影响，还要写清楚从中表现了对方哪些好思想、好品德、好风格。最后表示自己或所在单位向对方学习的态度和决心。

另起一行空两格（也可以紧接正文）写上“此致”，换一行顶格写上“敬礼”。最后再换一行，在右半行署上单位名称或者个人姓名。在署名的下边写上发信日期。

（三）感谢信写作注意事项

写感谢信要注意下面几点：

1. 叙述对方对自己或本单位的帮助，一定要把人物、时间、地点、原因、结果以及事情经过叙述清楚，便于组织了解和群众学习。

2. 信中要洋溢着感激之情。在叙述事实的过程中，除了要突出对方的好思想和表示谢意外，行文要始终饱含着感情。感情要真挚、热烈，使所有看到感谢信的人都受到感染。

3. 写表示谢意的话要得体，既要符合被感谢者的身份，也要符合感谢者的身份。

4. 感谢信以说明事实为主，切勿不着边际地大发议论。

十三、慰问信

（一）慰问信的含义和特点

1. 慰问信的含义。

慰问信是以组织或个人的名义向在某方面做出特殊贡献或遇到意外损失、巨大灾难的集体或个人表示致敬、关切或问候的一种书信，是行政机关、企事业单位、社会团体或个人对工作中作出巨大贡献、取得优异成绩或遭遇天灾人祸、蒙受重大损失的集体或个人表示安慰、问候、鼓励和关切的专用信体。

2. 慰问信的特点。

发文的公开性。慰问信可以直接寄给本人，但大多是以张贴、登报或在电台、电视上播放的形式出现的。公开性是慰问信的一个特点。

情感的沟通性、鼓舞性、慰问性。无论是对有突出贡献者的慰问还是对遭遇困难者的慰问，情感的沟通是支撑慰问信的一个深层基础。慰问正是通过这种或赞扬表达崇敬之情，或同情表达关切之意的方式来达成双方的情感交流和相互理解的。

（二）慰问信的种类

从慰问的对象内容上看，慰问信可分为三种类型。

1. 对做出贡献的集体或个人的慰问。这类慰问主要针对那些承担艰巨任务、作出了巨大贡献甚至牺牲，取得了突出成绩的先进个人或集体，如“慰问春节期间坚守岗位的工人”等，鼓励他们戒骄戒躁，继续前进。

2. 对遭受困难或蒙受损失的单位或个人的慰问。这类慰问常常是针对那些由于某种原因（如车祸、火灾、地震、暴雨等）而暂时陷入困难或蒙受了巨大损失的集体或个人，对他们表示同情和安慰，鼓励他们克服困难加倍工作，以期尽早地改变现状。如对灾区人民的慰问，对老少边穷地区群众的慰问。

3. 节日慰问。这是一种上级对下级，机关单位对支援群众而进行的一种节日问候。一般表示对他们以前工作的肯定和赞扬。并祝福他们在今后的工作、学习、生活中心情舒畅，做出更大的成绩。如“春节慰问”“教师节慰问”。

（三）慰问信的写作

慰问信通常有标题、抬头、正文、结尾、落款五部分构成。

标题。慰问信的标题构成通常有以下三种方式：单独由文种名组成，如《慰问信》；由慰问对象和文种名共同组成，如《给××××的慰问信》；由慰问双方和文种名共同组成，如《××致××××的慰问信》。

抬头（称呼）。慰问信的开头要顶格写上受文者的名称或姓名称呼。如果是写给个人的，应在姓名之后，加上“同志”“先生”等字样，后加冒号。

正文。正文要另起一行，空两格写慰问的内容。慰问的正文一般由发文目的、慰问缘由或慰问事项等几部分构成。

结尾。一般写表示祝愿、鼓励的话语。

落款。可以以组织的名义，也可以以领导个人的名义，并写上发信日期。

十四、贺信

（一）贺信的含义

贺信是指行政机关、企事业单位、社会团体或个人向其他集体单位或个人取得的成就、获得某种职位、组织的成立、纪念日期表示祝贺的一种专用书信。现在贺信已成为表彰、赞扬、庆贺对方在某个方面所作贡献的一种常用形式，还兼有表示慰问和赞扬的功能。它是从古代祝辞中演变而来的，既可以宣读，也可以通过邮寄送达。

（二）贺信的写作

贺信的基本格式和写作。贺信一般由标题、称谓、正文、结尾和落款五部分构成。

标题。贺信的标题通常由文种名构成。如在第一行正中书写“贺信”二字。

称谓。顶格写明被祝贺单位或个人的名称或姓名。写给个人的，要在姓名后加上相应的礼仪名称如“同志”“先生”，称呼之后要用冒号。

正文。贺信的正文要交待清楚以下几项内容：

1. 结合当前的形势状况，说明对方取得成绩的大背景，或者某个重要会议召开的历史条件。

2. 概括说明对方都在哪些方面取得了哪些成绩，分析其成功的主观、客观原因。贺寿的贺信，要概括说明对方的贡献及其可贵品质。总之这一部分是贺信的中心部分，一定要交待清楚祝贺的原因。

3. 表示热烈的祝贺。要写出祝贺的心情，由衷地表达真诚的慰问和祝福。要写些鼓励的话，提出希望和共同理想。

结尾。结尾要写上祝愿的话。如“此致——敬礼”“祝争取更大的成功”“祝您健康长寿”等。

落款。写明发文的单位名称或个人的姓名，以及发信时间。

（三）贺信写作注意事项

贺信要写得感情饱满充沛。贺信内容要真实，评价成绩要恰如其分。表达感情要真诚不造作。不可空发议论，空喊口号。贺信与贺词有所不同，不要将贺信写成贺词。贺词内容篇幅长，而贺信要求篇幅短小精悍，不宜长篇大论；语言要求精炼、简洁明快，不堆砌华丽词藻。

十五、倡议书

（一）倡议书的含义和特点

1. 倡议书的含义。

倡议就是倡导、建议。倡议书是为倡议发起某项活动的一种具有号召性、公开建议性的专用书信。

2. 倡议书的特点。

倡议书是发动群众开展行动的一种手段，倡议书的特点具体来讲具有以下几个方面：

倡议书的群众性。倡议书往往面向广大群众，或对一个部门、一个地区、一个群体的所有人发出，甚至向全国发出。所以其对象广泛的群众性是倡议书的根本特征。

倡议书对象的不确定性。倡议书是要求广大群众响应的，然而其对象范围往往是不定的。它即便是在文中明确了自己的具体对象，但实际上有关人员可以表示响应，也可以不表示响应，本身不具有很强的约束力。而与此无关的别的群众团体却可以有所响应。

倡议书的公开性。倡议书就是一种广而告之的书信。它就是要让广大的人民群众知道了解，从而激起更多的人响应，以期在最大的范围内引起共鸣。

（二）倡议书的写作

倡议书一般由标题、称呼、正文、结尾、落款五部分组成。

标题。倡议书标题一般由文种名单独组成，即在第一行正中用较大的字体写“倡议书”三个字。另外，标题还可以由倡议内容和文种名共同组成。

称呼。倡议书的称呼可依据倡议的对象而选用适当的称呼。如“广大的青少年朋友们：”“广大的妇女同胞们：”等。有的倡议书也可不用称呼，而在正文中指出。

正文。倡议书的内容需包括以下几个方面：

写倡议书的背景原因和目的。倡议书的发出贵在引起广泛的响应，只有交待清楚倡议活动的原因，以及当时的各种背景事实，并申明发布倡议的目的，大家才会理解和信服，才会自觉地行动。这些因素交待不清就会使人觉得莫名其妙，难以响应。

写明倡议的具体内容和要求。这是正文的重点部分。倡议的内容一定要具体化。开展怎样的活动、做哪些事情、具体要求是什么、价值和意义都有哪些，均需一一写明。倡议的具体内容一般分条列明，这样写往往清晰明确，一目了然。

结尾要表示倡议者的决心和希望或者写出某种建议。倡议书一般不在结尾写表示敬意或祝愿的话。

落款。落款即在右下方写明倡议者单位、集体名称或个人的姓名，以及倡议发出日期。

十六、声明

（一）声明的含义

声明就是指公开表态或说明，声明是告启类文书的一种。它是就有关事项或问题向社会表明自己立场、态度的应用文体。政党和国家的领导机关及其领导人、机关单位、社会团体、企事业单位、其他组织或公民个人均可发表声明。声明可以在报刊登载，也可以通过广播、电台播发，还可以进行张贴。

（二）声明的种类

声明通常有两类：一类是当自己的某种合法权益受到侵害，为维护自己的合法权益、引起公众关注，并要求侵权方停止侵害行为的声明。另一类是在自己遗失了支票、证件等重要凭据或证明文件时，为防止他人冒领冒用而发表的声明。

声明的作用有三点：表明立场、观点、态度的作用；警告、警示的作用；保护自己合法权益的作用。

（三）声明的写作

声明由标题、正文和尾部三部分组成。

标题。一般只写文种“声明”；另一种由事由和文种构成，例如《遗失声明》等，还有一种采用发文机关名称、授权事由、文种三项结构形式，例如《××有限责任公司授权法律顾问××律师声明》。

正文。简明扼要地写明发表声明的原因，表明对有关事件的立场、态度。

尾部。包括署名、时间和附项三项内容：声明单位署名和年、月、日。

有的声明正文内容中写有希望公众检举揭发侵权者的意思，还应在署名项目的下方附注自己单位的地址、电话、传真以及邮政编码，以便联系。

十七、聘书

（一）聘书的含义

聘书是聘请书的简称，它是用于聘请某些有专业特长或名望权威的人完成某项任务或担任某种职务时的书信文体书。

（二）聘书的写作

聘书一般已按照书信格式印制好，中心内容由发文者填写即可。完整的聘书的格式一般由以下几部分构成。

标题。聘书往往在正中写上“聘书”或“聘请书”字样，有的聘书也可以不写标题。已印制好的聘书标题常由烫金或大写的“聘书”或“聘请书”字样组成。

称谓。聘请书上被聘者的姓名称呼可以在开头顶格写，然后再加冒号；也可以在正文中写明受聘人的姓名称呼。常见的印制好的聘书则大都在第一行空两格写“兹聘请××……”。

正文。聘书的正文一般要求包括以下一些内容：首先，交待聘请的原因和请去所干的工作，或所要去担任的职务；其次，写明聘任期限，如“聘期两年”“××年×月×日至××年×月×日”；再次，聘任待遇，可直接写在聘书上，也可另附详尽的聘约或公函写明具体的待遇，这要视情况而定。另外，正文还要写上对被聘者的希望。这一点一般可以写在聘书上，但也可以不写，而通过其它的途径使受聘人切实明白自己的职责。

结尾。聘书的结尾一般写上表示敬意和祝颂的结束用语。如“此致——敬礼”“此聘”等。

落款。落款要署上发文单位名称或单位领导的姓名、职务，并署上发文日期，同时要加盖公章。

（三）聘书写作的注意事项

聘书要郑重严肃，对有关聘请的内容要交待清楚。同时聘书的书写要整洁、大方、美观。聘书一般要短小精悍，不可篇幅太长，语言要简洁明了、准确流畅，态度要谦虚诚恳。聘书是以单位名义发出的，所以必须加盖公章，方视为有效。

十八、请柬

（一）请柬的含义

请柬，又叫请帖，是为邀请宾客而发出的书面通知。请柬在社会交际中被广泛应用。一些公务活动包括召开较隆重的会议需要请柬；人们在结婚、祝寿或举行其他庆典活动时，为邀请亲友赴宴或与会，也常常需要发请柬给被邀请者。发请柬是为了表示对客人的尊敬，也表明邀请者的郑重态度，所以请柬在款式和装帧设计上应美观、大方、精致，使被邀请者体味到主人的热情与诚意，感到喜悦和亲切。现在通行的请柬形式有双柬帖与单柬帖两种：双柬帖即双帖，将一张纸折成两等分，对折后成长方形；单柬帖即单帖，用一张长方形纸做成。无论双帖、单帖，帖文的书写或排版款式均有横排、竖排两种。

（二）请柬的写作

请柬的篇幅有限，书写时应根据具体场合、内容、对象，认真措词，行文应达、雅兼备。达，即准确；雅就是讲究文字美。在遣词造句方面，有的使用文言语句，显得古朴典雅；有的选用较平易通俗的语句，显得亲切热情。不管使用哪种风格的语言，都要庄重、明白，使人一看就懂，切忌语言的乏味和浮华。

请柬从形式上又分为横式写法和竖式写法两种。竖式写法从右边向左边写。

请柬一般有标题、称呼、正文、结尾、落款五部分构成。

标题。在封面上写的“请柬”（请帖）二字就是标题，一般要做一些艺术加工，可用美术体的文字，文字的色彩可以烫金，可以有图案装饰等。需说明的是，通常请柬已按照书信格式印制好，发文者只需填写正文即可。封面也已直接印上了名称“请柬”或“请帖”字样。

称呼。要顶格写出被邀请者（单位或个人）的姓名名称。如“××先生”“××单位”等。称呼后加上冒号。

正文。要写清活动内容，如开座谈会、联欢晚会、生日聚会、国庆宴会、婚礼、寿诞等。写明时间、地点、方式。如果是请人看戏或其他表演还应将入场券附上。若有其他要求也需注明，如“请准备发言”“请准备节目”等。

结尾。要写上礼节性问候语或恭候语，如“致以——敬礼”“顺致——崇高的敬意”“敬请——光临”等，在古代这叫做“具礼”。

落款。署上邀请者（单位或个人）的名称和发柬日期。如果是写给长辈，应注明称呼，然后写上姓名；给领导和重要人士需要先写上姓名，然后注明职务。

附　录

一、党政机关公文处理工作条例

（中办发〔2012〕14号）

第一章 总 则

第一条 为了适应中国共产党机关和国家行政机关（以下简称党政机关）工作需要，推进党政机关公文处理工作科学化、制度化、规范化，制定本条例。

第二条 本条例适用于各级党政机关公文处理工作。

第三条 党政机关公文是党政机关实施领导、履行职能、处理公务的具有特定效力和规范体式的文书，是传达贯彻党和国家的方针政策，公布法规和规章，指导、布置和商洽工作，请示和答复问题，报告、通报和交流情况等的重要工具。

第四条 公文处理工作是指公文拟制、办理、管理等一系列相互关联、衔接有序的工作。

第五条 公文处理工作应当坚持实事求是、准确规范、精简高效、安全保密的原则。

第六条 各级党政机关应当高度重视公文处理工作，加强组织领导，强化队伍建设，设立文秘部门或者由专人负责公文处理工作。

第七条 各级党政机关办公厅（室）主管本机关的公文处理工作，并对下级机关的公文处理工作进行业务指导和督促检查。

第二章 公文种类

第八条 公文种类主要有：

（一）决议。适用于会议讨论通过的重大决策事项。

（二）决定。适用于对重要事项作出决策和部署、奖惩有关单位和人员、变更或者撤销下级机关不适当的决定事项。

（三）命令（令）。适用于公布行政法规和规章、宣布施行重大强制性措施、批准授予和晋升衔级、嘉奖有关单位和人员。

（四）公报。适用于公布重要决定或者重大事项。

（五）公告。适用于向国内外宣布重要事项或者法定事项。

（六）通告。适用于在一定范围内公布应当遵守或者周知的事项。

（七）意见。适用于对重要问题提出见解和处理办法。

（八）通知。适用于发布、传达要求下级机关执行和有关单位周知或者执行的事项，批转、转发公文。

（九）通报。适用于表彰先进、批评错误、传达重要精神和告知重要情况。

（十）报告。适用于向上级机关汇报工作、反映情况，回复上级机关的询问。

（十一）请示。适用于向上级机关请求指示、批准。

（十二）批复。适用于答复下级机关请示事项。

（十三）议案。适用于各级人民政府按照法律程序向同级人民代表大会或者人民代表大会常务委员会提请审议事项。

（十四）函。适用于不相隶属机关之间商洽工作、询问和答复问题、请求批准和答复审批事项。

（十五）纪要。适用于记载会议主要情况和议定事项。

第三章　公文格式

第九条　公文一般由份号、密级和保密期限、紧急程度、发文机关标志、发文字号、签发人、标题、主送机关、正文、附件说明、发文机关署名、成文日期、印章、附注、附件、抄送机关、印发机关和印发日期、页码等组成。

（一）份号。公文印制份数的顺序号。涉密公文应当标注份号。

（二）密级和保密期限。公文的秘密等级和保密的期限。涉密公文应当根据涉密程度分别标注“绝密”“机密”“秘密”和保密期限。

（三）紧急程度。公文送达和办理的时限要求。根据紧急程度，紧急公文应当分别标注“特急”“加急”，电报应当分别标注“特提”“特急”“加急”“平急”。

（四）发文机关标志。由发文机关全称或者规范化简称加“文件”二字组成，也可以使用发文机关全称或者规范化简称。联合行文时，发文机关标志可以并用联合发文机关名称，也可以单独用主办机关名称。

（五）发文字号。由发文机关代字、年份、发文顺序号组成。联合行文时，使用主办机关的发文字号。

（六）签发人。上行文应当标注签发人姓名。

（七）标题。由发文机关名称、事由和文种组成。

（八）主送机关。公文的主要受理机关，应当使用机关全称、规范化简称或者同类型机关统称。

（九）正文。公文的主体，用来表述公文的内容。

（十）附件说明。公文附件的顺序号和名称。

（十一）发文机关署名。署发文机关全称或者规范化简称。

（十二）成文日期。署会议通过或者发文机关负责人签发的日期。联合行文时，署最后签发机关负责人签发的日期。

（十三）印章。公文中有发文机关署名的，应当加盖发文机关印章，并与署名机关相符。有特定发文机关标志的普发性公文和电报可以不加盖印章。

（十四）附注。公文印发传达范围等需要说明的事项。

（十五）附件。公文正文的说明、补充或者参考资料。

（十六）抄送机关。除主送机关外需要执行或者知晓公文内容的其他机关，应当使用机关全称、规范化简称或者同类型机关统称。

（十七）印发机关和印发日期。公文的送印机关和送印日期。

（十八）页码。公文页数顺序号。

第十条　公文的版式按照《党政机关公文格式》国家标准执行。

第十一条　公文使用的汉字、数字、外文字符、计量单位和标点符号等，按照有关国家标准和规定执行。民族自治地方的公文，可以并用汉字和当地通用的少数民族文字。

第十二条　公文用纸幅面采用国际标准A4型。特殊形式的公文用纸幅面，根据实际需要确定。

第四章　行文规则

第十三条　行文应当确有必要，讲求实效，注重针对性和可操作性。

第十四条　行文关系根据隶属关系和职权范围确定。一般不得越级行文，特殊情况需要越级行文的，应当同时抄送被越过的机关。

第十五条　向上级机关行文，应该遵循以下规则：

（一）原则上主送一个上级机关，根据需要同时抄送相关上级机关和同级机关，不抄送下级机关。

（二）党委、政府的部门向上级主管部门请示、报告重大事项，应当经本级党委、政府同意或者授权；属于部门职权范围内的事项应当直接报送上级主管部门。

（三）下级机关的请示事项，如需以本机关名义向上级机关请示，应当提出倾向性意见后上报，不得原文转报上级机关。

（四）请示应当一文一事。不得在报告等非请示性公文中夹带请示事项。

（五）除上级机关负责人直接交办事项外，不得以本机关名义向上级机关负责人报送公文，不得以本机关负责人名义向上级机关报送公文。

（六）受双重领导的机关向一个上级机关行文，必要时抄送另一个上级机关。

第十六条 向下级机关行文，应当遵循以下规则：

（一）主送受理机关，根据需要抄送相关机关。重要行文应当同时抄送发文机关的直接上级机关。

（二）党委、政府的办公厅（室）根据本级党委、政府授权，可以向下级党委、政府行文，其他部门和单位不得向下级党委、政府发布指令性公文或者在公文中向下级党委、政府提出指令性要求。需经政府审批的具体事项，经政府同意后可以由政府职能部门行文，文中须注明已经政府同意。

（三）党委、政府的部门在各自职权范围内可以向下级党委、政府的相关部门行文。

（四）涉及多个部门职权范围内的事务，部门之间未协商一致的，不得向下行文；擅自行文的，上级机关应当责令其纠正或者撤销。

（五）上级机关向受双重领导的下级机关行文，必要时抄送该下级机关的另一个上级机关。

第十七条 同级党政机关、党政机关与其他同级机关必要时可以联合行文。属于党委、政府各自职权范围内的工作，不得联合行文。

党委、政府的部门依据职权可以相互行文。

部门内设机构除办公厅（室）外不得对外正式行文。

第五章 公文拟制

第十八条 公文拟制包括公文的起草、审核、签发等程序。

第十九条 公文起草应当做到：

（一）符合国家法律法规和党的路线方针政策，完整准确体现发文机关意图，并同现行有关公文相衔接。

（二）一切从实际出发，分析问题实事求是，所提政策措施和办法切实可行。

（三）内容简洁，主题突出，观点鲜明，结构严谨，表述准确，文字精练。

（四）文种正确，格式规范。

（五）深入调查研究，充分进行论证，广泛听取意见。

（六）公文涉及其他地区或者部门职权范围内的事项，起草单位必须征求相关地区或者部门意见，力求达成一致。

（七）机关负责人应当主持、指导重要公文起草工作。

第二十条 公文文稿签发前，应当由发文机关办公厅（室）进行审核。审核的重点是：

（一）行文理由是否充分，行文依据是否准确。

（二）内容是否符合国家法律法规和党的路线方针政策；是否完整准确体现发文机关意图；是否同现行有关公文相衔接；所提政策措施和办法是否切实可行。

（三）涉及有关地区或者部门职权范围内的事项是否经过充分协商并达成一致意见。

（四）文种是否正确，格式是否规范；人名、地名、时间、数字、段落顺序、引文等是否准确；文字、数字、计量单位和标点符号等用法是否规范。

（五）其他内容是否符合公文起草的有关要求。

需要发文机关审议的重要公文文稿，审议前由发文机关办公厅（室）进行初核。

第二十一条 经审核不宜发文的公文文稿，应当退回起草单位并说明理由；符合发文条件但内容需作进一步研究和修改的，由起草单位修改后重新报送。

第二十二条 公文应当经本机关负责人审批签发。重要公文和上行文由机关主要负责人签发。党委、政府的办公厅（室）根据党委、政府授权制发的公文，由受权机关主要负责人签发或者按照有关规定签发。签发人签发公文，应当签署意见、姓名和完整日期；圈阅或者签名的，视为同意。联合发文由所有联署机关的负责人会签。

第六章　公文办理

第二十三条　公文办理包括收文办理、发文办理和整理归档。

第二十四条　收文办理主要程序是：

（一）签收。对收到的公文应当逐件清点，核对无误后签字或者盖章，并注明签收时间。

（二）登记。对公文的主要信息和办理情况应当详细记载。

（三）初审。对收到的公文应当进行初审。初审的重点是：是否应当由本机关办理，是否符合行文规则，文种、格式是否符合要求，涉及其他地区或者部门职权范围内的事项是否已经协商、会签，是否符合公文起草的其他要求。经初审不符合规定的公文，应当及时退回来文单位并说明理由。

（四）承办。阅知性公文应当根据公文内容、要求和工作需要确定范围后分送。批办性公文应当提出拟办意见报本机关负责人批示或者转有关部门办理；需要两个以上部门办理的，应当明确主办部门。紧急公文应当明确办理时限。承办部门对交办的公文应当及时办理，有明确办理时限要求的应当在规定时限内办理完毕。

（五）传阅。根据领导批示和工作需要将公文及时送传阅对象阅知或者批示。办理公文传阅应当随时掌握公文去向，不得漏传、误传、延误。

（六）催办。及时了解掌握公文的办理进展情况，督促承办部门按期办结。紧急公文或者重要公文应当由专人负责催办。

（七）答复。公文的办理结果应当及时答复来文单位，并根据需要告知相关单位。

第二十五条　发文办理主要程序是：

（一）复核。已经发文机关负责人签批的公文，印发前应当对公文的审批手续、内容、文种、格式等进行复核；需作实质性修改的，应当报原签批人复审。

（二）登记。对复核后的公文，应当确定发文字号、分送范围和印制份数并详细记载。

（三）印制。公文印制必须确保质量和时效。涉密公文应当在符合保密要求的场所印制。

（四）核发。公文印制完毕，应当对公文的文字、格式和印刷质量进行检查后分发。

第二十六条 涉密公文应当通过机要交通、邮政机要通信、城市机要文件交换站或者收发件机关机要收发人员进行传递，通过密码电报或者符合国家保密规定的计算机信息系统进行传输。

第二十七条 需要归档的公文及有关材料，应当根据有关档案法律法规以及机关档案管理规定，及时收集齐全、整理归档。两个以上机关联合办理的公文，原件由主办机关归档，相关机关保存复制件。机关负责人兼任其他机关职务的，在履行所兼职务过程中形成的公文，由其兼职机关归档。

第七章 公文管理

第二十八条 各级党政机关应当建立健全本机关公文管理制度，确保管理严格规范，充分发挥公文效用。

第二十九条 党政机关公文由文秘部门或者专人统一管理。设立党委（党组）的县级以上单位应当建立机要保密室和机要阅文室，并按照有关保密规定配备工作人员和必要的安全保密设施设备。

第三十条 公文确定密级前，应当按照拟定的密级先行采取保密措施。确定密级后，应当按照所定密级严格管理。绝密级公文应当由专人管理。

公文的密级需要变更或者解除的，由原确定密级的机关或者其上级机关决定。

第三十一条 公文的印发传达范围应当按照发文机关的要求执行；需要变更的，应当经发文机关批准。

涉密公文公开发布前应当履行解密程序。公开发布的时间、形式和渠道，由发文机关确定。

经批准公开发布的公文，同发文机关正式印发的公文具有同等效力。

第三十二条 复制、汇编机密级、秘密级公文，应当符合有关规定并经本机关负责人批准。绝密级公文一般不得复制、汇编，确有工作需要的，应当经发文机关或者其上级机关批准。复制、汇编的公文视同原件管理。

复制件应当加盖复制机关戳记。翻印件应当注明翻印的机关名称、日期。汇编本的密级按照编入公文的最高密级标注。

第三十三条 公文的撤销和废止，由发文机关、上级机关或者权力机关根据职权范围和有关法律法规决定。公文被撤销的，视为自始无效；公文被废止的，视为自废止之日起失效。

第三十四条 涉密公文应当按照发文机关的要求和有关规定进行清退或者销毁。

第三十五条 不具备归档和保存价值的公文，经批准后可以销毁。销毁涉密公文必须严格按照有关规定履行审批登记手续，确保不丢失、不漏销。个人不得私自销毁、留存涉密公文。

第三十六条 机关合并时，全部公文应当随之合并管理；机关撤销时，需要归档的公文经整理后按照有关规定移交档案管理部门。

工作人员离岗离职时，所在机关应当督促其将暂存、借用的公文按照有关规定移交、清退。

第三十七条 新设立的机关应当向本级党委、政府的办公厅（室）提出发文立户申请。经审查符合条件的，列为发文单位，机关合并或者撤销时，相应进行调整。

第八章　附　则

第三十八条 党政机关公文含电子公文。电子公文处理工作的具体办法另行制定。

第三十九条 法规、规章方面的公文，依照有关规定处理。外事方面的公文，依照外事主管部门的有关规定处理。

第四十条 其他机关和单位的公文处理工作，可以参照本条例执行。

第四十一条 本条例由中共中央办公厅、国务院办公厅负责解释。

第四十二条 本条例自2012年7月1日起施行。1996年5月3日中共中央办公厅发布的《中国共产党机关公文处理条例》和2000年8月24日国务院发布的《国家行政机关公文处理办法》停止执行。

二、中国石化公文处理办法

1 公文处理的基本要求

1.1 规范内容的界定

1.1.1 中国石化公文（包括电报，下同）是在生产经营建设和管理过程中形成的具有法定效力和规范体式的文书，是传达贯彻党和国家的方针政策，发布规章制度，施行管理措施，指导、布置和商洽工作，请示和答复问题，报告、通报和交流情况的重要工具。

1.1.2 公文处理工作是指公文拟制、办理、管理、整理（立卷）、归档等一系列相互关联、衔接有序的工作。

1.2 公文处理的原则

1.2.1 公文处理工作应当坚持实事求是、准确规范、精简高效的原则。

1.2.2 公文处理工作必须严格执行国家保密法律、法规和其他有关规定，确保国家秘密和企业商业秘密、工作秘密的安全。

2 管理职责

2.1 集团公司办公厅（股份公司总裁办）是中国石化公文处理工作的管理机构，主管总部机关各部门、专业公司和各企事业单位、股份公司各分（子）公司（以下统称各单位）的公文处理工作。

2.2 各单位办公室（综合处）应设立文秘部门或配备专职人员负责公文处理工作。

2.3 各单位负责人应当高度重视公文处理工作，加强组织领导，强化队伍建设，严格执行本办法，并对下级单位公文处理工作进行业务指导和督促检查。

3 公文种类

中国石化主要公文种类：

3.1 决定

适用于对重要事项或者重大行动作出决策和部署，奖惩有关单位和人员，变更或者撤销下级机关不适当的决定事项。

3.2　命令（令）

适用于公布行政法规和规章；宣布施行重大强制性行政措施；嘉奖有关单位和人员。

3.3　公告

适用于向国内外宣布重要事项或者法定事项。

3.4　通告

适用于在一定范围内公布应当遵守或者周知的事项。

3.5　意见

适用于对重要问题提出见解和处理办法。

3.6　通知

适用于发布、传达要求下级机关执行和有关单位周知或者执行的事项，批转、转发公文。

3.7　通报

适用于表彰先进，批评错误，传达重要精神和告知重要情况。

3.8　报告

适用于向上级机关汇报工作，反映情况，回复上级机关的询问。

3.9　请示

适用于向上级机关请求指示、批准。

3.10　批复

适用于答复下级机关请示事项。

3.11　函

适用于不相隶属机关之间商洽工作，询问和答复问题，请求批准和答复审批事项。

3.12　纪要

适用于记载、传达会议主要情况和议定事项。

4　公文格式

4.1　公文一般由份号、密级和保密期限、紧急程度、发文机关标志、发文字号、签发人、标题、主送机关、正文、附件说明、发文机关署名、成文日期、印章、附注、附件、抄送机关、印发机关和印发日期、页码等组成。

4.2 份号。公文印制份数的顺序号，涉密公文应当标注份号。

4.3 密级和保密期限。涉及国家秘密和企业商业秘密的公文，应当依据有关规定，根据涉密程度标注“绝密”“机密”“秘密”“核心商密”“普通商密”和保密期限。

4.4 紧急程度。紧急公文应当根据紧急程度分别标明“特急”“加急”；电报应当分别标明“特提”“特急”“加急”“平急”。

4.5 发文机关标志。由发文机关全称或者规范化简称加“文件”两字组成；联合行文时，发文机关标志可以并用联合发文机关名称，也可以单独用主办机关名称。

4.6 发文字号。由发文机关代字、年份、发文顺序号组成。联合行文时，使用主办机关的发文字号。

4.7 签发人。上行文应当注明签发人姓名。

4.8 标题。由发文机关名称、事由和文种组成。

4.9 主送机关。公文的主要受理机关，应当使用机关全称、规范化简称或者同类型机关统称。

4.10 正文。公文的主体，用来表述公文的内容。

4.11 附件说明。公文附件的顺序号和名称。

4.12 发文机关署名。署发文机关全称或者规范化简称。

4.13 成文日期。署会议通过或者发文机关负责人签发的日期，联合行文时，署最后签发机关负责人签发的日期。

4.14 印章。公文中有发文机关署名的，应当加盖发文机关印章，并与署名机关相符。有特定发文机关标志的普发性公文和电报可以不加盖印章。

4.15 附注。公文印发传达范围等需要说明的事项。

4.16 附件。公文正文的说明、补充或者参考资料。

4.17 抄送机关。除主送机关外需要执行或者知晓公文内容的其他机关，应当使用机关全称、规范化简称或者同类型机关统称。

4.18 印发机关和印发日期。公文的送印机关和送印日期。

4.19 页码。公文页数顺序号。

4.20 公文的版式按照《党政机关公文格式》国家标准执行。

4.21 公文使用的汉字、数字、外文字符、计量单位和标点符号等，按照有关国家标准和规定执行。民族自治地方的公文，可以并用汉字和当地通用的少数民族文字。

4.22 公文用纸幅面采用国际标准A4型。特殊形式的公文用纸幅面，根据实际需要确定。

5 行文规则

5.1 行文应当确有必要，讲求实效，注重针对性和可操作性。

5.2 各单位的行文关系，应根据隶属关系和职权范围确定。一般不得越级行文，特殊情况需要越级行文的，应当同时抄送被越过的机关。

5.3 各单位在各自职权范围内，可以互相行文。必要时，可以向各省、自治区、直辖市人民政府的有关业务部门和地、市、县人民政府行文。总部机关各部门必要时，经集团公司主管领导同意，可以向国务院各部委的有关业务部门行文。总部机关各部门原则上不得直接向成员单位的业务处室和下属单位行文。部门之间可以通过电话、面谈解决问题的，不得行文。

5.4 总部机关部门报集团公司（股份公司）领导的签报、情况反映、汇报材料等，均应由本部门领导签字后，交办公厅（总裁办）文件部门登记转送。

5.5 属于部门职权范围内的事务，由部门自行行文或联合行文。联合行文应当明确主办部门。须经集团公司（股份公司）审批的事项，经授权也可以由部门行文，文中应当注明经集团公司（股份公司）同意。

5.6 属于主管部门职权范围内的具体事项，应当直接报送主管部门处理。各单位报送总部及总部机关各部门的公文，应通过电子公文传输系统报办公厅或各部门办公室登记分办。

5.7 部门之间对有关问题未经协商一致，不得各自向下行文。如擅自行文，上级机关应当责令纠正或者撤销。

5.8 防止发一般号召性文件，与相关制度矛盾的文件，以及超规格和范围的文件。

5.9 凡总部规章制度已作出明确规定的，一律不再制发文件。总部现行文件规定仍然适用的，不再重复发文。

5.10 主送受理机关，根据需要抄送相关机关。重要行文应当同时抄送发文机关的直接上级机关。

5.11 请示应当一文一事；原则上主送一个上级机关，根据需要同时抄送上级机关和同级机关，不抄送下级机关。

不得在报告等非请示性公文中夹带请示事项。

5.12 除上级机关负责人直接交办的事项外，不得以本机关名义向上级机关负责人报送公文，不得以本机关负责人名义向上级机关报送公文。

5.13 受双重领导的机关向一个上级机关行文，必要时抄送另一个上级机关。上级机关向受双重领导的下级机关行文，必要时抄送该下级机关的另一个上级机关。

5.14 同级党政机关、党政机关与其他同级机关必要时可以联合行文。属于党委、行政各自职权范围内的工作，不得联合行文。

6 公文拟制

6.1 公文拟制包括公文的起草、审核、签发等程序。

6.2 公文起草应当做到：

6.2.1 符合国家法律法规和党的路线方针政策，完整准确体现发文机关意图，并同现行有关公文相衔接。

6.2.2 一切从实际出发，分析问题实事求是，所提政策措施和办法切实可行。

6.2.3 内容简洁，主题突出，观点鲜明，结构严谨，表述准确，文字精练。

6.2.4 文种正确，格式规范。

6.2.5 深入调查研究，充分进行论证，广泛听取意见。

6.2.6 起草公文，对涉及其他部门职权范围内的事项，主办部门应当主动与有关部门协商，取得一致意见后方可行文；如有分歧，主办部门的主要负责人应当出面协调，仍不能取得一致时，主办部门可以列明各方理据，提出建设性意见，并与有关部门会签后报请上级领导协调或裁定。

6.2.7 机关负责人应当主持、指导重要公文起草工作。

6.3 公文文稿签发前，应当由发文机关办公厅（室）进行审核。审核的重点是：

6.3.1 行文理由是否充分，行文依据是否准确。

6.3.2 内容是否符合国家法律法规和党的路线方针政策；是否完整准确体现

发文机关意图；是否同现行有关公文相衔接；是否同现行规章制度相一致；所提政策措施和办法是否切实可行。

6.3.3 涉及其他部门职权范围内的事项是否经过充分协商并达成一致。

6.3.4 文种是否正确，格式是否规范；人名、地名、时间、数字、段落顺序、引文等是否准确；文字、数字、计量单位和标点符号等用法是否规范。

6.3.5 其他内容是否符合公文起草的有关要求。

6.4 经审核不宜发文的公文文稿，应当退回起草单位并说明理由；符合发文条件但内容需作进一步研究和修改的，由起草单位修改后重新报送。

6.5 公文应当经本机关负责人审批签发。重要公文和上行文由机关主要负责人或者主持工作负责人签发；下行或者平行公文，由主要负责人或者分管负责人签发；有的公文经授权可由办公厅（室）主任签发。签发人签发公文，应当签署意见、姓名和完整日期；圈阅或者签名的，视为同意。

7 公文办理

公文办理包括收文办理、发文办理和整理归档。

7.1 收文办理主要程序。

7.1.1 签收。对收到的公文应当逐件清点，核对无误后签字或者盖章，并注明签收时间。

7.1.2 登记。对公文的主要信息和办理情况应当详细记载。

7.1.3 初审。对收到的公文进行初审。初审的重点：是否应当由本机关办理；是否符合行文规则；内容是否符合国家法律、法规及其他有关规定；涉及其他部门职权范围内的事项是否已协商、会签；文种、公文格式是否规范。经初审不符合规定的公文，应当及时退回来文单位并说明理由。

7.1.4 承办。阅知性公文应当根据公文内容、要求和工作需要确定范围后分送。批办性公文应当及时提出拟办意见送负责人批示或者转有关部门办理，需要两个以上部门办理的应当明确主办部门。紧急公文应当明确办理时限。承办部门对交办的公文应当及时办理，不得延误、推诿。有明确办理时限要求的应当在规定时限内办理完毕。

7.1.5 传阅。根据领导批示和工作需要将公文及时送传阅对象阅知或者批示。办理公文传阅应当随时掌握公文去向，不得漏传、误传、延误。

7.1.6　催办。及时了解掌握公文的办理进展情况，督促承办部门按期办结。紧急公文或者重要公文应当由专人负责催办。

7.1.7　答复。公文的办理结果应当及时答复来文单位，并根据需要告知相关单位。

7.2　发文办理主要程序。

7.2.1　复核。已经发文机关负责人签批的公文，印发前应当对公文的审批手续、内容、文种、格式等进行复核；需作实质性修改的，应当报原签批人复审。

7.2.2　登记。对复核后的公文，应当确定发文字号、分送范围和印制份数并详细记载。

7.2.3　印制。公文印制必须确保质量和实效。涉密公文应当在符合保密要求的场所印制。

7.2.4　核发。公文印制完毕，应当对公文的文字、格式和印刷质量进行检查后分发。

7.2.5　涉密公文应当通过机要交通、邮政机要通信、城市机要文件交换站或者收发件机关机要收发人员进行传递，通过密码电报或者符合国家保密规定的计算机信息系统进行传输。

7.3　公文归档。

7.3.1　需要归档的公文及有关材料，应当根据《中华人民共和国档案法》和中国石化有关规定，及时收集齐全、整理归档。集团公司、股份公司及总部机关部门的发文由主办部门办公室负责立卷归档。立卷归档工作应在主管档案工作部门的指导下进行。

7.3.2　个人不得保存应当归档的公文。

7.3.3　两个以上机关联合办理的公文，原件由主办机关归档，相关机关保存复印件。

7.3.4　代表集团公司、股份公司外出参加重要会议后，应当将会议文件、资料交办公厅（总裁办）或相关部门办公室立卷、归档。

7.3.5　机关负责人兼任其他机关职务的，在履行所兼职务过程中形成的公文，由其兼职机关整理（立卷）、归档。

7.3.6　归档范围内的公文应当确定保管期限，按照有关规定定期向档案部门移交。

7.3.7 拟制、修改和签批公文，书写及所用纸张和字迹材料必须符合存档要求。

8 公文管理

8.1 各单位应当建立健全本单位公文管理制度，确保管理严格规范，充分发挥公文效用。

8.2 各单位公文由文秘部门或者专人统一管理；建立机要保密室和机要阅文室，并按照保密规定配备工作人员和必要的安全保密设施设备。

8.3 公文确定密级前，应当按照拟定的密级先行采取保密措施。确定密级后，应当按照所定密级严格管理。绝密级公文应由专人管理。

公文的密级需要变更或者解除的，由原确定密级的机关或者上级机关决定。

8.4 公文的印发传达范围应当按照发文机关的要求执行；需要变更的，应当经发文机关批准。涉密公文公开发布前应当履行解密程序。公开发布的时间、形式和渠道，由发文机关确定。经批准公开发布的公文，同发文机关正式印发的公文具有同等效力。

8.5 复制、汇编机密级、秘密级公文，应当符合有关规定并经本机关负责人批准。绝密级公文一般不得复制、汇编，确有工作需要的，应当经发文机关或者其上级机关批准。复制、汇编的公文视同原件管理。

复制件应当加盖复制机关戳记。翻印件应当注明翻印的机关名称、日期。汇编本的密级按照编入公文的最高密级标注。

8.6 公文的撤销和废止，由发文机关、上级机关或者权力机关根据职权范围和有关法律法规决定。公文被撤销的，视为自始无效；公文被废止的，视为自废止之日起失效。

8.7 涉密公文应当按照发文机关的要求和有关规定进行清退或者销毁。

8.8 不具备归档和保存价值的公文，经批准后可以销毁。销毁涉密公文必须严格按照有关规定履行审批登记手续，确保不丢失、不漏销。个人不得私自销毁、留存涉密公文。

8.9 机关合并时，全部公文应当随之合并管理；机关撤销时，需要归档的公文经整理后按照有关规定移交档案管理部门。

工作人员离岗离职时，所在机关应当督促其将暂存、借用的公文按照有关规定移交、清退。

8.10 新设立的单位应当向上一级单位办公厅（室）提出发文立户申请。经审查符合条件的，列为发文单位，单位合并或者撤销时，相应进行调整。

9 附则

9.1 中国石化公文含电子公文。电子公文处理工作的具体办法另行制定。

9.2 法规、规章制度方面的公文，依照有关规定处理。外事方面的公文，依照外事主管部门的有关规定处理。

9.3 中国石化工作表单严格按照《关于全面实施<总部机关文件管理创新方案>的通知》（中国石化厅〔2011〕20号）执行。

9.4 各单位办公室负责对上级机关和本机关下发公文的贯彻落实情况进行督促检查并建立督查制度。

9.5 各单位应根据本办法制定本单位的具体实施细则。

三、公文常用词语

（一）公文常用词语类型及举例

（1）领叙词：表示行文目的、原因、根据、时态、范围和背景，如为、为了、本着、据、根据、依据、遵照、按照、关于、近查、据查、欣悉、电悉、兹、兹定于、鉴于、随着、由于等。

（2）称谓词：表示人称或对单位的称呼。第一人称，如我、本、我们、我单位、本单位等；第二人称，如你、贵、你单位、贵单位等；第三人称，如他、该、该单位、该同志、×××同志等。

（3）期请词：表示期望请求，如请、请予、拟请、恳请、敬请、特请、报请、提请、务请、即请、希、望、希望、切盼、以……为盼等。

（4）询问词：表示征询对方意见和态度，如当否、妥否、可否、是否得当、如无不妥、如无不当、有何意见等。

（5）见解词:表示对事物的认识、态度和主张，如应、理应、本应、同意、可行、不可行、应将、应予、必须、须要、务须、均须、亦须、准予、特予、照此执行、参照执行等；原则同意、原则批准、拟同意、缓议、宜……酌情处理、以……为要、以……为宜、供参考等。

（6）承转词：表示从对具体情况的叙述转为对作者主张的概括和阐述，如为此、据此、对此、故此、因此、由此可见、鉴此、总之、综上所述等。

（7）祈使词：表示命令语气，如责令、责成、敦促、必须、切实、切勿、不得、严禁、毋违、不得有误等。

（8）时态词：表示时间状态和时间要求，如兹、已、已经、届时、拟于、将要、即将、即行、暂时、曾经、正在、时常、一向、一直、按期、定期、如期、先期、逾期、亟待、报经、业经、并经等。

（9）办理词：表示办理过程或办理要求，如报、呈、呈报、呈请、径报、申报、报请、提请、报送、径送、送达、查收、查对、查询、查复、备查、备案、草拟、签订、签注、制定、制订、核准、核定、核拨、核销、核发、审核、审议、审定、审发、颁布、颁发、公布、发布、印发、下达、批示、批复、批准、批转、转发、自行、另行、酌情等。

（10）结尾词：表示正文结束，上行文如妥否、当否、请批示、请指示、请予批复、请予审批、如无不妥、请批转……执行、特此报告等；下行文如特予通告、特此通知、特此批复、请遵照执行、请贯彻执行、请参照办理等；平行文如特此函告、特此函达、特此函复、请予支持、请协助办理、为盼、为荷等。

（二）公文常用词语使用辨析

（按汉语拼音顺序排列）

A

按照－依照－遵照

“按照”强调以某种事理为根据，使用范围较宽，经常用于路线、方针、政策、指示、制度、规定、计划、精神、情况、要求、方法、规律等。

“依照”重点是照办，强调的是严格地以某种事物为标准。

“遵照”有尊奉依照之意，多用在庄重的场合。

B

拜见－拜会

“拜见”一般用于访问长辈、有威望者或上级等，表示郑重其事。

“拜会”一般用于外交场合和礼节性的社交场合，表达尊重、客气的态度。

榜样－模范－典范－楷模

“榜样”是指有示范作用的人、组织或事物，既可以用在好的方面，也可以用在差的方面。

“模范”着重于人或单位的先进性或作为人物代称，仅用在好的方面。

“典范”强调非常卓越，含有成为标准、很有代表性、成为大家所仿效的经典的意味。

“楷模”强调成为一种正式而优良的样式，值得学习和仿效，一般只用于人。

包含－包括

“包含”所指的对象一般比较抽象，强调内里含有，且是相互关联的各个方面，如道理、意义、内容等。

“包括”所指的对象一般比较具体，强调总括在内，但往往是相互独立的各个部分。

保障－保证

“保障”着重表示维护、使不受侵犯或损害的意思，其对象多是已经存在的事物，一般指生命、财产、权利、国家和人民的利益、安全等重大而抽象的事物，范围比较窄。

“保证”着重表示确保做到、负责完成，其对象多是将要做的工作、计划、行动等，范围比较宽。

暴露－揭露

“暴露”是指隐蔽的事物、缺陷、矛盾、问题等自行显露。

“揭露”是指由于别人的揭发而显露出来，一般用于违背传统道德和社会规范的抽象事物，不用于自身。

必须－必需

“必须”表示事理上和情理上的强制性需要，一定要。

“必需”表示事物的特别需要，一定要有，不可缺少。

遍及－普及

“遍及”着重于客观上已经广泛全面地达到或影响到，在某个范围内处处都存在。

“普及”着重于主动把事物广泛地传播或推广开来，或使其大众化。

辩－辨

“辩”表示争论，说明是非、真假。

“辨”表示区别、分析。

辨别－识别

“辨别”着重于在认识上对两种或两种以上不同的对象加以分辨，将容易混淆的区分开。

“识别”着重于在诸多对象中通过辨认各自的特点、标志加以判别，确定其所属类别，将某一对象与其他对象区别开来。

标明－表明

“标明”着重于用文字、符号、图表等明确地标注出来，使人一目了然，多用于具体事物，如日期、地点、价钱、名称、身份等。

“表明”着重于通过语言、文字、表情、行动等清楚地表示出来，多用于抽象事物，如态度、决心、心意、观点、看法等。

布置－部署

“布置”是指对一些活动作出比较具体的安排。适用一般场合。

“部署”是指安排、布置。一般用于涉及到全局的、比较重大的和时间较长的工作。多用于庄重的场合。

C

采用－采取－采纳

“采用”重点在于取用，拿过来用，可用于具体事物，也可用于抽象事物。

“采取”是指针对有关情况思考权衡后决定采用，适用于抽象事物，如意见、措施、原则、立场等。

“采纳”是一种对来自外部的意见或建议等的接受，适用于意见、建议、要求、主张等。

才干－才能

“才干”着重指办事的能力。

“才能”着重指运用知识进行创造性活动的技能和本领。

裁决－判决

“裁决”是依据某种规则进行考虑以后作出的决定。

“判决”是法院作出的决定，不能用在其他方面。

策划－谋划－筹划

“策划”强调出主意，提方案，

“谋划”强调思谋考虑，想办法。

“筹划”强调定计划并考虑或研究有关准备的事项。

差别－差异

“差别”强调相差的地方，既可用于实质方面的不同，又可用于表面现象上的不同。

“差异”强调两者之间的不同，主要用于实质上的不同。

查访－察访

“查访”强调作调查、听取情况，多用于对案件的调查或对特定事件的了解。

“察访”强调观察和考察，多用于对政情或民情的了解。

常年－长年

“常年”是指历年，长期。

“长年”是指整年，一年到头。

成绩－成就

“成绩”一般指工作、学习、体育运动等方面的收获、效果。

“成就”用于有较大社会意义的事情，一般指大的成功和显著的成绩。

持续－继续

“持续”表示动作连续不断，中间没有间歇。

“继续”表示时间上前后相连，中间可以有间隙，也可以不间断，时间上一般指从现在到将来。

次序－秩序

“次序”是指事物在空间或时间上排列的先后。

“秩序”强调有条理、不混乱。

D

订－定

“订”多指事先经过双方商讨而立下协议，并非确定不变的。

“定”侧重在已经确定，不轻易变动。

洞察－洞悉

“洞察”是指观察得很清楚，侧重观察、了解事物的有关现象并记录下来。

“洞悉”是指很清楚地知道，能捕捉到事物的本质。

渡－度

“渡”侧重指由这一岸到那一岸，载运通过江河、渡口的意思。常与江河湖海或困难、危机、难关等词语搭配。

“度”多指时间上的度过，表示经历了一段时间，常与时代、季节、光阴、岁月之类的词语搭配。

断定－判断

“断定”强调确定现象、情况、问题的是非或确定有无某种属性。

“判断”强调对于是与非或属性存在与否作出分辨与选择。

E

遏制 – 遏止

“遏制”强调用强制手段控制住。

“遏止”强调阻挡住，使停止。

F

法制 – 法治

“法制”是指国家的法律制度，是实行专政的工具。

“法治”是指根据法律治理国家。

反映 – 反应

“反映”侧重强调把意见、情况向上级单位或有关部门报告，主动性强一些。

“反应”侧重强调由外界刺激所引起的相应活动，或事件所引起的意见、态度或行动，被动成分浓一些。

妨 – 防

“妨”是指妨碍、妨害的意思。

“防”是指防止的意思。

仿照 – 仿造

“仿照”是指模仿、参照。

“仿造”是指照样子制造。

分 – 份

“分”是指将整体事物分解成几部分，或使联系在一起的事物分开。

“份”表示整体里的一部分，一般常用在“省”或“年”“月”后面，表示划分的单位。

肤浅 – 浮浅

“肤浅”是指（学识）浅薄，（理解）不深刻。

“浮浅”是指认识浮在表面，缺乏深度，贬义比“肤浅”重。

G

改进 – 改善

“改进”强调在原来的基础上适当更改，使有所进步。

“改善”强调改变原有的状况，并达到较好的水平。

改正－纠正

“改正”着重在“改”，把原来的错误按正确的要求加以改变，多用于改正自身方面的不正确之处，对象可具体也可抽象。

“纠正”着重在“纠”，从他人的角度，指出偏离正确要求的情况或行为，并通过外在力量更正，一般用于强调改正他人不正确之处，对象比较抽象。

感觉－认为

“感觉”强调亲身感受，不是亲自接触或经历的事一般不用。

“认为”一般是表示看法，多用于比较正式的场合，常用在下结论时。

格式－体例

“格式”是指一定的规格式样。

“体例”是指著作的编写格式，文章的组织形式。

公布－颁布

“公布”既可以是政府机关的法律、命令、公告等重大事件的发布，也可以是机关团体通知的一般事项的发布，使用范围比较宽泛，内容涉及面也相对较广，强调的侧重点在“使大家都知道”。

“颁布”主要是指机关的重要政策、决定等自上而下地发布。

工夫－功夫

“工夫”多指时间或精力。

“功夫”多指本领、造诣。

公正－公证

“公正”是指公平正直。

“公证”是指由国家依法授权的机关对有关民事权利义务关系所作出的有法律效力的证明。

H

函复－复函

“函复”是动词，指用“函”的形式答复对方。

“复函”是名词，指用来答复对方询问或商洽公务的“函”。

合计－核计

“合计”是指总计、共计的意思。

“核计”是指计算并核对结果，也可指自己在盘算或与人商量。

后果－结果

“后果”一般指不好的、有害的结果，多为贬义。

“结果”是指一定阶段事物发展变化的最后状态，是中性词。

会见－接见

“会见”用于正式场合，多用于外交场合，可以是上对下，更多地是指平等相见。

“接见”用于正式场合，一般只用于上对下。

J

籍－藉

“籍”是指书籍、籍贯。

“藉”是指凭借、依靠，可简化为“借”，但“杯盘狼藉”不能写作“杯盘狼借”。

急待－亟待

“急待”是指紧急待办，强调时间的紧迫性。

“亟待”是指急迫地待办，强调意义重要性。另外，还包含问题的严重性已达到极点，否则不宜用“亟待”一词。

既－即

“既”是已经的意思。

“即”是就、即刻的意思。

记录－纪录

“记录”是指把听到的话或看到的事写下来，也指记录下来的材料。

“纪录”是指在一定时期、一定范围内记载下来的事件或极限。

简洁－简捷

“简洁”着重于简明扼要，干净利索，没有多余的东西，多形容说话、行文、画面等。

“简捷”着重于直截了当，简便快捷，不拐弯抹角，可形容说话、行文，还可形容某种行动方式或操作过程。

检察 – 监察

“检察”是指审查被检举的犯罪事实。

“监察”是指监督各级国家工作人员的工作，并检举违法失职的机关或工作人员。

接待 – 招待

“接待”侧重于对人的一般性迎接和安排，其对象可以是客人，也可以是其他人，适用范围比较广。

“招待”侧重于盛情款待客人或安排好客人的生活，形式上比较隆重，其对象多是客人，适用范围比较窄。

截至 – 截止

“截至”是指截止到某个时点，强调的是该时点上的事态，并不意味终止和结束。

“截止”是指到一定期限为止或停止，强调终止和结束的意思，即在等时点上所进行的事情已经完结。

界限 – 界线

“界限”强调作为不同事物范围据以划分开的东西，多用于抽象意义，少用于具体意义。

“界线”强调成为不同事物相互邻接而又能明显区分开之处，多用于具体意义，少用于抽象意义。

精致 – 精制

“精致”是精巧细致的意思。

“精制”是精工制造的意思。

竟 – 竞

“竟”是完毕、从头到尾、终于、出乎意料之外的意思。

“竞”是竞争、竞赛的意思。

聚集 – 聚积

“聚集”是指由分散状态集合到一起。

“聚积”是指一点一滴地累积。

俱 – 具

“俱”是指全、都的意思。

“具”是指工具，具体、具备。

决不 – 绝不

“决不”是指决心不，强调的是意志上的控制。

“绝不”是指绝对不，强调的是没有任何条件限制的。

K

考查 – 考察

“考查”是指用一定的标准来检查衡量对象的行为、活动，其对象主要是人。

“考察”是指实地观察、调查。

L

类同 – 雷同

“类同”形容事物或情况大致相近。

“雷同”用于强调不应相同而相同的情况。

俩 – 两

“俩”是数量“2”的意思，本身已包含量词“个”，可以用在人称代词或表示人的名词后，不能用在物质名词后。

“两”亦是数量“2”的意思，一般用在量词前，如：“两条河”“两杯水”。

谅解 – 原谅

“谅解”多用在书面语中，侧重于双方的互相体谅，表示求同存异，取得一致，语气比较缓和。

“原谅”是指一方对另一方的错误或困难给予宽恕，不予责备，多用在口语中；如用否定语气则表示程度很严重。

论述 – 阐述

“论述”表示分析说明和叙述，侧重于作有条理的分析。

“阐述”侧重于作解释、说明。

M

目标 – 目的

“目标”是指希望达到的目的或标准，也可指打击或寻求的对象。

“目的”是指某一具体的意图，还可表示要达到的地点，如“目的港”“目的地”。

P

凭借－依靠－依赖

“凭借”和“依靠”是指靠别人或客观条件来达到目的，这种依靠有时是必然也是必须的，同时还可以靠自己的主观能动性。“依靠”可用于书面或口语中，“凭借”多用于书面语中。

“依赖”是指只是依靠别人，放弃自己的努力，有贬义的意思，但在表示互相依存的意思时，则没有贬义。

Q

其间－期间

“其间”表示空间或某一段时间。

“期间”一般只表示时间，指某个时段。

启事－启示－启发

“启事”是指为了公开声明或办理某事而刊登在报刊上或张贴出来的一种应用文体。

“启示”强调给予提示或暗示。

“启发”强调使人联想、深省，不直接给出结论或答案，而让对方自己作出结论。

启用－起用

“启用”是指开始使用，一般专用于机关印信。

“起用”是指重新任用（已退职或免职的人员）。任用新人不能用“起用”。

权力－权利

“权力”是指政治上的强制力量或职责范围内的支配力量。

“权利”是指依法应享有的权力和利益。

R

融化－熔化

“融化”着重于冰、雪、霜等受热变成液体，还比喻融入某种环境或氛围。

“熔化”着重于用高温使固体受热变成液体，还比喻在温暖的环境、热情的氛围中受感化、起变化。

S

审定－审订

“审定”强调审查决定。

“审订”强调审阅修订。

审核－审批

“审核”是指审查核定。

“审批”是指审查批示。

T

停止－停滞

“停止”是指停住不动，不再进行。

“停滞”是指受到阻碍，不能顺利地运动或发展，或速度极慢。

推辞－谢绝－拒绝

“推辞”表示不接受、不同意的意思，是礼貌、婉转的回绝，其对象一般指任命、邀请。

“谢绝”表示对别人好意的回避，也可作为标识用语，如“谢绝进入”等固定表达。

“拒绝”表示不接受、不同意的态度，强硬坚决，没有商量的余地。

W

违反－违犯

“违反”是指不符合、不遵守。

“违犯”是指违背、触犯。

X

吸取－汲取

“吸取”强调采取、吸收，常用于经验、教训、成果、精华等。

“汲取”强调吸取、取得，一般用于养分、力量、知识等。

形式－形势

“形式”是指事物的形状、结构等。

“形势”是指地势或在一定时间内各种情形的相对状况。

须 – 需

“须”是必要、应该的意思，如无须、须要。

“需”是对事物的欲望和要求，如必需品、需要。

学历 – 学力

“学历”是指学习的经历，如曾在哪些学校毕业或肄业。

“学力”是指学问上达到的程度。

Y

压制 – 抑制

“压制”是指竭力限制或制止，其对象一般是外在的。

“抑制”是指控制、压下去，着重强调克制自己的思想感情。

以至 – 以致

“以至”是指事物扩展、延伸或发展到一定程度产生的效果，强调程度的升级。

“以致”是指事态发展形成的结果，强调原因导致的后果。

盈利 – 赢利 – 营利

“盈利”作为动词是指获得利润，作为名词是指获得的利润。“盈”有多出来的意思。

“赢利”同“盈利”。“赢”有获利的意思。

“营利”是动词，指谋求利润，表达了通过一定方式去获取利润的主观意图。

援助 – 资助 – 赞助

“援助”大多是国家、集体的行为，指具体的物质和资金上的帮助。

“资助”既可以是集体行为也可以是个人行为，是财力上的帮助。

“赞助”多为企业行为，是为了帮助某项活动的展开而付出物质钱财上的帮助。

Z

增长 – 增加

“增长”是增加、提高的意思，一般为相对数，表示在原有的基础上增多了多少。

“增加”是在原有的基础上加多，一般为绝对数，表示由原来的多少到现在的多少。

帐－账

“帐”是用布、纱或绸子等做成的遮蔽用的东西，如帐篷、青纱帐。

“账”是关于货币、货物出入的记载，指账簿、债。“账”字使用一般均与钱财等有关。

制订－制定

“制订”强调订立，侧重于创制拟定的行为过程。

“制定”强调定出，含有“确定下来，成为定案”的意味。

周密－严密－缜密

“周密”着重点在于“周”，强调周到、完备、不疏漏，多用于思维、制订和实施计划等。

“严密”的着重点为在于“严”，强调严实，多用于军事防范、文章结构、组织系统等。

“缜密”强调细致精密、严谨周密，多用于计划、策划、研究、分析和思想。

逐步－逐渐

“逐步”是指一步一步地缓慢变化，一般仅指人为的变化。

“逐渐”是指渐渐地，可以表示自然变化，也可指人的心理、行为的变化。

资本－资金

“资本”是指生产经营中用来牟取利润的生产资料和货币，数量较大，有时还指条件。

“资金”是指发展各项事业的经费或货币，数量可大可小，也比较具体。

作－做

“作”有从事、制作、充当的含义，涉及的事情一般较抽象。

“做”是指从事某种工作或活动，强调干一些具体的事。

四、标点符号用法（GB/T 15834—2011）

前 言

本标准按照GB/T 1.1—2009给出的规则起草。

本标准代替GB/T 15834—1995，与GB/T 15834—1995相比，主要变化如下：

——根据我国国家标准编写规则（GB/T1.1—2009），对本标准的编排和表述做了全面修改；

——更换了大部分示例，使之更简短、通俗、规范；

——增加了对术语“标点符号”和“语段”的定义（2.1/2.5）；

——对术语“复句”和“分句”的定义做了修改（2.3/2.4）；

——对句末点号（句号、问号、叹号）的定义做了修改，更强调句末点号与句子语气之间的关系（4.1.1/4.2.1/4.3.1）；

——对逗号的基本用法做了补充（4.4.3）；

——增加了不同形式括号用法的示例（4.9.3）；

——省略号的形式统一为六连点“……”，但在特定情况下允许连用（4.11）；

——取消了连接号中原有的二字线，将连接号形式规范为短横线“-”、一字线“—”和浪纹线“～”，并对三者的功能做了归并与划分（4.13）；

——明确了书名号的使用范围（4.15/A.13）；

——增加了分隔号的用法说明（4.17）；

——“标点符号的位置”一章的标题改为“标点符号的位置和书写形式”，并增加了使用中文输入软件处理标点符号时的相关规范（第5章）；

——增加了“附录”：附录A为规范性附录，主要说明标点符号不能怎样使用和对标点符号用法加以补充说明，以解决目前使用混乱或争议较大的问题。附录B为资料性附录，对功能有交叉的标点符号的用法做了区分，并对标点符号误用高发环境下的规范用法做了说明。

本标准由教育部语言文字信息管理司提出并归口。

本标准主要起草单位：北京大学。

本标准主要起草人：沈阳、刘妍、于泳波、翁姗姗。

本标准所代替标准的历次版本发布情况为：

——GB/T 15834—1995。

标点符号用法

1 范围

本标准规定了现代汉语标点符号的用法。

本标准适用于汉语的书面语（包括汉语和外语混合排版时的汉语部分）。

2 术语和定义

下列术语和定义适用于本文件。

2.1 标点符号 punctuation

辅助文字记录语言的符号，是书面语的有机组成部分，用来表示语句的停顿、语气以及标示某些成分（主要是词语）的特定性质和作用。

注：数学符号、货币符号、校勘符号、辞书符号、注音符号等特殊领域的专门符号不属于标点符号。

2.2 句子 sentence

前后都有较大停顿、带有一定的语气和语调、表达相对完整意义的语言单位。

2.3 复句 complex sentence

由两个或多个在意义上有密切关系的分句组成的语言单位，包括简单复句（内部只有一层语义关系）和多重复句（内部包含多层语义关系）。

2.4 分句 clause

复句内两个或多个前后有停顿、表达相对完整意义、不带有句末语气和语调、有的前面可添加关联词语的语言单位。

2.5 语段 expression

指语言片段，是对各种语言单位（如词、短语、句子、复句等）不做特别区分时的统称。

3 标点符号的种类

3.1 点号

点号的作用是点断，主要表示停顿和语气。分为句末点号和句内点号。

3.1.1 句末点号

用于句末的点号，表示句末停顿和句子的语气。包括句号、问号、叹号。

3.1.2 句内点号

用于句内的点号，表示句内各种不同性质的停顿。包括逗号、顿号、分号、冒号。

3.2 标号

标号的作用是标明，主要标示某些成分（主要是词语）的特定性质和作用。包括引号、括号、破折号、省略号、着重号、连接号、间隔号、书名号、专名号、分隔号。

4 标点符号的定义、形式和用法

4.1 句号

4.1.1 定义

句末点号的一种，主要表示句子的陈述语气。

4.1.2 形式

句号的形式是“。”。

4.1.3 基本用法

4.1.3.1 用于句子末尾，表示陈述语气。使用句号主要根据语段前后有较大停顿、带有陈述语气和语调，并不取决于句子的长短。

示例1：北京是中华人民共和国的首都。

示例2：（甲：咱们走着去吧？）乙：好。

4.1.3.2 有时也可以表示较缓和的祈使语气和感叹语气。

示例1：请你稍等一下。

示例2：我不由地感到，这些普通劳动者也同样是很值得尊敬的。

4.2 问号

4.2.1 定义

句末点号的一种，主要表示句子的疑问语气。

4.2.2 形式

问号的形式是“？”。

4.2.3 基本用法

4.2.3.1 用于句子末尾，表示疑问语气（包括反问、设问等疑问类型）。使用问号主要根据语段前后有较大停顿、带有疑问语气和语调，并不取决于句子的长短。

示例1：你怎么还不回家去呢？

示例2：难道这些普通的战士不值得歌颂吗？

示例3：（一个外国人，不远万里来到中国，帮助中国的抗日战争。）这是什么精神？这是国际主义的精神。

4.2.3.2 选择问句中，通常只在最后一个选项的末尾用问号，各个选项之间一般用逗号隔开。当选项较短且选项之间几乎没有停顿时，选项之间可不用逗号。当选项较多或较长，或有意突出每个选项的独立性时，也可每个选项之后都用问号。

示例1：诗中记述的这场战争究竟是真实的历史描述，还是诗人的虚构？

示例2：这是巧合还是有意安排？

示例3：要一个什么样的结尾：现实主义的？传统的？大团圆的？荒诞的？民族形式的？有象征意义的？

示例4：（他看着我的作品称赞了我。）但到底是称赞我什么：是有几处画得好？还是什么都敢画？抑或只是一种对于失败者的无可奈何的安慰？我不得而知。

示例5：这一切都是由客观的条件造成的？还是由行为的惯性造成的？

4.2.3.3 在多个问句连用或表达疑问语气加重时，可叠用问号。通常应先单用，再叠用，最多叠用三个问号。在没有异常强烈的情感表达需要时不宜叠用问号。

示例：这就是你的做法吗？你这个总经理是怎么当的？？你怎么竟敢这样欺骗消费者？？？

4.2.3.4 问号也有标号的用法，即用于句内，表示存疑或不详。

示例1：马致远（1250？—1321），大都人，元代戏曲家、散曲家。

示例2：钟嵘（？—518），颍川长社人，南朝梁代文学批评家。

示例3：出现这样的文字错误，说明作者（编者？校者？）很不认真。

4.3 叹号

4.3.1 定义

句末点号的一种，主要表示句子的感叹语气。

4.3.2 形式

叹号的形式是“！”。

4.3.3 基本用法

4.3.3.1 用于句子末尾，主要表示感叹语气，有时也可表示强烈的祈使语气、反问语气等。使用叹号主要根据语段前后有较大停顿、带有感叹语气和语调或带有强烈的祈使、反问语气和语调，并不取决于句子的长短。

示例1：才一年不见，这孩子都长这么高啦！

示例2：你给我住嘴！

示例3：谁知道他今天是怎么搞的！

4.3.3.2 用于拟声词后，表示声音短促或突然。

示例1：咔嚓！一道闪电划破了夜空。

示例2：咚！咚咚！突然传来一阵急促的敲门声。

4.3.3.3 表示声音巨大或声音不断加大时，可叠用叹号；表达强烈语气时，也可叠用叹号，最多叠用三个叹号。在没有异常强烈的情感表达需要时不宜叠用叹号。

示例1：轰！！在这天崩地塌的声音中，女娲猛然醒来。

示例2：我要揭露！我要控诉！！我要以死抗争！！！

4.3.3.4 当句子包含疑问、感叹两种语气且都比较强烈时（如带有强烈感情的反问句和带有惊愕语气的疑问句），可在问号后再加叹号（问号、叹号各一）。

示例1：这么点困难就能把我们吓倒吗？！

示例2：他连这些最起码的常识都不懂，还敢说自己是高科技人材？！

4.4 逗号

4.4.1 定义

句内点号的一种，表示句子或语段内部的一般性停顿。

4.4.2 形式

逗号的形式是“，”。

4.4.3　基本用法

4.4.3.1　复句内各分句之间的停顿，除了有时用分号（见4.6.3.1），一般都用逗号。

示例1：不是人们的意识决定人们的存在，而是人们的社会存在决定人们的意识。

示例2：学历史使人更明智，学文学使人更聪慧，学数学使人更精细，学考古使人更深沉。

示例3：要是不相信我们的理论能反映现实，要是不相信我们的世界有内在和谐，那就不可能有科学。

4.4.3.2　用于下列各种语法位置：

a）较长的主语之后。

示例1：苏州园林建筑各种门窗的精美设计和雕镂功夫，都令人叹为观止。

b）句首的状语之后。

示例2：在苍茫的大海上，狂风卷集着乌云。

c）较长的宾语之前。

示例3：有的考古工作者认为，南方古猿生存于上新世至更新世的初期和中期。

d）带句内语气词的主语（或其他成分）之后，或带句内语气词的并列成分之间。

示例4：他呢，倒是很乐观地、全神贯注地干起来了。

示例5：（那是个没有月亮的夜晚。）可是整个村子——白房顶啦，白树木啦，雪堆啦，全看得见。

e）较长的主语中间、谓语中间和宾语中间。

示例6：母亲沉痛的诉说，以及亲眼看到的实事，都启发了我幼年时期追求真理的思想。

示例7：那姑娘头戴一顶草帽，身穿一条绿色的裙子，腰间还系着一根橙色的腰带。

示例8：必须懂得，对于文化传统，既不能不分青红皂白统统抛弃，也不能不管精华糟粕全盘继承。

f）前置的谓语之后或后置的状语、定语之前。

示例9：真美啊，这条蜿蜒的林间小路。

示例10：她吃力地站了起来，慢慢地。

示例11：我只是一个人，孤孤单单的。

4.4.3.3　用于下列各种停顿处：

a）复指成分或插说成分前后。

示例1：老张，就是原来的办公室主任，上星期已经调走了。

示例2：车，不用说，当然是头等。

b）语气缓和的感叹语、称谓语和呼唤语之后。

示例3：哎哟，这儿，快给我揉揉。

示例4：大娘，您到哪儿去啊？

示例5：喂，你是哪个单位的？

c）某些序次语（“第”字头、“其”字头及“首先”类序次语）之后。

示例6：为什么许多人都有长不大的感觉呢？原因有三：第一，父母总认为自己比孩子成熟；第二，父母总要以自己的标准来衡量孩子；第三，父母出于爱心而总不想让孩子在成长的过程中走弯路。

示例7：《玄秘塔碑》所以成为书法的范本，不外乎以下几方面的因素：其一，具有楷书点画、构体的典范性；其二，承上启下，成为唐楷的极致；其三，字如其人，爱人及字，柳公权高尚的书品、人品为后人所崇仰。

示例8：下面从三个方面讲讲语言的污染问题：首先，是特殊语言环境中的语言污染问题；其次，是滥用缩略语引起的语言污染问题；再次，是空话和废话引起的语言污染问题。

4.5　顿号

4.5.1　定义

句内点号的一种，表示语段中并列词语之间或某些序次语之后的停顿。

4.5.2　形式

顿号的形式是“、”。

4.5.3　基本用法

4.5.3.1　用于并列词语之间。

示例1：这里有自由、民主、平等、开放的风气和氛围。

示例2：造型科学、技艺精湛、气韵生动，是盛唐石雕的特色。

4.5.3.2　用于需要停顿的重复词语之间。

示例：他几次三番、几次三番地辩解着。

4.5.3.3　用于某些序次语（不带括号的汉字数字或“天干地支”类序次语）之后。

示例1：我准备讲两个问题，一、逻辑学是什么？二、怎样学好逻辑学？

示例2：风格的具体内容主要有以下四点，甲、题材；乙、用字；丙、表达；丁、色彩。

4.5.3.4　相邻或相近两数字连用表示概数通常不用顿号。若相邻两数字连用为缩略形式，宜用顿号。

示例1：飞机在6 000米高空水平飞行时，只能看到两侧八九公里和前方一二十公里范围内的地面。

示例2：这种凶猛的动物常常三五成群地外出觅食和活动。

示例3：农业是国民经济的基础，也是二、三产业的基础。

4.5.3.5　标有引号的并列成分之间、标有书名号的并列成分之间通常不用顿号。若有其他成分插在并列的引号之间或并列的书名号之间（如引语或书名号之后还有括注），宜用顿号。

示例1：“日”“月”构成“明”字。

示例2：店里挂着“顾客就是上帝”“质量就是生命”等横幅。

示例3：《红楼梦》《三国演义》《西游记》《水浒传》，是我国长篇小说的四大名著。

示例4：李白的“白发三千丈”（《秋浦歌》）、“朝如青丝暮成雪”（《将进酒》）都是脍炙人口的诗句。

示例5：办公室里订有《人民日报》（海外版）、《光明日报》和《时代周刊》等报刊。

4.6　分号

4.6.1　定义

句内点号的一种，表示复句内部并列关系分句之间的停顿，以及非并列关系的多重复句中第一层分句之间的停顿。

4.6.2　形式

分号的形式是“；”。

4.6.3 基本用法

4.6.3.1 表示复句内部并列关系的分句（尤其当分句内部还有逗号时）之间的停顿。

示例1：语言文字的学习，就理解方面说，是得到一种知识；就运用方面说，是养成一种习惯。

示例2：内容有分量，尽管文章短小，也是有分量的；内容没有分量，即使写得再长也没有用。

4.6.3.2 表示非并列关系的多重复句中第一层分句（主要是选择、转折等关系）之间的停顿。

示例1：人还没看见，已经先听见歌声了；或者人已经转过山头望不见了，歌声还余音袅袅。

示例2：尽管人民革命的力量在开始时总是弱小的，所以总是受压的；但是由于革命的力量代表历史发展的方向，因此本质上又是不可战胜的。

示例3：不管一个人如何伟大，也总是生活在一定的环境和条件下；因此，个人的见解总难免带有某种局限性。

示例4：昨天夜里下了一场雨，以为可以凉快些；谁知没有凉快下来，反而更热了。

4.6.3.3 用于分项列举的各项之间。

示例：特聘教授的岗位职责为：一、讲授本学科的主干基础课程；二、主持本学科的重大科研项目；三、领导本学科的学术队伍建设；四、带领本学科赶超或保持世界先进水平。

4.7 冒号

4.7.1 定义

句内点号的一种，表示语段中提示下文或总结上文的停顿。

4.7.2 形式

冒号的形式是“：”。

4.7.3 基本用法

4.7.3.1 用于总说性或提示性词语（如“说”“例如”“证明”等）之后，表示提示下文。

示例1：北京紫禁城有四座城门：午门、神武门、东华门和西华门。

示例2：她高兴地说：“咱们去好好庆祝一下吧！”

示例3：小王笑着点了点头：“我就是这么想的。”

示例4：这一事实证明：人能创造环境，环境同样也能创造人。

4.7.3.2 表示总结上文。

示例：张华上了大学，李萍进了技校，我当了工人：我们都有美好的前途。

4.7.3.3 用在需要说明的词语之后，表示注释和说明。

示例1：（本市将举办首届大型书市。）主办单位：市文化局；承办单位：市图书进出口公司；时间：8月15日—20日；地点：市体育馆观众休息厅。

示例2：（做阅读理解题有两个办法。）办法之一：先读题干，再读原文，带着问题有针对性地读课文。办法之二：直接读原文，读完再做题，减少先入为主的干扰。

4.7.3.4 用于书信、讲话稿中称谓语或称呼语之后。

示例1：广平先生：……

示例2：同志们、朋友们：……

4.7.3.5 一个句子内部一般不应套用冒号。在列举式或条文式表述中，如不得不套用冒号时，宜另起段落来显示各个层次。

示例：第十条遗产按照下列顺序继承：

第一顺序：配偶、子女、父母。

第二顺序：兄弟姐妹、祖父母、外祖父母。

4.8 引号

4.8.1 定义

标号的一种，标示语段中直接引用的内容或需要特别指出的成分。

4.8.2 形式

引号的形式有双引号““””和单引号“‘’”两种。左侧的为前引号，右侧的为后引号。

4.8.3 基本用法

4.8.3.1 标示语段中直接引用的内容。

示例：李白诗中就有“白发三千丈”这样极尽夸张的语句。

4.8.3.2 标示需要着重论述或强调的内容。

示例：这里所谓的“文”，并不是指文字，而是指文采。

4.8.3.3　标示语段中具有特殊含义而需要特别指出的成分，如别称、简称、反语等

示例1：电视被称作“第九艺术”。

示例2：人类学上常把古人化石统称为尼安德特人，简称“尼人”。

示例3：有几个“慈祥”的老板把捡来的菜叶用盐浸浸就算作工友的菜肴。

4.8.3.4　当引号中还需要使用引号时，外面一层用双引号，里面一层用单引号。

示例：他问：“老师，‘七月流火’是什么意思？”

4.8.3.5　独立成段的引文如果只有一段，段首和段尾都用引号；不止一段时，每段开头仅用前引号，只在最后一段末尾用后引号。

示例：我曾在报纸上看到有人这样谈幸福：

“幸福是知道自己喜欢什么和不喜欢什么。……

“幸福是知道自己擅长什么和不擅长什么。……

“幸福是在正确的时间做了正确的选择。……”

4.8.3.6　在书写带月、日的事件、节日或其他特定意义的短语（含简称）时，通常只标引其中的月和日；需要突出和强调该事件或节日本身时，也可连同事件或节日一起标引。

示例1：“5·12”汶川大地震。

示例2：“五四”以来的话剧，是我国戏剧中的新形式。

示例3：纪念“五四运动”90周年。

4.9　括号

4.9.1　定义

标号的一种，标示语段中的注释内容、补充说明或其他特定意义的语句。

4.9.2　形式

括号的主要形式是圆括号“（　）”，其他形式还有方括号“[　]”、六角括号“〔 〕”和方头括号“【 】”等。

4.9.3　基本用法

4.9.3.1　标示下列各种情况，均用圆括号：

a）标示注释内容或补充说明。

示例1：我校拥有特级教师（含已退休的）17人。

示例2：我们不但善于破坏一个旧世界，我们还将善于建设一个新世界！（热烈鼓掌）

b）标示订正或补加的文字。

示例3：信纸上用稚嫩的字体写着："阿夷（姨），你好！"。

示例4：该建筑公司负责的建设工程全部达到优良工程（的标准）。

c）标示序次语。

示例5：语言有三个要素：（1）声音；（2）结构；（3）意义。

示例6：思想有三个条件：（一）事理；（二）心理；（三）伦理。

d）标示引语的出处。

示例7：他说得好："未画之前，不立一格；既画之后，不留一格。"（《板桥集·题画》）

e）标示汉语拼音注音。

示例8："的（de）"这个字在现代汉语中最常用。

4.9.3.2　标示作者国籍或所属朝代时，可用方括号或六角括号。

示例1：[英]赫胥黎《进化论与伦理学》

示例2：〔唐〕杜甫著

4.9.3.3　报刊标示电讯、报道的开头，可用方头括号。

示例：【新华社南京消息】

4.9.3.4　标示公文发文字号中的发文年份时，可用六角括号。

示例：国发〔2011〕3号文件

4.9.3.5　标示被注释的词语时，可用六角括号或方头括号。

示例1：〔奇观〕奇伟的景象。

示例2：【爱因斯坦】物理学家。生于德国，1933年因受纳粹政权迫害，移居美国。

4.9.3.6　除科技书刊中的数学、逻辑公式外，所有括号（特别是同一形式的括号）应尽量避免套用。必须套用括号时，宜采用不同的括号形式配合使用。

示例：〔茸（róng）毛〕很细很细的毛。

4.10　破折号

4.10.1　定义

标号的一种，标示语段中某些成分的注释、补充说明或语音、意义的变化。

4.10.2 形式

破折号的形式是"——"。

4.10.3 基本用法

4.10.3.1 标示注释内容或补充说明（也可用括号，见4.9.3.1；二者的区别另见B.1.7）。

示例1：一个矮小而结实的日本中年人——内山老板走了过来。

示例2：我一直坚持读书，想借此唤起弟妹对生活的希望——无论环境多么困难。

4.10.3.2 标示插入语（也可用逗号，见4.4.3.3）。

示例：这简直就是——说得不客气点——无耻的勾当！

4.10.3.3 标示总结上文或提示下文（也可用冒号，见4.7.3.1、4.7.3.2）。

示例1：坚强，纯洁，严于律已，客观公正——这一切都难得地集中在一个人身上。

示例2：画家开始娓娓道来——

数年前的一个寒冬，……

4.10.3.4 标示话题的转换。

示例："好香的干菜，——听到风声了吗？"赵七爷低声说道。

4.10.3.5 标示声音的延长。

示例："嘎——"传过来一声水禽被惊动的鸣叫。

4.10.3.6 标示话语的中断或间隔。

示例1："班长他牺——"小马话没说完就大哭起来。

示例2："亲爱的妈妈，你不知道我多爱您。——还有你，我的孩子！"

4.10.3.7 标示引出对话。

示例：——你长大后想成为科学家吗？

——当然想了！

4.10.3.8 标示事项列举分承。

示例：根据研究对象的不同，环境物理学分为以下五个分支学科：

——环境声学；

——环境光学；

——环境热学；

——环境电磁学；

——环境空气动力学。

4.10.3.9 用于副标题之前。

示例：飞向太平洋

——我国新型号运载火箭发射目击记

4.10.3.10 用于引文、注文后，标示作者、出处或注释者。

示例1：先天下之忧而忧，后天下之乐而乐。

——范仲淹

示例2：乐浪海中有倭人，分为百余国。

——《汉书》

示例3：很多人写好信后把信笺折成方胜形，我看大可不必。（方胜，指古代妇女戴的方形首饰，用彩绸等制作，由两个斜方部分叠合而成。——编者注）

4.11 省略号

4.11.1 定义

标号的一种，标示语段中某些内容的省略及意义的断续等。

4.11.2 形式

省略号的形式是“……”。

4.11.3 基本用法

4.11.3.1 标示引文的省略。

示例：我们齐声朗诵起来：“……俱往矣，数风流人物，还看今朝。”

4.11.3.2 标示列举或重复词语的省略。

示例1：对政治的敏感，对生活的敏感，对性格的敏感，……这部是作家必须要有的素质。

示例2：他气得连声说：“好，好……算我没说。”

4.11.3.3 标示语意未尽。

示例1：在人迹罕至的深山密林里，假如突然看见一缕炊烟，……

示例2：你这样干，未免太……！

4.11.3.4 标示说话时断断续续。

示例：她磕磕巴巴地说：“可是……太太……我不知道……你一定是认错了。”

4.11.3.5 标示对话中的沉默不语。

示例："还没结婚吧？"

"……"他飞红了脸，更加忸怩起来。

4.11.3.6 标示特定的成分虚缺。

示例：只要……就……

4.11.3.7 在标示诗行、段落的省略时，可连用两个省略号（即相当于十二连点）。

示例1：从隔壁房间传来缓缓而抑扬顿挫的吟咏声——

床前明月光，疑是地上霜。

…………

示例2：该刊根据工作质量、上稿数量、参与程度等方面的表现，评选出了高校十佳记者站。还根据发稿数量、提供新闻线索情况以及对刊物的关注度等，评选出了十佳通讯员。

…………

4.12 着重号

4.12.1 定义

标号的一种，标示语段中某些重要的或需要指明的文字。

4.12.2 形式

着重号的形式是"•"标注在相应文字的下方。

4.12.3 基本用法

4.12.3.1 标示语段中重要的文字。

示例1：诗人需要表现，而不是证明。

示例2：下面对本文的理解，不正确的一项是：……

4.12.3.2 标示语段中需要指明的文字。

示例：下边加点的字，除了在词中的读法外，还有哪些读法？

着急 子弹 强调

4.13 连接号

4.13.1 定义

标号的一种，标示某些相关联成分之间的连接。

4.13.2 形式

连接号的形式有短横线"-"、一字线"—"和浪纹线"～"三种。

4.13.3　基本用法

4.13.3.1　标示下列各种情况，均用短横线：

a）化合物的名称或表格、插图的编号。

示例1：3-戊酮为无色液体，对眼及皮肤有强烈刺激性。

示例2：参见下页表2-8、表2-9。

b）连接号码，包括门牌号码、电话号码，以及用阿拉伯数字表示年月日等。

示例3：安宁里东路26号院3-2-11室

示例4：联系电话：010-88842603

示例5：2011-02-15

c）在复合名词中起连接作用。

示例6：吐鲁番-哈密盆地

d）某些产品的名称和型号。

示例7：WZ-10直升机具有复杂天气和夜间作战的能力。

e）汉语拼音、外来语内部的分合。

示例8：shuō shuō-xiào xiào（说说笑笑）

示例9：盎格鲁-撒克逊人

示例10：让-雅克·卢梭（“让-雅克”为双名）

示例11：皮埃尔·孟戴斯-弗朗斯（“孟戴斯-弗朗斯”为复姓）

4.13.3.2　标示下列各种情况，一般用一字线，有时也可用浪纹线：

a）标示相关项目（如时间、地域等）的起止。

示例1：沈括（1031—1095），宋朝人。

示例2：2011年2月3日—10日

示例3：北京—上海特别旅客快车

b）标示数值范围（由阿拉伯数字或汉字数字构成）的起止。

示例4：25～30g

示例5：第五～八课

4.14　间隔号

4.14.1　定义

标号的一种，标示某些相关联成分之间的分界。

4.14.2 形式

间隔号的形式是“·”。

4.14.3 基本用法

4.14.3.1 标示外国人名或少数民族人名内部的分界。

示例1：克里丝蒂娜·罗塞蒂

示例2：阿依古丽·买买提

4.14.3.2 标示书名与篇（章、卷）名之间的分界。

示例：《淮南子·本经训》

4.14.3.3 标示词牌、曲牌、诗体名等和题名之间的分界。

示例1：《沁园春·雪》

示例2：《天净沙·秋思》

示例3：《七律·冬云》

4.14.3.4 用在构成标题或栏目名称的并列词语之间。

示例：《天·地·人》

4.14.3.5 以月、日为标志的事件或节日，用汉字数字表示时，只在一、十一和十二月后用间隔号；当直接用阿拉伯数字表示时，月、日之间均用间隔号（半角字符）。

示例1：“九一八”事变 “五四”运动

示例2：“一·二八”事变 “一二·九”运动

示例3：“3·15”消费者权益日 “9·11”恐怖袭击事件

4.15 书名号

4.15.1 定义

标号的一种，标示语段中出现的各种作品的名称。

4.15.2 形式

书名号的形式有双书名号“《 》”和单书名号“〈 〉”两种。

4.15.3 基本用法

4.15.3.1 标示书名、卷名、篇名、刊物名、报纸名、文件名等。

示例1：《红楼梦》（书名）

示例2：《史记·项羽本记》（卷名）

示例3：《论雷峰塔的倒掉》（篇名）

示例4:《每周关注》(刊物名)

示例5:《人民日报》(报纸名)

示例6:《全国农村工作会议纪要》(文件名)

4.15.3.2 标示电影、电视、音乐、诗歌、雕塑等各类用文字、声音、图像等表现的作品的名称。

示例1:《渔光曲》(电影名)

示例2:《追梦录》(电视剧名)

示例3:《勿忘我》(歌曲名)

示例4:《沁园春·雪》(诗词名)

示例5:《东方欲晓》(雕塑名)

示例6:《光与影》(电视节目名)

示例7:《社会广角镜》(栏目名)

示例8:《庄子研究文献数据库》(光盘名)

示例9:《植物生理学系列挂图》(图片名)

4.15.3.3 标示全中文或中文在名称中占主导地位的软件名。

示例:科研人员正在研制《电脑卫士》杀毒软件。

4.15.3.4 标示作品名的简称。

示例:我读了《念青唐古拉山脉纪行》一文(以下简称《念》),收获很大。

4.15.3.5 当书名号中还需要书名号时,里面一层用单书名号,外面一层用双书名号。

示例:《教育部关于提请审议<高等教育自学考试试行办法>的报告》

4.16 专名号

4.16.1 定义

标号的一种,标示古籍和某些文史类著作中出现的特定类专有名词。

4.16.2 形式

专名号的形式是一条直线"__",标注在相应文字的下方。

4.16.3 基本用法

4.16.3.1 标示古籍、古籍引文或某些文史类著作中出现的专有名词,主要包括人名、地名、国名、民族名、朝代名、年号、宗教名、官署名、组织名等。

示例1:孙坚人马被刘表率军围得水泄不通。(人名)

示例2：于是聚集冀、青、幽、并四州兵马七十多万准备决一死战。（地名）

示例3：当时乌孙及西域各国都向汉派遣了使节。（国名、朝代名）

示例4：从咸宁二年到太康十年，匈奴、鲜卑、乌桓等族人徙居塞内。（年号、民族名）

4.16.3.2 现代汉语文本中的上述专有名词，以及古籍和现代文本中的单位名、官职名、事件名、会议名、书名等不应使用专名号。必须使用标号标示时，宜使用其他相应标号（如引号、书名号等）。

4.17 分隔号

4.17.1 定义

标号的一种，标示诗行、节拍及某些相关文字的分隔。

4.17.2 形式

分隔号的形式是“／”。

4.17.3 基本用法

4.17.3.1 诗歌接排时分隔诗行（也可使用逗号和分号，见4.4.3.1／4.6.3.1）。

示例：春眠不觉晓／处处闻啼鸟／夜来风雨声／花落知多少。

4.17.3.2 标示诗文中的音节节拍。

示例：横眉／冷对／千夫指，俯首／甘为／孺子牛。

4.17.3.3 分隔供选择或可转换的两项，表示“或”。

示例：动词短语中除了作为主体成分的述语动词之外，还包括述语动词所带的宾语和／或补语。

4.17.3.4 分隔组成一对的两项，表示“和”。

示例1：13／14次特别快车

示例2：羽毛球女双决赛中国组合杜婧／于洋两局完胜韩国名将李孝贞／李敬元。

4.17.3.5 分隔层级或类别。

示例：我国的行政区划分为：省（直辖市、自治区）／省辖市（地级市）／县（县级市、区、自治州）／乡（镇）／村（居委会）。

5 标点符号的位置和书写形式

5.1 横排文稿标点符号的位置和书写形式

5.1.1 句号、逗号、顿号、分号、冒号均置于相应文字之后，占一个字位置，居左下，不出现在一行之首。

5.1.2　问号、叹号均置于相应文字之后，占一个字位置，居左，不出现在一行之首。两个问号（或叹号）叠用时，占一个字位置；三个问号（或叹号）叠用时，占两个字位置；问号和叹号连用时，占一个字位置。

5.1.3　引号、括号、书名号中的两部分标在相应项目的两端，各占一个字位置。其中前一半不出现在一行之末，后一半不出现在一行之首。

5.1.4　破折号标在相应项目之间，占两个字位置，上下居中，不能中间断开分处上行之末和下行之首。

5.1.5　省略号占两个字位置，两个省略号连用时占四个字位置并须单独占一行。省略号不能中间断开分处上行之末和下行之首。

5.1.6　连接号中的短横线比汉字“一”略短，占半个字位置；一字线比汉字“一”略长，占一个字位置；浪纹线占一个字位置。连接号上下居中，不出现在一行之首。

5.1.7　间隔号标在需要隔开的项目之间，占半个字位置，上下居中，不出现在一行之首。

5.1.8　着重号和专名号标在相应文字的下边。

5.1.9　分隔号占半个字位置，不出现在一行之首或一行之末。

5.1.10　标点符号排在一行末尾时，若为全角字符则应占半角字符的宽度（即半个字位置），以使视觉效果更美观。

5.1.11　在实际编辑出版工作中，为排版美观、方便阅读等需要，或为避免某一小节最后一个汉字转行或出现在另外一页开头等情况（浪费版面及视觉效果差），可适当压缩标点符号所占用的空间。

5.2　竖排文稿标点符号的位置和书写形式

5.2.1　句号、问号、叹号、逗号、顿号、分号和冒号均置于相应文字之下偏右。

5.2.2　破折号、省略号、连接号、间隔号和分隔号置于相应文字之下居中，上下方向排列。

5.2.3　引号改用双引号“﹃”“﹄”和单引号“﹁”“﹂”，括号改用“︵”“︶”，标在相应项目的上下。

5.2.4　竖排文稿中使用浪线式书名号“﹏”，标在相应文字的左侧。

5.2.5 着重号标在相应文字的右侧，专名号标在相应文字的左侧。

5.2.6 横排文稿中关于某些标点不能居行首或行末的要求，同样适用于竖排文稿。

附 录 A

（规范性附录）

标点符号用法的补充规则

A.1 句号用法补充规则

图或表的短语式说明文字，中间可用逗号，但末尾不用句号。即使有时说明文字较长，前面的语段已出现句号，最后结尾处仍不用句号。

示例1：进行中的学生方队

示例2：经过治理，本市市容市貌焕然一新。这是某区街道一景

A.2 问号用法补充规则

使用问号应以句子表示疑问语气为依据，而并不根据句子中包含有疑问词。当含有疑问词的语段充当某种句子成分，而句子并不表示疑问语气时，句末不用问号。

示例1：他们的行为举止、审美趣味，甚至读什么书，坐什么车，都在媒体掌握之中。

示例2：谁也不见，什么也不吃，哪儿也不去。

示例3：我也不知道他究竟躲到什么地方去了。

A.3 逗号用法补充规则

用顿号表示较长、较多或较复杂的并列成分之间的停顿时，最后一个成分前可用“以及（及）”进行连接，“以及（及）”之前应用逗号。

示例：压力过大、工作时间过工、作息不规律，以及忽视营养均衡等，均会导致健康状况的下降。

A.4 顿号用法补充规则

A.4.1 表示含有顺序关系的并列各项间的停顿，用顿号，不用逗号。下例解释“对于”一词用法，“人”“事物”“行为”之间有顺序关系（即人和人、人

和事物、人和行为、事物和事物、事物和行为、行为和行为等六种对待关系），各项之间应用顿号。

示例：〔对于〕表示人，事物，行为之间的相互对待关系。（误）

〔对于〕表示人、事物、行为之间的相互对待关系。（正）

A.4.2 用阿拉伯数字表示年月日的简写形式时，用短横线连接号，不用顿号。

示例：2010、03、02（误）

2010－03－02（正）

A.5 分号用法补充规则

分项列举的各项有一项或多项已包含句号时，各项的末尾不能再分号。

示例：本市先后建立三大农业生产体系：一是建立甘蔗生产服务体系。成立糖业服务公司，主要给农民提供机耕等服务；二是建立蚕桑生产服务体系。……；三是建立热作服务体系。……。（误）

本市先后建立起三大农业生产体系：一是建立甘蔗生产服务体系。成立糖业服务公司，主要给农民提供机耕等服务。二是建立蚕桑生产服务体系。……。三是建立热作服务体系。（正）

A.6 冒号用法补充规则

A.6.1 冒号用在提示性话语之后引起下文。表面上类似但实际不是提示性话语的，其后用逗号。

示例1：郦道元《水经注》记载：“沼西际山枕水，有唐叔虞祠。”（提示性话语）

示例2：据《苏州府志》载，苏州城内大小园林约有150多座，可算名副其实的园林之城。（非提示性话语）

A.6.2 冒号提示范围无论大小（一句话、几句话甚至几段话），都应与提示性话语保持一致（即在该范围的末尾要用句号点断）。就避免冒号涵盖范围过窄或过宽。

示例：艾滋病有三个传播途径：血液传播，性传播和母婴传播，日常接触是不会传播艾滋病的。（误）

艾滋病有三个传播途径：血液传播，性传播和母婴传播。日常接触是不会传播艾滋病的。（正）

A.6.3 冒号应用在有停顿处，无停顿处不应用冒号。

示例1：他头也不抬，冷冷地问："你叫什么名字？"（有停顿）

示例2：这事你得拿主意，光说"不知道"怎么行？（无停顿）

A.7 引号用法补充规则

"丛刊""文库""系列""书系"等作为系列著作的选题名，宜用引号标引。当"丛刊"等为选题名的一部分时，放在引号之内，反之则放在引号之外。

示例1："汉译世界学术名著丛书"

示例2："中国哲学典籍文库"

示例3："20世纪心理学通览"丛书

A.8 括号用法补充规则

括号可分为句内括号和句外括号。句内括号用于注释句子里的某些词语，即本身就是句子的一部分，应紧跟在被注释的词语之后。句外括号则用于注释句子、句群或段落，即本身结构独立，不属于前面的句子、句群或段落，应位于所注释语段的句末点号之后。

示例：标点符号是辅助文字记录语言的符号，是书面语的有机组成部分，用来表示语句的停顿、语气以及标示某些成分（主要是是词语）的特定性质和作用。（数学符号、货币符号、校勘符号等特殊领域的专门符号不属于标点符号。）

A.9 省略号用法补充规则

A.9.1 不能用多于两个省略号（多于12点）连在一起表示省略。省略号须与多点连续的连珠号相区别（后者主要是用于表示目录中标题和页码对应和连接的专门符号）。

A.9.2 省略号和"等""等等""什么的"等词语不能同时使用。在需要读出来的地方用"等""等等""什么的"等词语，不用省略号。

示例：含有铁质的食物有猪肝、大豆、油菜、菠菜……等。（误）

含有铁质的食物有猪肝、大豆、油菜、菠菜等。（正）

A.10 着重号用法补充规则

不应使用文字下加直线或波浪线等形式表示着重。文字下加直线为专名号形式（4.16）；文字下加浪纹线是特殊书名号（A.13.6）。着重号的形式统一为相应项目下加小圆点。

示例：下面对本文的理解，不正确的一项是（误）

下面对本文的理解，不正确的一项是（正）

A.11　连接号用法补充规则

浪纹线连接号用于标示数值范围时，在不引起歧义的情况下，前一数值附加符号或计量单位可省略。

示例：5公斤～100公斤（正）

5～100公斤（正）

A.12　间隔号用法补充规则

当并列短语构成的标题中已用间隔号开时，不应再用“和”类连词。

示例：《水星·火星和金星》（误）

《水星·火星·金星》（正）

A.13　书名号用法补充规则

A.13.1　不能视为作品的课程、课题、奖励奖状、商标、证照、组织机构、会议、活动等名称，不应用书名号。下面均为书名号误用的示例：

示例1：下学期本中心将开设《现代企业财务管理》《市场营销》两门课程。

示例2：明天将召开《关于“两保两挂”的多视觉理论思考》课题立项会。

示例3：本市将向70岁以上（含70岁）老年人颁发《敬老证》。

示例4：本校共获得《最佳印象》《自我审美》《卡拉OK》等六个奖杯。

示例5：《闪光》牌电池经久耐用。

示例6：《文史杂志社》编辑力量比较雄厚。

示例7：本市将召开《全国食用天然色素应用研讨会》。

示例8：本报将于今年暑假举行《墨宝杯》书法大赛。

A.13.2　有的名称应根据指称意义的不同确定是否用书名号。如文艺晚会指一项活动时，不用书名号；而特指一种节目名称时，可用书名号。再如展览作为一种文化传播的组织形式时，不用书名号；特定情况下将某项展览作为一种创作的作品时，可用书名号。

示例1：2008年重阳联欢晚会受到观众的称赞和好评。

示例2：本台将重播《2008年重阳联欢晚会》。

示例3：“雪域明珠——中国西藏文化展”隆重开幕。

示例4：《大地飞歌艺术展》是一部大型现代艺术作品。

A.13.3　书名后面表示该作品所属类别的普通名词不标在书名号内。

示例:《我们》杂志

A.13.4　书名有时带有括注。如果括注是书名、篇名等的一部分，应放在书名号之内，反之则应放在书名号之外。

示例1:《琵琶行（并序）》

示例2:《中华人民共和国民事诉讼法（试行）》

示例3:《新政治协商会议筹备会组织条例（草案）》

示例4:《百科知识》（彩图本）

示例5:《人民日报》（海外版）

A.13.5　书名、篇名末尾如有叹号或问号，应放在书名号之内。

示例1:《日记何罪！》

示例2:《如何做到同工又同酬？》

A.13.6　在古籍或某些文史类著作中，为与专名号配合，书名号也可改用浪线式“﹏”，标注在书名下方。这可以看作是特殊的专名号或特殊的书名号。

A.14　分隔号用法补充规则

分隔号又称正斜线号，须与反斜线号“＼”相区别（后者主要是用于编写计算机程序的专门符号）。使用分隔号时，紧贴着分隔号的前后通常不用点号。

附　录　B

（资料性附录）

标点符号若干用法的说明

B.1　易混标点符号用法比较

B.1.1　逗号、顿号表示并列词语之间停顿的区别。

逗号和顿号都表示停顿，但逗号表示的停顿长，顿号表示的停顿短。并列词语之间的停顿一般用顿号，但当并列词语较长或其后有语气词时，为了表示稍长一点的停顿，也可用逗号。

示例1：我喜欢吃的水果有苹果、桃子、香蕉和菠萝。

示例2：我们需要了解全局和局部的统一，必然和偶然的统一，本质和现象的统一。

示例3：看游记最难弄清位置和方向，前啊，后啊，左啊，右啊，看了半天，还是不明白。

B.1.2 逗号、顿号在表示列举省略的“等”“等等”之类词语前的使用。

并列成分之间用顿号，末尾的并列成分之后用“等”“等等”之类词语时，“等”类词前不用顿号或其他点号；并列成分之间用逗号，末尾的并列成分之后用“等”类词时，“等”类词前应用逗号。

示例1：现代生物学、物理学、化学、数学等基础学科的发展，带动了医学科学的进步。

示例2：写文章前要想好：文章主题是什么，用哪些材料，哪些详写，哪些略写，等等。

B.1.3 逗号、分号表示分句间停顿的区别。

当复句的表述不复杂、层次不多，相连的分句语气比较紧凑、分句内部也没有使用逗号表示停顿时，分句间的停顿多用逗号。当用逗号不易分清多重复句内部的层次（如分句内部已有逗号），而用句号又可能割裂前后关系的地方，应用分号表示停顿。

示例1：她拿起钥匙，开了箱上的锁，又开了首饰盒上的锁，往老地方放钱。

示例2：纵比，即以一事物的各个发展阶段作比；横比，则以此事物与彼事物相比。

B.1.4 顿号、逗号、分号在标示层次关系时的区别。

句内点号中，顿号表示的停顿最短、层次最低，通常只能表示并列词语之间的停顿；分号表示的停顿最长、层次最高，可以用来表示复句的第一层分句之间的停顿；逗号介于两者之间，既可表示并列词语之间的停顿，也可表示复句中分句之间的停顿。若分句内部已用逗号，分句之间就应用分号（见B.1.3示例2）。用分号隔开的几个并列分句不能由逗号统领或总结。

示例1：有的学会烤烟，自己做挺讲究的纸烟和雪茄；有的学会蔬菜加工，做的番茄酱能吃到冬天；有的学会蔬菜腌渍、窖藏，使秋菜接上春菜。

示例2：动物吃植物的方式多种多样，有的是把整个植物吃掉，如原生动物；有的是把植物的大部分吃掉，如鼠类；有的是吃掉植物的要害部位，如鸟类吃掉植物的嫩芽。（误）

动物吃植物的方式多种多样：有的是把整个植物吃掉，如原生动物；有的是

把植物的大部分吃掉，如鼠类；有的是吃掉植物的要害部位，如鸟类吃掉植物的嫩芽。（正）

B.1.5　冒号、逗号用于“说”“道”之类词语后的区别。

位于引文之前的“说”“道”后用冒号。位于引文之后的“说”“道”分两种情况：处于句末时，其后用句号；“说”“道”后还有其他成分时，其后用逗号。插在话语中间的“说”“道”类词语后只能用逗号表示停顿。

示例1：他说：“晚上就来家里吃饭吧。”

示例2：“我真的很期待。”他说。

示例3：“我有件事忘了说……”他说，表情有点为难。

示例4：“现在请皇上脱下衣服，”两个骗子说，“好让我们为您换上新衣。”

B.1.6　不同点号表示停顿长短的排序。

各种点号都表示说话时的停顿。句号、问号、叹号都表示句子完结，停顿最长。分号用于复句的分句之间，停顿长度介于句末点号和逗号之间，而短于冒号。逗号表示一句话中间的停顿，又短于分号。顿号用于并列词语之间，停顿最短。通常情况下，各种点号表示的停顿由长到短为：句号=问号=叹号＞冒号（指涵盖范围为一句话的冒号）＞分号＞逗号＞顿号。

B.1.7　破折号与括号表示注释或补充说明时的区别。

破折号用于表示比较重要的解释说明，这种补充是正文的一部分，可与前后文连续；而括号表示比较一般的解释说明，只是注释而非正文，可不与前后文连续。

示例1：在今年——农历虎年，必须取得比去年更大的成绩。

示例2：哈雷在牛顿思想的启发下，终于认出了他所关注的彗星（该星后人称为哈雷彗星）。

B.1.8　书名号、引号在“题为……”“以……为题”格式中的使用。

“题为……”“以……为题”中的“题”，如果是诗文、图书、报告或其他作品可作为篇名、书名看待时，可用书名号；如果是写作、科研、辩论、谈话的主题，非特定作品的标题，应用引号。即“题为……”“以……为题”中的“题”应根据其类别分别按书名号和引号的用法处理。

示例1：有篇题为《柳宗元的诗》的文章，全文才2000字，引文不实却达11处之多。

示例2：今天一个以“地球·人口·资源·环境”为题的大型宣传活动在此间举行。

示例3：《我的老师》写于1956年9月，是作者应《教师报》之约而写的。

示例4：“我的老师”这类题目，同学们也许都写过。

B.2 两个标点符号连用的说明

B.2.1 行文中表示引用的引号内外的标点用法。

当引文完整且独立使用，或虽不独立使用但带有问号或叹号时，引号内句末点号应保留。除此之外，引号内不用句末点号。当引文处于句子停顿处（包括句子末尾）且引号内未使用点号时，引号外应使用点号，当引文位于非停顿处或者引号内已使用句末点号时，引号外不用点号。

示例1：“沉舟侧畔千帆过，病树前头万木春。”他最喜欢这两句诗。

示例2：书价上涨令许多读者难以接受，有些人甚至发出“还买得起书吗？”的疑问。

示例3：他以“条件还不成熟，准备还不充分”为由，否决了我们的提议。

示例4：你这样“明日复明日”地要拖到什么时候？

示例5：司马迁为了完成《史记》的写作，使之“藏之名山”，忍受了人间最大的侮辱。

示例6：在施工中要始终坚持“把质量当生命”。

示例7：“言之无文，行而不远”这句话，说明了文采的重要。

示例8：俗话说：“墙头一根草，风吹两边倒。”用这句话来形容此辈再恰当不过。

B.2.2 行文中括号内外的标点用法。

括号内行文末尾需要时可用问号、叹号和省略号。除此之外，句内括号行文末尾通常不用标点符号。句外括号行文末尾是否用句号由括号内的语段结构决定：若语段较长、内容复杂，应用句号。句内括号外是否用点号取决于括号所处位置：若句内括号处于句子停顿处，应用点号。句外括号外通常不用点号。

示例1：如果不采取（但应如何采取呢？）十分具体的控制措施，事态将进一步扩大。

示例2：3分钟过去了（仅仅才3分钟！），从眼前穿梭而过的出租车竟达32辆！

示例3：她介绍时用了一连串比喻（有的状如树枝，有的貌似星海……），非常形象。

示例4：科技协作合同（包括科研、试制、成果推广等）根据上级主管部门或有关部门的计划签订。

示例5：应把夏朝看作原始公社向奴隶制国家过渡时期。（龙山文化遗址里，也有俯身葬。俯身者很可能就是奴隶。）

示例6：问：你对你不喜欢的上司是什么态度？

答：感情上疏远，组织上服从。（掌声，笑声）

示例7：古汉语（特别是上古汉语），对于我说，有着常人无法想象的吸引力。

示例8：由于这种推断尚未经过实践的考验，我们只能把它作为假设（或假说）提出来。

示例9：人际交往过程就是使用语词传达意义的过程。（严格说，这里的“语词”应为语词指号。）

B.2.3 破折号前后的标点用法。

破折号之前通常不用点号；但根据句子结构和行文需要，有时也可分别使用句内点号或句末点号。破折号之后通常不会紧跟着使用其他点号；但当破折号表示语音的停顿或延长时，根据语气表达的需要，其后可紧接问号或叹号。

示例1：小妹说：“我们现在工作得挺好，老板对我不错，工资也挺高。——我能抽支烟吗？”（表示话题的转折）

示例2：我不是自然主义者，我主张文学高于现实，能够稍稍居高临下地去看现实，因为文学的任务不仅在于反映现实。光描写存在的事物还不够，还必须记住我们所希望的和可能产生的事物。必须使现象典型化。应该把微小而有代表性的事物写成重大的和典型的事物。——这就是文学的任务。（表示对前几句话的总结）

示例3：“是他——？”石一川简直不敢相信自己的耳朵。

示例4：“我终于考上大学啦！我终于考上啦——！”金石开兴奋得快要晕过去了。

B.2.4 省略号前后的标点用法。

省略号之前通常不用点号。以下两种情况例外：省略号前的句子表示强烈语气、句末使用问号或叹号时；省略号前不用点号就无法标示停顿或表明结构关系时。省略号之后通常也不用点号，但当句末表达强烈的语气或感情时，可在省略号后用问号或叹号；当省略号后还有别的话、省略的文字和后面的话不连续且有停顿时，应在省略号后用点号；当表示特定格式的成分虚缺时，省略号后可用点号。

示例1：想起这些，我就觉得一辈子都对不起你。你对梁家的好，我感激不尽！……

示例2：他进来了，……一身军装，一张朴实的脸，站在我们面前显得很高大，很年轻。

示例3：这，这是……？

示例4：动物界的规矩比人类还多，野骆驼、野猪、黄羊……，直至塔里木兔、跳鼠，都是各行其路，决不混淆。

示例5：大火被渐渐扑灭，但一片片油污又旋即出现在遇难船旁……。清污船迅速赶来，并施放围栏以控制油污。

示例6：如果……，那么……。

B.3　序次语之后的标点用法

B.3.1　“第”“其”字头序次语，或“首先”“其次”“最后”等做序次语时，后用逗号（见4.4.3.3）。

B.3.2　不带括号的汉字数字或“天干地支”做序次语时，后用顿号（见4.5.3.3）。

B.3.3　不带括号的阿拉伯数字、拉丁字母或罗马数字做序次语时，后面用下脚点（该符号属于外文的标点符号）。

示例1：总之，语言的社会功能有三点：1.传递信息，交流思想；2.确定关系，调节关系；3.组织生活，组织生产。

示例2：本课一共讲解三个要点：A.生理停顿；B.逻辑停顿；C.语法停顿。

B.3.4　加括号的序次语后面不用任何点号。

示例1：受教育者应履行以下义务：（一）遵守法律、法规；（二）努力学习，完成规定的学习任务；（三）遵守所在学校或其他教育机构的制度。

示例2：科学家很重视下面几种才能：（1）想象力；（2）直觉的理解力；（3）数学能力。

B.3.5　阿拉伯数字与下脚点结合表示章节关系的序次语末尾不用任何点号。

示例3：停顿

3.1　生理停顿

3.2　逻辑停顿

B.3.6　用于章节、条款的序次语后宜用空格表示停顿。

示例：第一课　春天来了

B.3.7　序次简单、叙述性较强的序次语后不用标点符号。

示例：语言的社会功能共有三点：一是传递信息；二是确定关系；三是组织生活。

B.3.8　同类数字形式的序次语，带括号的通常位于不带括号的下一层。通常第一层是带有顿号的汉字数字；第二层是带括号的汉字数字；第三层是带下脚点的阿拉伯数字；第四层是带括号的阿拉伯数字；再往下可以是带圈的阿拉伯数字或小写拉丁字母。一般可根据文章特点选择从某一层序次语开始行文，选定之后应顺着序次语的层次向下行文，但使用层次较低的序次语之后不宜反过来再使用层次更高的序次语。

示例：一、……

（一）……

1.……

（1）……

①/a.……

B.4　文章标题的标点用法

文章标题的末尾通常不用标点符号，但有时根据需要可用问号、叹号或省略号。

示例1：看看电脑会有多聪明，让它下盘围棋吧

示例2：猛龙过江：本店特色名菜

示例3：严防“电脑黄毒”危害少年

示例4：回家的感觉真好

——访大赛归来的本市运动员

示例5：里海是湖，还是海？

示例6：人体也是污染源！

示例7：和平协议签署之后……

五、校对符号及其用法（GB/T 14706—93）

中华人民共和国国家标准

GB/T 14706—93

校对符号及其用法

Proofreader's marks and their application

1 主题内容与适用范围

本标准规定了校对各种排版校样的专用符号及其用法。

本标准适用于中文(包括少数民族文字)各类校样的校对工作。

2 引用标准

GB 9851 印刷技术术语

3 术语

3.1 校对符号 proofreader's mark

以特定图形为主要特征的、表达校对要求的符号。

4 校对符号及用法示例

编号	符号形态	符号作用	符号在文中和页边用法示例	说明
		一、字符的改动		
1		改正	增高出版物质量。提 改革开改 放	改正的字符较多，圈起来有困难时，可用线在页边画清改正的范围 必须更换的损、坏、污字也用改正符号画出
2		删除	提高出版物物质质量。	
3		增补	要搞好校工作。对	增补的字符较多，圈起来有困难时，可用线在页边画清增补的范围
4		改正上下角	16=42 2 H_2SO4 4 尼古拉.费欣 · 0.25+0.25=0.5 . 举例:2×3=6 : X:Y=1:2 :	

国家技术监督局1993-11-16批准 1994-07-01实施

GB/T 14706—93

续表

编号	符号形态	符号作用	符号在文中和页边用法示例	说　明
二、字符方向位置的移动				
5		转　正	字符颠倒要转正。	
6		对　调	认真经验总结。 认真验结经总。	用于相邻的字词 用于隔开的字词
7		接　排	要重视校对工作， 提高出版物质量。	
8		另 起 段	完成了任务。明年……	
9		转　移	校对工作，提高出 版物质量要重视。 ”。以上引文均见中文新版《 列宁全集》。 编者　年　月 …… 各位编委：	用于行间附近的转移 用于相邻行首末衔接字符的推移 用于相邻页首末衔接行段的推移
10	或	上 下 移	序号 / 名　称 / 数量 01 / 显微镜 / 2	字符上移到缺口左右水平线处 字符下移到箭头所指的短线处
11	或	左 右 移	要重视校对工 作，提高出版物质量。 3 4　5 6　5 欢呼　歌　唱	字符左移到箭头所指的短线处 字符左移到缺口上下垂直线处 符号画得太小时，要在页边重标

GB/T 14706—93

续表

编号	符号形态	符号作用	符号在文中和页边用法示例	说 明
12		排 齐	校对工作非常重要。 必须提高印刷质量,缩短印制周期。 国家标准	
13		排阶梯形	RH_2	
14		正 图		符号横线表示水平位置,竖线表示垂直位置,箭头表示上方

三、字符间空距的改动

15	V >	加大空距	一、校对程序 V > 校对胶印读物、影印书刊的注意事项: >	表示在一定范围内适当加大空距 横式文字画在字头和行头之间
16	∧ <	减小空距	二、校对程 序 ∧ < 校对胶印读物、影印书刊的注意事项: <	表示不空或在一定范围内适当减小空距 横式文字画在字头和行头之间
17	#	空 1 字距 空 1/2 字距 空 1/3 字距 空 1/4 字距	第一章校对职责和方法 1. 责任校对	多个空距相同的,可用引线连出,只标示一个符号
18	Y	分 开	Goodmorning!	用于外文

GB/T 14706—93

续表

编号	符号形态	符号作用	符号在文中和页边用法示例	说　明
			四、其　他	
19	△	保　留	认真搞好校对工作。	除在原删除的字符下画△外，并在原删除符号上画两竖线
20	○＝	代　替	兰色的程度不同，从淡兰色到深兰色具有多种层次，如天兰色、湖兰色、海兰色、宝兰色…… ○＝蓝	同页内有两个或多个相同的字符需要改正的，可用符号代替，并在页边注明
21	○○○	说　明	**第一章　校对的职责** 改黑体	说明或指令性文字不要圈起来，在其字下画圈，表示不作为改正的文字。如说明文字较多时，可在首末各三字下画圈

5　**使用要求**

5.1　校对校样，必须用色笔（墨水笔、圆珠笔等）书写校对符号和示意改正的字符，但是不能用灰色铅笔书写。

5.2　校样上改正的字符要书写清楚。校改外文，要用印刷体。

5.3　校样中的校对引线要从行间画出。墨色相同的校对引线不可交叉。

GB/T 14706—93

附 录 A
校对符号应用实例
（参考件）

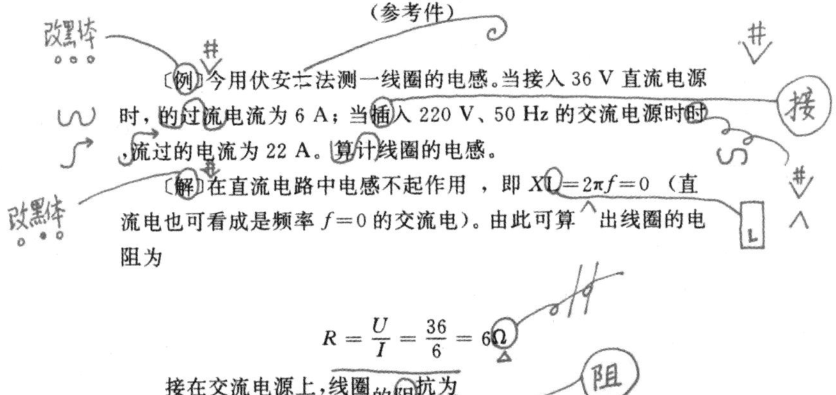

$$R=\frac{U}{I}=\frac{36}{6}=6\Omega$$

接在交流电源上，线圈的阴抗为 阻

$$Z=\frac{U}{I}=\frac{220}{22}=10\ \Omega$$

线圈的感抗为 $X_L=\sqrt{Z^2-R^2}=\sqrt{10^2-62}=8\ \Omega$

故线圈的电感为

$$L=\frac{X_L}{2\pi f}=\frac{8}{2\pi\times 50}=0.025\ \mathrm{H}=25\ \mathrm{mH}$$

改黑体

第七节 电 容 电 路

电容器接在直流电源上，如图 3-13 甲所示。电路呈断路状态。若把它接在交流电源上，情况就不一样。电容器板上的电荷与其两端电压的关系为 $q=c_{u_c}$。当电压 uc 升高时，极板上

极 c

附加说明：

本标准由中华人民共和国新闻出版署提出。

本标准由全国印刷标准化技术委员会归口。

本标准由人民出版社负责起草。

六、公文处理相关工作流程

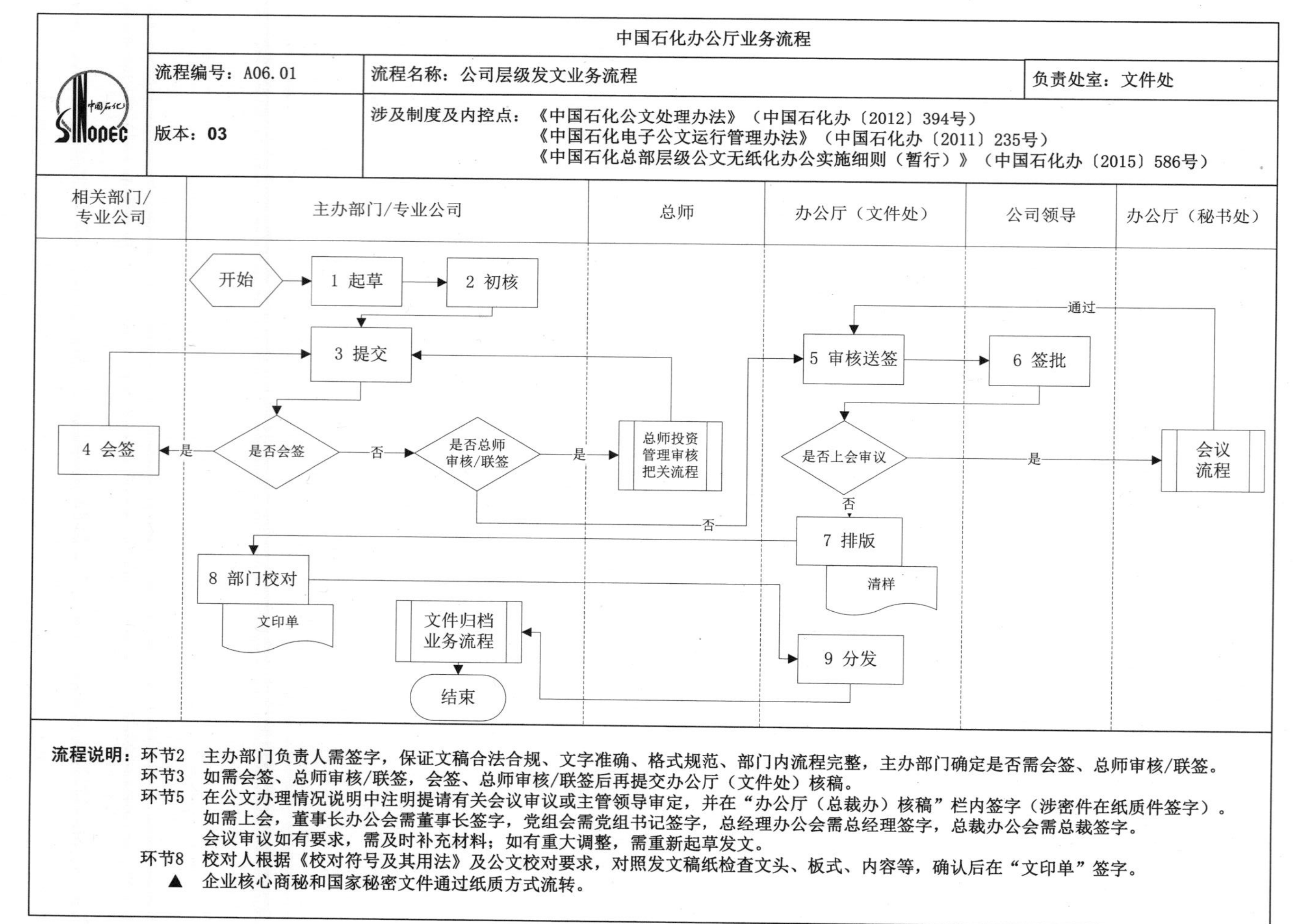

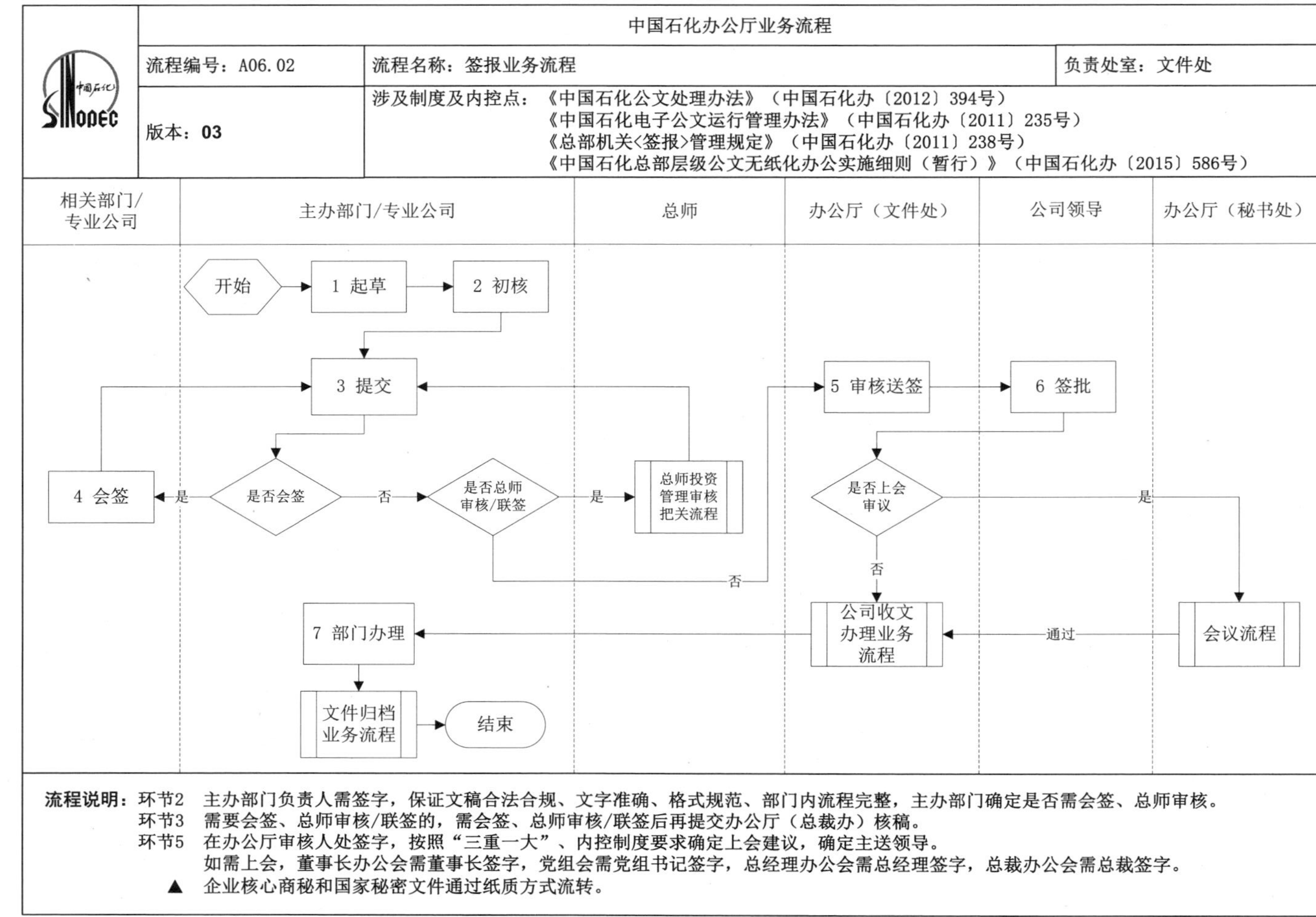
中国石化
SINOPEC
中国石化办公厅业务流程
流程编号：A06.02
流程名称：签报业务流程
负责处室：文件处
版本：03
涉及制度及内控点：《中国石化公文处理办法》（中国石化办〔2012〕394号）
《中国石化电子公文运行管理办法》（中国石化办〔2011〕235号）
《总部机关〈签报〉管理规定》（中国石化办〔2011〕238号）
《中国石化总部层级公文无纸化办公实施细则（暂行）》（中国石化办〔2015〕586号）
相关部门/专业公司
主办部门/专业公司
总师
办公厅（文件处）
公司领导
办公厅（秘书处）
开始
1 起草
2 初核
3 提交
5 审核送签
6 签批
4 会签
是
是否会签
否
是否总师审核/联签
是
总师投资管理审核把关流程
是否上会审议
是
否
否
7 部门办理
公司收文办理业务流程
通过
会议流程
文件归档业务流程
结束
流程说明：环节2 主办部门负责人需签字，保证文稿合法合规、文字准确、格式规范、部门内流程完整，主办部门确定是否需会签、总师审核。
环节3 需要会签、总师审核/联签的，需会签、总师审核/联签后再提交办公厅（总裁办）核稿。
环节5 在办公厅审核人处签字，按照“三重一大”、内控制度要求确定上会建议，确定主送领导。
如需上会，董事长办公会需董事长签字，党组会需党组书记签字，总经理办公会需总经理签字，总裁办公会需总裁签字。
▲ 企业核心商秘和国家秘密文件通过纸质方式流转。

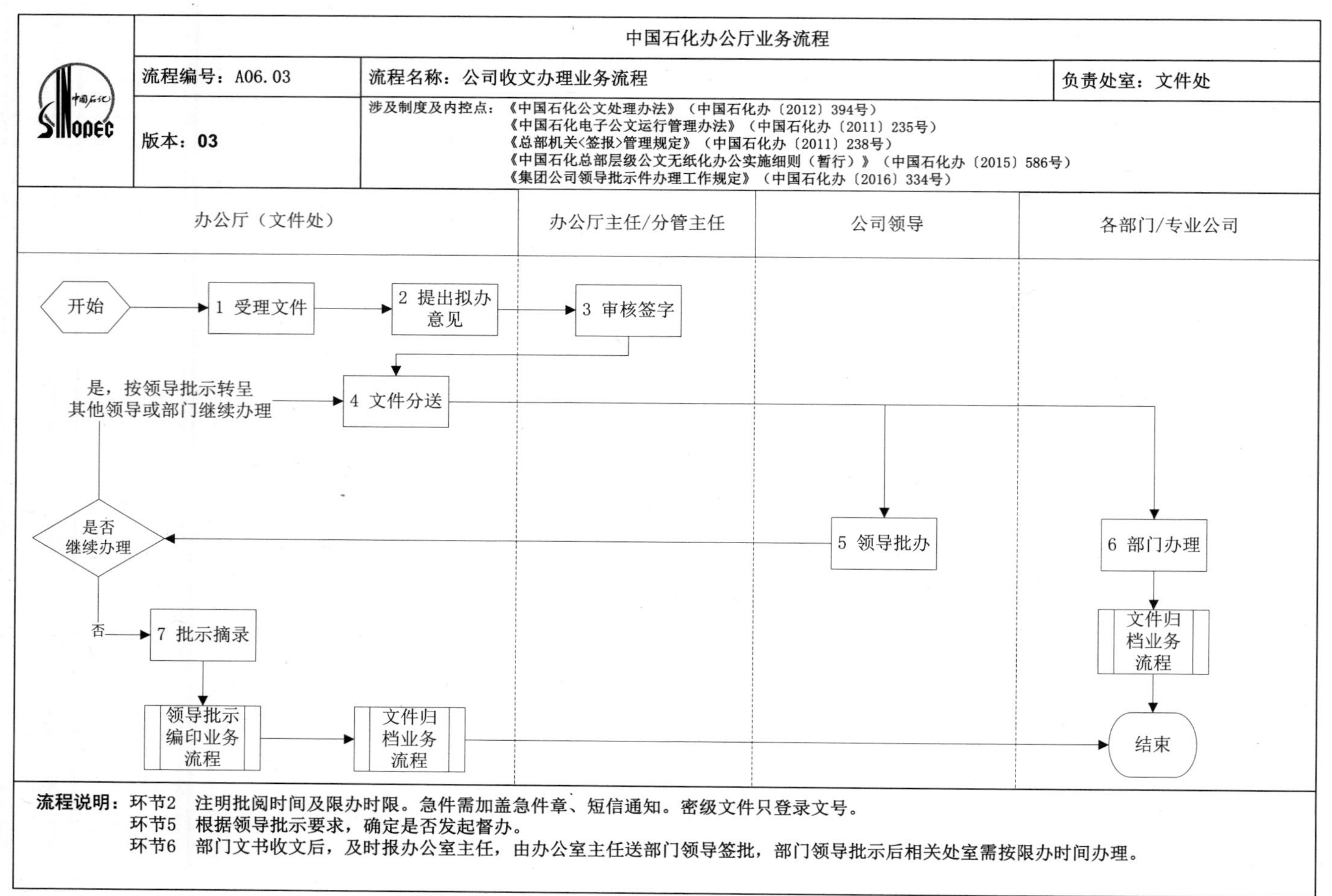
SINOPEC 中国石化
中国石化办公厅业务流程
流程编号：A06.03
流程名称：公司收文办理业务流程
负责处室：文件处
版本：03
涉及制度及内控点：《中国石化公文处理办法》（中国石化办〔2012〕394号）
《中国石化电子公文运行管理办法》（中国石化办〔2011〕235号）
《总部机关〈签报〉管理规定》（中国石化办〔2011〕238号）
《中国石化总部层级公文无纸化办公实施细则（暂行）》（中国石化办〔2015〕586号）
《集团公司领导批示件办理工作规定》（中国石化办〔2016〕334号）
办公厅（文件处）
办公厅主任/分管主任
公司领导
各部门/专业公司
开始
1 受理文件
2 提出拟办意见
3 审核签字
是，按领导批示转呈其他领导或部门继续办理
4 文件分送
是否继续办理
5 领导批办
6 部门办理
否
7 批示摘录
文件归档业务流程
领导批示编印业务流程
文件归档业务流程
结束
流程说明：环节2 注明批阅时间及限办时限。急件需加盖急件章、短信通知。密级文件只登录文号。
环节5 根据领导批示要求，确定是否发起督办。
环节6 部门文书收文后，及时报办公室主任，由办公室主任送部门领导签批，部门领导批示后相关处室需按限办时间办理。

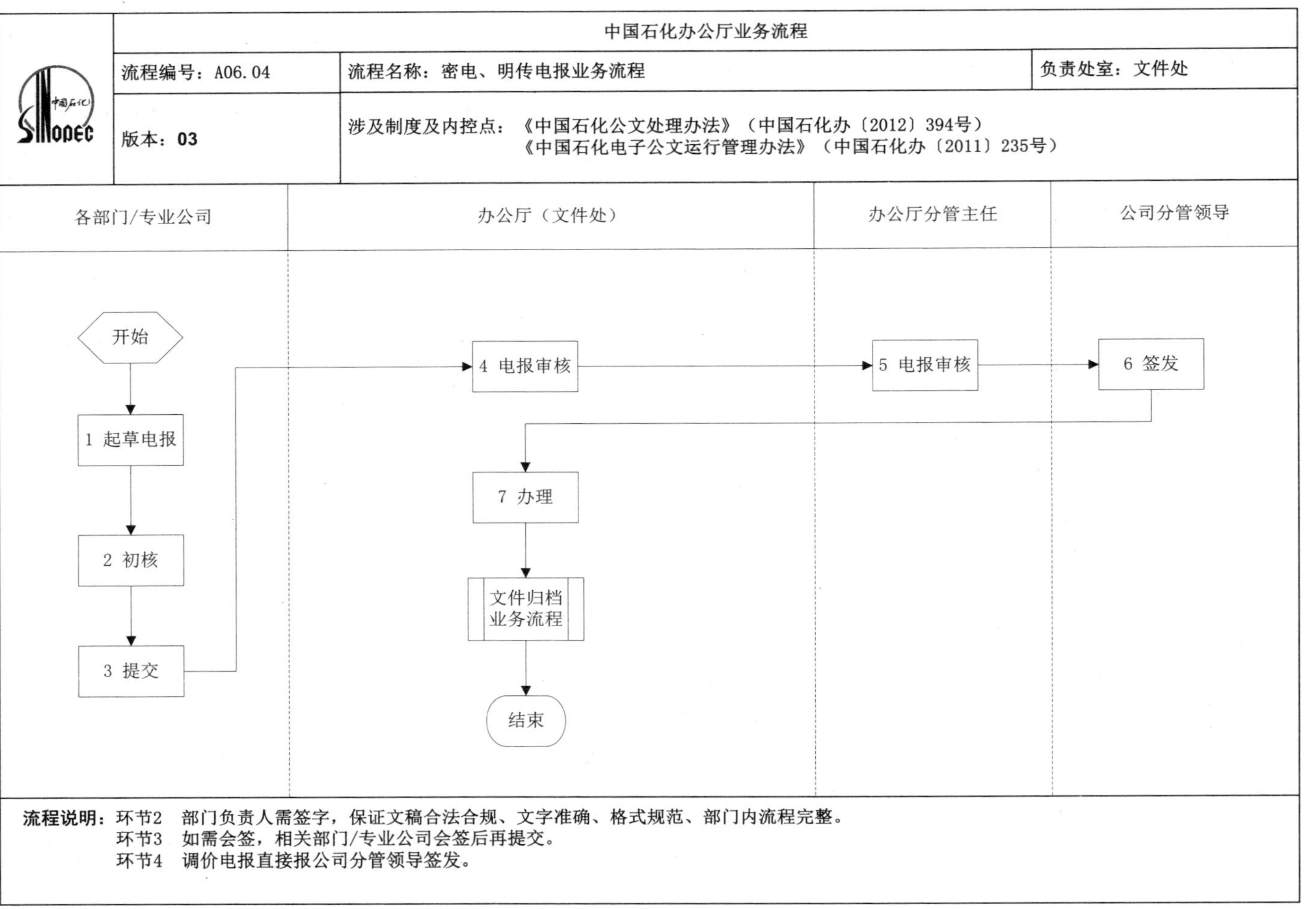

中国石化办公厅业务流程
SINOPEC 中国石化
流程编号：A06.04
流程名称：密电、明传电报业务流程
负责处室：文件处
版本：03
涉及制度及内控点：《中国石化公文处理办法》（中国石化办〔2012〕394号）
《中国石化电子公文运行管理办法》（中国石化办〔2011〕235号）
各部门/专业公司
办公厅（文件处）
办公厅分管主任
公司分管领导
开始
1 起草电报
2 初核
3 提交
4 电报审核
5 电报审核
6 签发
7 办理
文件归档业务流程
结束
流程说明：环节2 部门负责人需签字，保证文稿合法合规、文字准确、格式规范、部门内流程完整。
环节3 如需会签，相关部门/专业公司会签后再提交。
环节4 调价电报直接报公司分管领导签发。

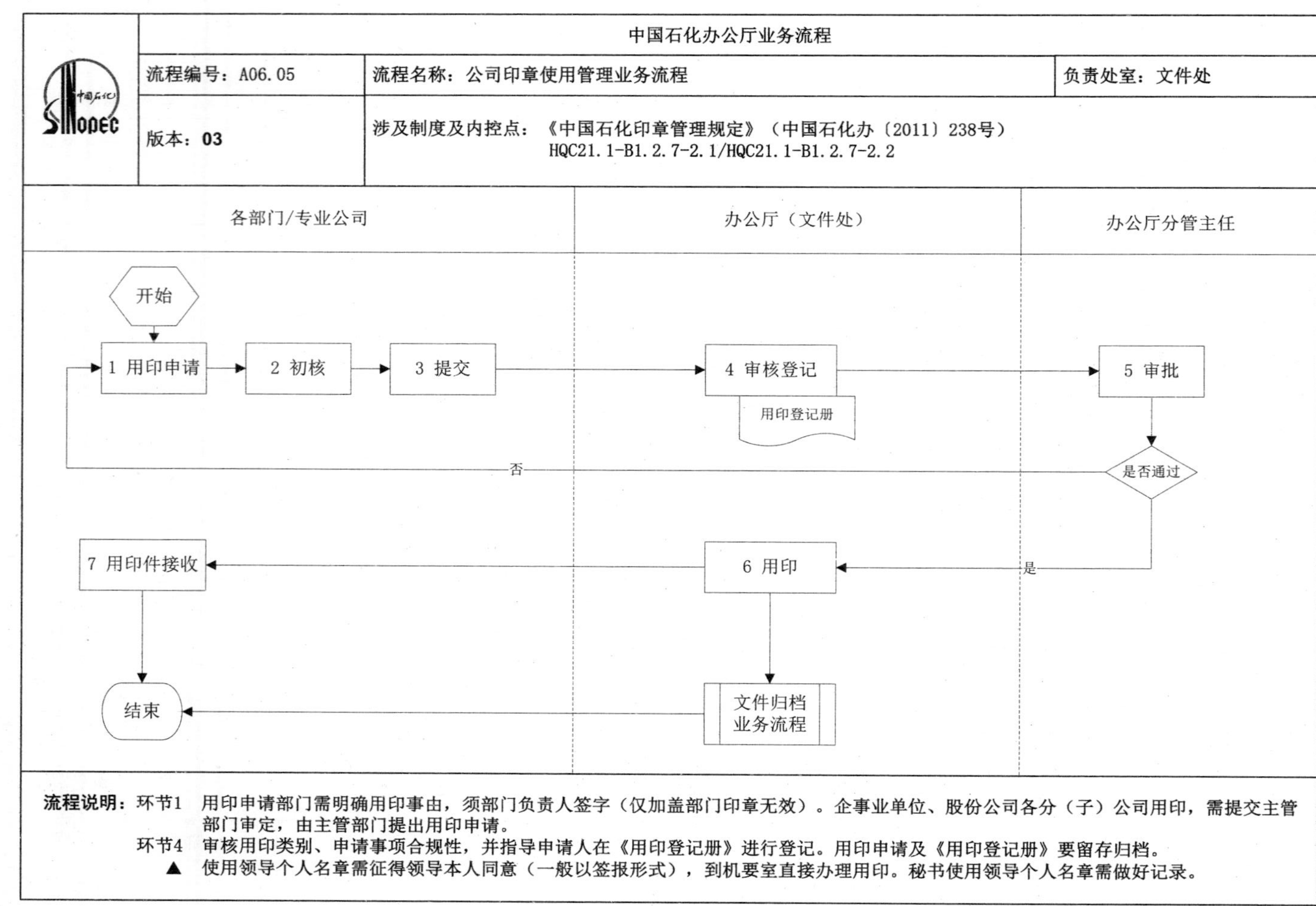
中国石化办公厅业务流程
流程编号：A06.05
流程名称：公司印章使用管理业务流程
负责处室：文件处
版本：03
涉及制度及内控点：《中国石化印章管理规定》（中国石化办〔2011〕238号）
HQC21.1-B1.2.7-2.1/HQC21.1-B1.2.7-2.2
各部门/专业公司
办公厅（文件处）
办公厅分管主任
开始
1 用印申请
2 初核
3 提交
4 审核登记
用印登记册
5 审批
是否通过
否
是
6 用印
7 用印件接收
文件归档业务流程
结束
流程说明：环节1 用印申请部门需明确用印事由，须部门负责人签字（仅加盖部门印章无效）。企事业单位、股份公司各分（子）公司用印，需提交主管部门审定，由主管部门提出用印申请。
环节4 审核用印类别、申请事项合规性，并指导申请人在《用印登记册》进行登记。用印申请及《用印登记册》要留存归档。
▲ 使用领导个人名章需征得领导本人同意（一般以签报形式），到机要室直接办理用印。秘书使用领导个人名章需做好记录。

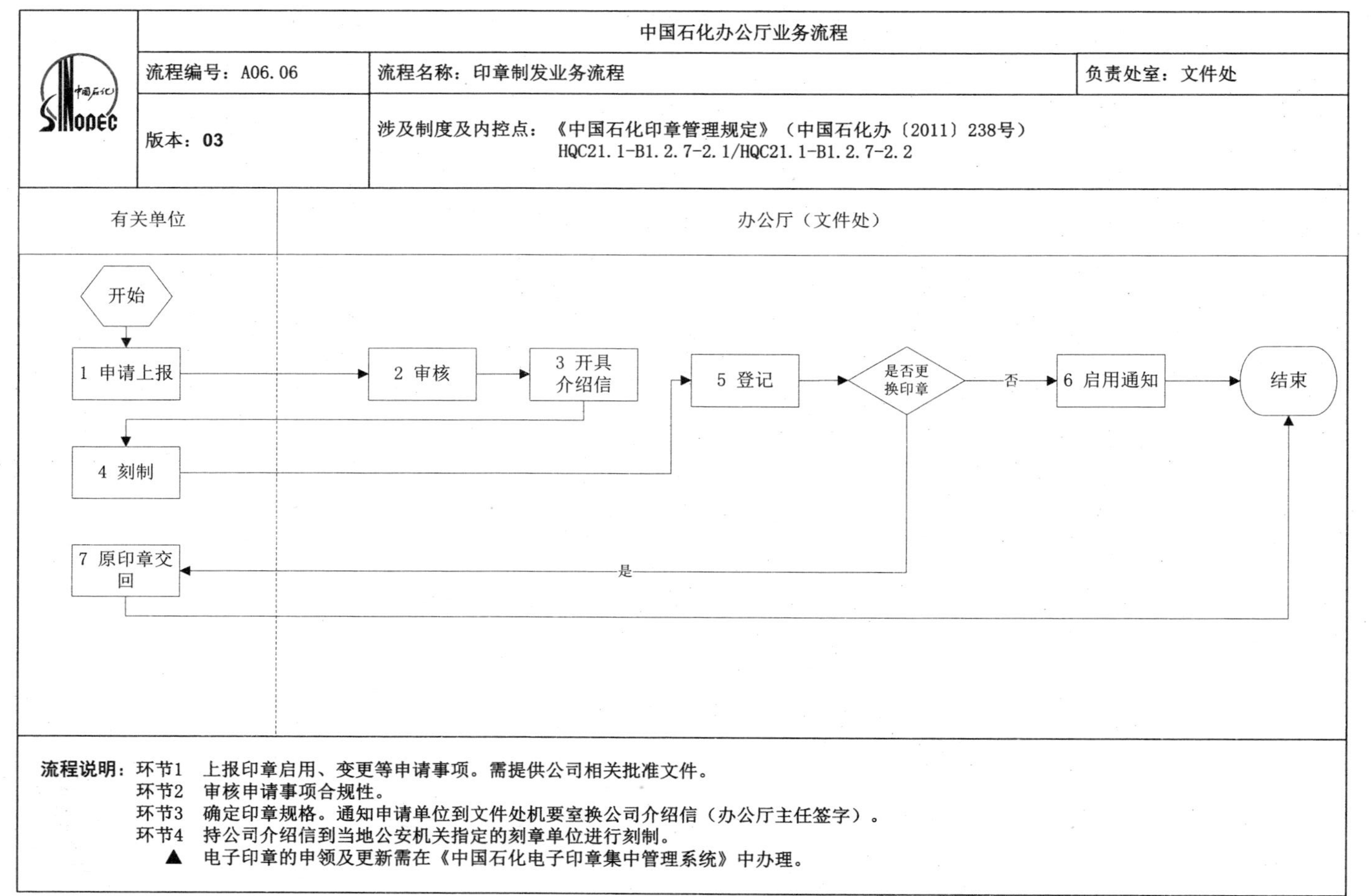
中国石化办公厅业务流程
流程编号：A06.06
流程名称：印章制发业务流程
负责处室：文件处
版本：03
涉及制度及内控点：《中国石化印章管理规定》（中国石化办〔2011〕238号）
HQC21.1-B1.2.7-2.1/HQC21.1-B1.2.7-2.2
有关单位
办公厅（文件处）
开始
1 申请上报
2 审核
3 开具介绍信
4 刻制
5 登记
是否更换印章
否
6 启用通知
结束
是
7 原印章交回
流程说明：环节1 上报印章启用、变更等申请事项。需提供公司相关批准文件。
环节2 审核申请事项合规性。
环节3 确定印章规格。通知申请单位到文件处机要室换公司介绍信（办公厅主任签字）。
环节4 持公司介绍信到当地公安机关指定的刻章单位进行刻制。
▲ 电子印章的申领及更新需在《中国石化电子印章集中管理系统》中办理。

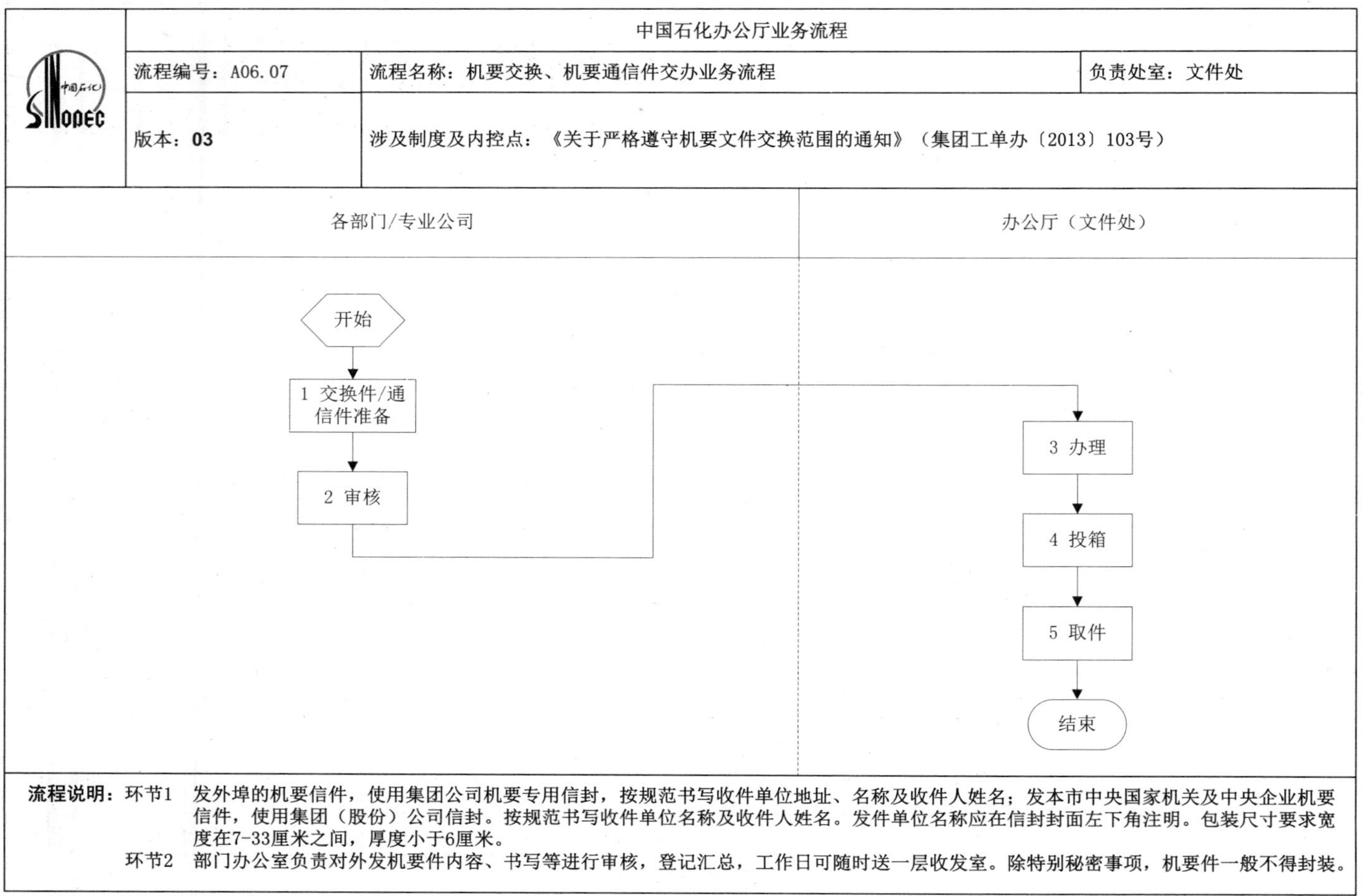
中国石化
SINOPEC
中国石化办公厅业务流程
流程编号：A06.07
流程名称：机要交换、机要通信件交办业务流程
负责处室：文件处
版本：03
涉及制度及内控点：《关于严格遵守机要文件交换范围的通知》（集团工单办〔2013〕103号）
各部门/专业公司
办公厅（文件处）
开始
1 交换件/通信件准备
2 审核
3 办理
4 投箱
5 取件
结束
流程说明：环节1 发外埠的机要信件，使用集团公司机要专用信封，按规范书写收件单位地址、名称及收件人姓名；发本市中央国家机关及中央企业机要信件，使用集团（股份）公司信封。按规范书写收件单位名称及收件人姓名。发件单位名称应在信封封面左下角注明。包装尺寸要求宽度在7-33厘米之间，厚度小于6厘米。
环节2 部门办公室负责对外发机要件内容、书写等进行审核，登记汇总，工作日可随时送一层收发室。除特别秘密事项，机要件一般不得封装。

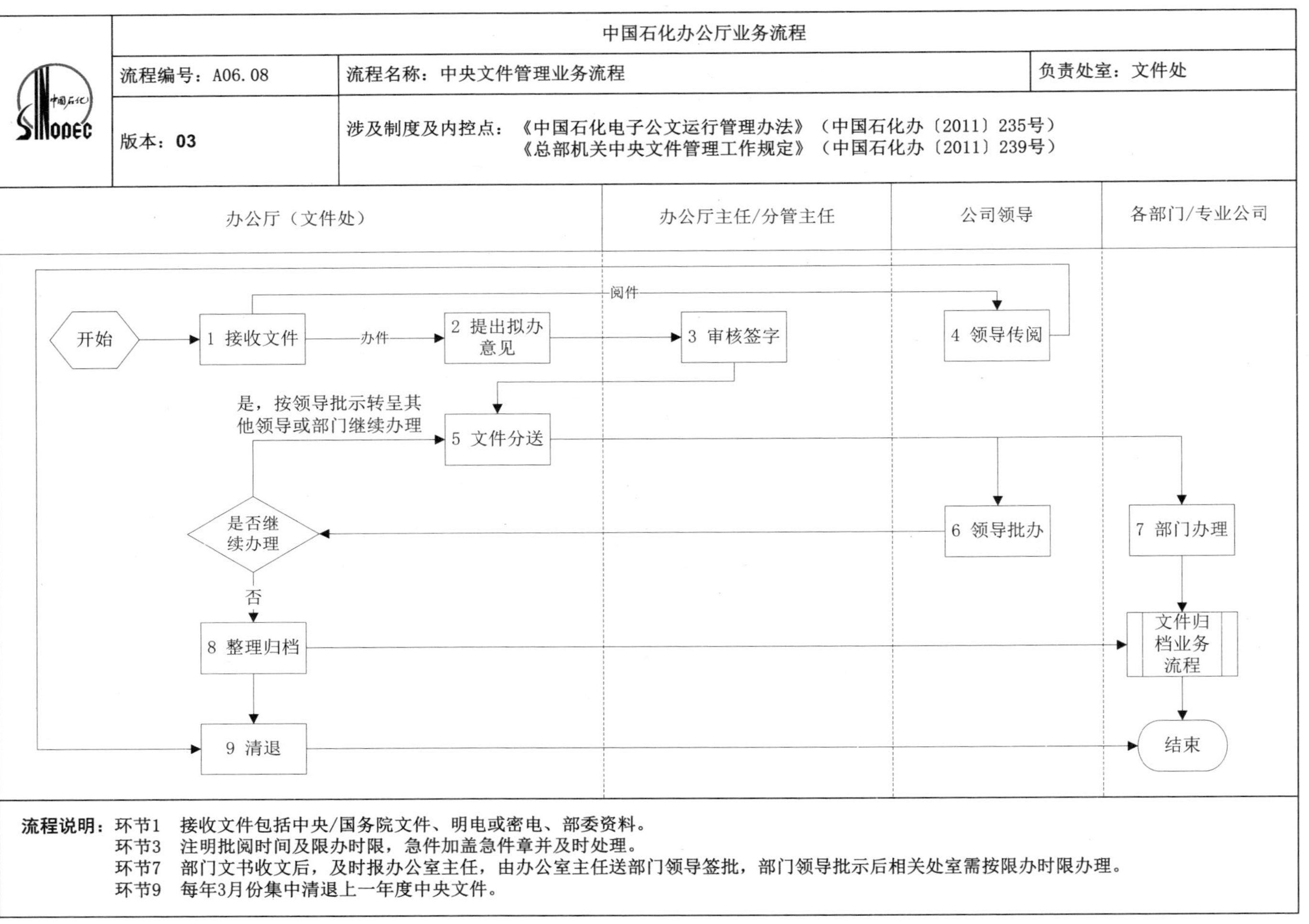
中国石化办公厅业务流程
流程编号：A06.08
流程名称：中央文件管理业务流程
负责处室：文件处
版本：03
涉及制度及内控点：《中国石化电子公文运行管理办法》（中国石化办〔2011〕235号）
《总部机关中央文件管理工作规定》（中国石化办〔2011〕239号）
办公厅（文件处）
办公厅主任/分管主任
公司领导
各部门/专业公司
开始
1 接收文件
办件
阅件
2 提出拟办意见
3 审核签字
4 领导传阅
是，按领导批示转呈其他领导或部门继续办理
5 文件分送
是否继续办理
6 领导批办
7 部门办理
否
8 整理归档
文件归档业务流程
9 清退
结束
流程说明：环节1 接收文件包括中央/国务院文件、明电或密电、部委资料。
环节3 注明批阅时间及限办时限，急件加盖急件章并及时处理。
环节7 部门文书收文后，及时报办公室主任，由办公室主任送部门领导签批，部门领导批示后相关处室需按限办时限办理。
环节9 每年3月份集中清退上一年度中央文件。

七、公司级文件签批单样式

中国石油化工集团公司党组发文稿纸

中国石化〔　　〕号　　　　缓急

<table>
<tr><td colspan="3">密级确定:□否 □绝密 □机密 □秘密 □核心商密 □普通商密　保密期限:</td></tr>
<tr><td>签发</td><td colspan="2">会签（会稿）</td></tr>
<tr><td colspan="3">办公厅核稿</td></tr>
<tr><td colspan="3">拟稿单位
领导审核</td></tr>
<tr><td>拟稿单位
办公室核稿</td><td colspan="2">拟稿单位
处(室)核稿</td></tr>
<tr><td>拟稿单位</td><td>拟稿人</td><td>电话</td></tr>
<tr><td colspan="3">主送</td></tr>
<tr><td colspan="3">抄送（抄报）</td></tr>
<tr><td colspan="3">附件</td></tr>
<tr><td colspan="3">标题</td></tr>
<tr><td colspan="3">（正文）</td></tr>
</table>

收稿　　号　　年　　月　　日

中国石油化工集团公司发文稿纸

中国石化　　〔　　〕　　号　　　　缓 急

密级确定:□否 □绝密 □机密 □秘密 □核心商密 □普通商密　　保密期限:

签发	会签（会稿）

办公厅核稿

拟稿单位
领导审核

拟稿单位 办公室核稿	拟稿单位 处(室)核稿	
拟稿单位	拟稿人	电话

主送

抄送（抄报）

附件

标题

（正文）

收稿　　号　　年　　月　　日

中国石油化工股份有限公司发文稿纸

石化股份 〔 〕 号 缓 急

<table>
<tr><td colspan="3">密级确定:□否 □绝密 □机密 □秘密 □核心商密 □普通商密 保密期限:</td></tr>
<tr><td>签发</td><td colspan="2">会签（会稿）</td></tr>
<tr><td colspan="3">总裁办核稿</td></tr>
<tr><td colspan="3">拟稿单位
领导审核</td></tr>
<tr><td>拟稿单位
办公室核稿</td><td colspan="2">拟稿单位
处(室)核稿</td></tr>
<tr><td>拟稿单位</td><td>拟稿人</td><td>电话</td></tr>
<tr><td colspan="3">主送</td></tr>
<tr><td colspan="3">抄送（抄报）</td></tr>
<tr><td colspan="3">附件</td></tr>
<tr><td colspan="3">标题</td></tr>
<tr><td colspan="3">（正文）</td></tr>
</table>

收稿 号 年 月 日

总部机关收文办理单

来文单位:　　　　　　　　　　　　文号

标　　题:

办公厅拟办意见:

部门领导批示:

部门限办时间:　　月　　日　　时

中国石化收文号　　收文时间　　收文人　　电话

总部机关签报①

中国石化　　　　〔　　〕　　号　　　缓急

密级确定: □否 □绝密 □机密 □秘密 □核心商密 □普通商密 **保密期限:**

总部领导批示:

呈送:

审议建议: □党组会 □董事长办公会 □总经理办公会 □总裁办公会 □主管领导审定 □总师审核

呈报部门:	**会签部门:**

标　题

拟稿人:　　　　电　话:　　　　拟稿处（室）核稿:

办公室核稿:　　　　办公厅审核:

① 该签报单文字实际颜色为绿色。

中国石化会议纪要签发单[①]

期号：　　　　〔　　〕　　号

<table>
<tr><td>纪要种类：
□党组会
□董事长办公会
□总经理办公会
□总裁办公会
□总经理总裁联席办公会
□中国石化专题会
□中石化股份专题会
□总师办公会
□党组巡视
□其他</td><td colspan="2">签发

办公厅审核</td></tr>
<tr><td>密级：□否　□绝密　□机密　□秘密
□核心商密　□普通商密
保密期限：

紧急程度：□一般　□急　□特急</td><td colspan="2">部门会签</td></tr>
<tr><td colspan="3">办公厅核稿</td></tr>
<tr><td colspan="3">拟稿单位
审　　核</td></tr>
<tr><td>拟 稿 单 位
办公室核稿</td><td colspan="2">拟 稿 单 位
处（室）核稿</td></tr>
<tr><td>拟稿单位</td><td>拟稿人</td><td>电话</td></tr>
<tr><td colspan="3">会议议题（纪要标题）</td></tr>
<tr><td colspan="3">发放范围</td></tr>
</table>

收稿　　号　　年　月　日

① 该签发单文字实际颜色为蓝色。

中国石油化工集团公司函发文稿纸

中国石化　〔　　〕　号　　　　缓急

密级确定：□否 □绝密 □机密 □秘密 □核心商密 □普通商密　　保密期限：

<table>
<tr><td colspan="2">签发</td><td colspan="2">会签（会稿）</td></tr>
<tr><td colspan="4">办公厅核稿</td></tr>
<tr><td colspan="4">拟稿单位
领导审核</td></tr>
<tr><td colspan="2">拟稿单位
办公室核稿</td><td colspan="2">拟稿单位
处(室)核稿</td></tr>
<tr><td colspan="2">拟稿单位</td><td>拟稿人</td><td>电话</td></tr>
<tr><td colspan="4">主送</td></tr>
<tr><td colspan="4">抄送（抄报）</td></tr>
<tr><td colspan="4">附件</td></tr>
<tr><td colspan="4">标题</td></tr>
<tr><td colspan="4">（正文）</td></tr>
</table>

收稿　　号　　年　　月　　日

中国石油化工股份有限公司函发文稿纸

石化股份 〔 〕 号 缓 急

密级确定：□否 □绝密 □机密 □秘密 □核心商密 □普通商密 保密期限：

签发	会签（会稿）	
总裁办核稿		
拟稿单位 领导审核		
拟稿单位 办公室核稿	拟稿单位 处（室）核稿	
拟稿单位	拟稿人	电话
主送		
抄送（抄报）		
附件		
标题		
（正文）		

收稿 号 年 月 日

中国石油化工集团公司工单发文稿纸

集团工单 〔 〕 号 缓 急

<table>
<tr><td colspan="3">密级确定:□否 □绝密 □机密 □秘密 □核心商密 □普通商密 保密期限:</td></tr>
<tr><td>签发</td><td colspan="2">会签（会稿）</td></tr>
<tr><td colspan="3">办公厅核稿</td></tr>
<tr><td colspan="3">拟稿单位
领导审核</td></tr>
<tr><td>拟稿单位
办公室核稿</td><td colspan="2">拟稿单位
处(室)核稿</td></tr>
<tr><td>拟稿单位</td><td>拟稿人</td><td>电话</td></tr>
<tr><td colspan="3">主送</td></tr>
<tr><td colspan="3">抄送（抄报）</td></tr>
<tr><td colspan="3">附件</td></tr>
<tr><td colspan="3">标题</td></tr>
<tr><td colspan="3">（正文）</td></tr>
</table>

收稿 号 年 月 日

中国石油化工股份有限公司工单发文稿纸

股份工单 〔 〕 号 缓 急

密级确定：□否 □绝密 □机密 □秘密 □核心商密 □普通商密 保密期限：		
签发	会签（会稿）	
总裁办核稿		
拟稿单位 领导审核		
拟稿单位 办公室核稿	拟稿单位 处（室）核稿	
拟稿单位	拟稿人	电话
主送		
抄送（抄报）		
附件		
标题		
（正文）		

收稿 号 年 月 日

八、总部机关常用公文样式

样式1　党组发文

样式2　集团公司发文（下行文）

　　　　集团公司发文（上行文）

样式3　集团公司函发文

样式4　集团公司工作表单

样式5　股份公司发文

样式6　股份公司函发文

样式7　股份公司工作表单

样式8　办公厅发文（下行文）

　　　　办公厅发文（上行文）

样式9　办公厅函发文

样式10　办公厅工作表单

样式11　联合发文

样式12　版记常见样式

样式1 党组发文

中共中国石油化工集团公司党组

中国石化党组〔××××〕×号

关于××××的通知

×××××：

××××××××××××，××××××××××××××××××××××××。

中共中国石化党组

××年×月×日

样式2　集团公司发文（下行文）

中国石油化工集团公司文件

中国石化×〔××××〕×号

关于××××的通知

×××××：

××××××××××××，×××××××××××××××××××××××××。

中国石化集团公司

××年×月×日

集团公司发文（上行文）

中国石油化工集团公司文件

中国石化×〔××××〕×号　　　　签发人：×××

中国石油化工集团公司
关于××××××××××的请示

×××××：

××××××，×××××××××。

中国石化集团公司

××年×月×日

（联系人：××　电话：××）

样式3　集团公司函发文

中国石油化工集团公司

中国石化函〔××××〕×号

中国石油化工集团公司
关于××××××××××的函

×××××：

××××××××××，××××××××××××××××××××××××。

中国石化集团公司

××年×月×日

样式4　集团公司工作表单

集团工单×〔××××〕×号

	中国石油化工集团公司工作表单	
拟稿单位：×××	拟　稿　人：×××	电　　话：×××
部门核稿：×××	办公厅核稿：×××	签　　发：×××

关于××××××的通知

×××××：

××××××××××××××，××××××××××××××××××××。

中国石化集团公司

××年×月×日

样式5 股份公司发文

中国石油化工股份有限公司文件

石化股份×〔××××〕×号

关于×××××的通知

×××××：

××××××××××××××，×××××××××××××××××××。

中国石化股份公司

××年×月×日

样式6 股份公司函发文

中国石油化工股份有限公司

石化股份函〔××××〕×号

中国石油化工股份有限公司
关于××××××××××的函

×××××：

××××××××××，××××××××××××××××××××××××。

中国石化股份公司

××年×月×日

样式7　股份公司工作表单

股份工单×〔××××〕×号

<table>
<tr><td></td><td colspan="2">中国石油化工股份有限公司工作表单</td></tr>
<tr><td>拟稿单位：×××</td><td>拟　稿　人：×××</td><td>电　　话：×××</td></tr>
<tr><td>部门核稿：×××</td><td>办公厅核稿：×××</td><td>签　　发：×××</td></tr>
</table>

关于××××××的通知

×××××：

××××××××××××××，××××××××××××××××××××。××××××××××××××××××××，××××××××××××××××××××。

中国石化股份公司

××年×月×日

样式8 办公厅发文（下行文）

中国石油化工集团公司办公厅文件

中国石化厅〔××××〕×号

关于××××××的通知

×××××：

×××××××××××，××××××××××××××××××××××××。

中国石化集团公司办公厅

××年×月×日

办公厅发文（上行文）

中国石油化工集团公司办公厅文件

中国石化厅〔××××〕×号　　　　　　签发人：×××

中国石油化工集团公司办公厅
关于××××××的请示

×××××：

××××××，××××××××××××××××，×××××××××××××××××。

中国石化集团公司办公厅

××年×月×日

（联系人：××　电话：××）

样式9　办公厅函发文

中国石油化工集团公司办公厅

中国石化厅函〔××××〕×号

中国石油化工集团公司办公厅
关于×××××××的函

×××××:

××××××××××，××××××××××××××××

×××××××××。

中国石化集团公司办公厅

××年×月×日

样式10　办公厅工作表单

集团工单厅〔××××〕×号

<table>
<tr><td></td><td colspan="2">中国石油化工集团公司办公厅工作表单</td></tr>
<tr><td>拟稿处室：×××</td><td>拟　稿　人：×××</td><td>电　　话：×××</td></tr>
<tr><td>处室核稿：×××</td><td>办公室核稿：×××</td><td>签　　发：×××</td></tr>
</table>

关于××××××的通知

×××××：

××××××××××××××，××××××××××××××××××。

办　公　厅

××年×月×日

样式11 联合发文

中国石油化工集团公司 文件
×××××××

中国石化×〔××××〕×号　　签发人：×××　×××

中国石油化工集团公司 ×××××××
关于×××××××××的请示

×××××：

××××××，×××××××××。

中国石化集团公司　×××××××

××年×月×日

（联系人：××　电话：××）

样式12　版记常见样式

××××××××××××　　　　××年×月×日印发

抄送：××××、×××××××、××××××××、×××、×××
×××××。

××××××××××××　　　　××年×月×日印发

发：××××、×××××××、××××××××、×××、××××
××××。

××××××××××××　　　　××年×月×日印发

主送：××××、××××××、××××××××、×××、××××
××××。

抄送：××××、×××××××、××××。

××××××××××××　　　　××年×月×日印发

九、公文管理系统使用

石化专网总部机关公文管理系统

（一）进入系统

在IE浏览器地址栏中输入http://10.1.4.10登录总部机关门户首页（图1）。

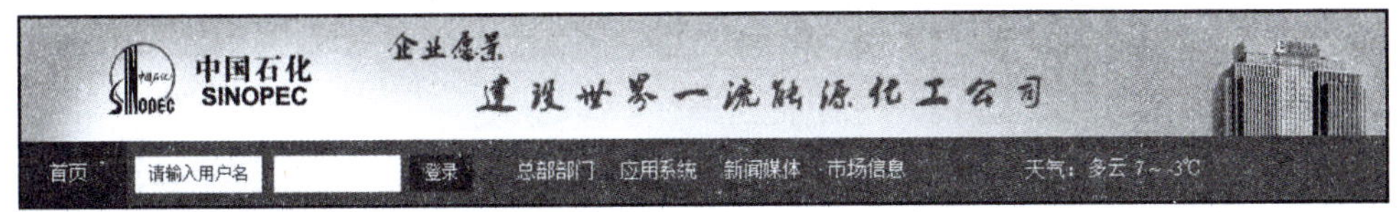

图1

点击“公文管理”或待办提示，进入公文系统首页（图2）。

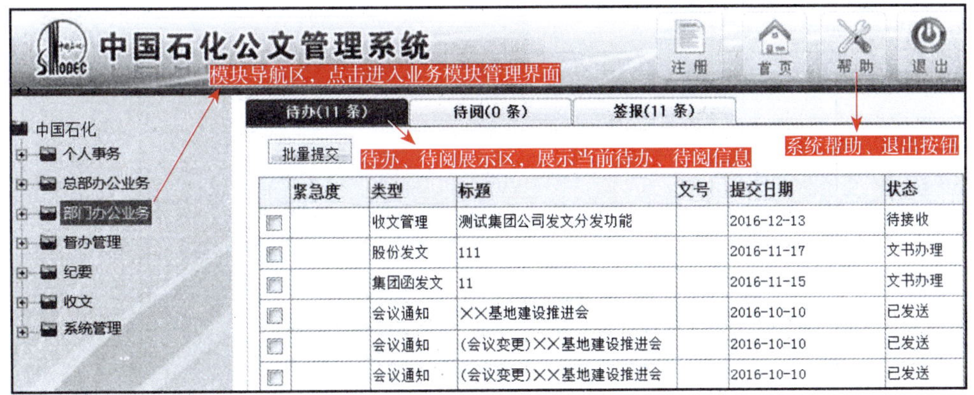

	紧急度	类型	标题	文号	提交日期	状态
		收文管理	测试集团公司发文分发功能		2016-12-13	待接收
		股份发文	111		2016-11-17	文书办理
		集团函发文	11		2016-11-15	文书办理
		会议通知	××基地建设推进会		2016-10-10	已发送
		会议通知	(会议变更)××基地建设推进会		2016-10-10	已发送
		会议通知	(会议变更)××基地建设推进会		2016-10-10	已发送

图2

（二）发文

包含集团公司党组、集团公司、股份公司、集团公司函、股份公司函、集团公司和股份公司工作表单以及部门等发文。

1. 总部公司级发文。

以“集团公司发文”为例加以说明，标注“*”的为必填项。

（1）如何进行文件拟稿。

登录系统后，点击“中国石化”—“总部办公业务”—“集团公司发文”，不同用户根据不同权限划分看到不同的文件类型（图3）。

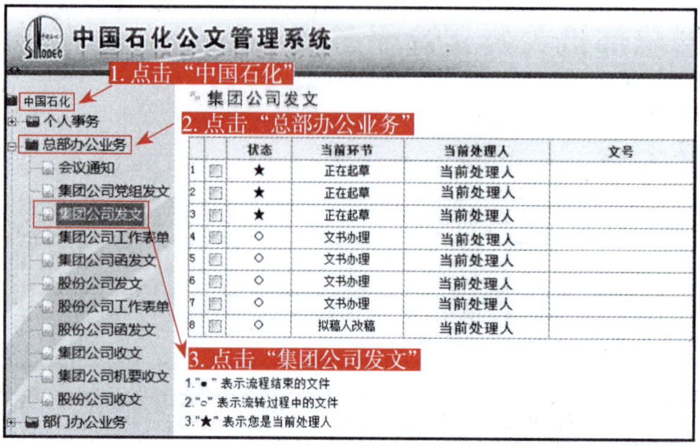

图3

在“中国石化”—“总部办公业务”—“集团公司发文”点击右上角“新建”按钮，进入文件拟稿页面（图4）。

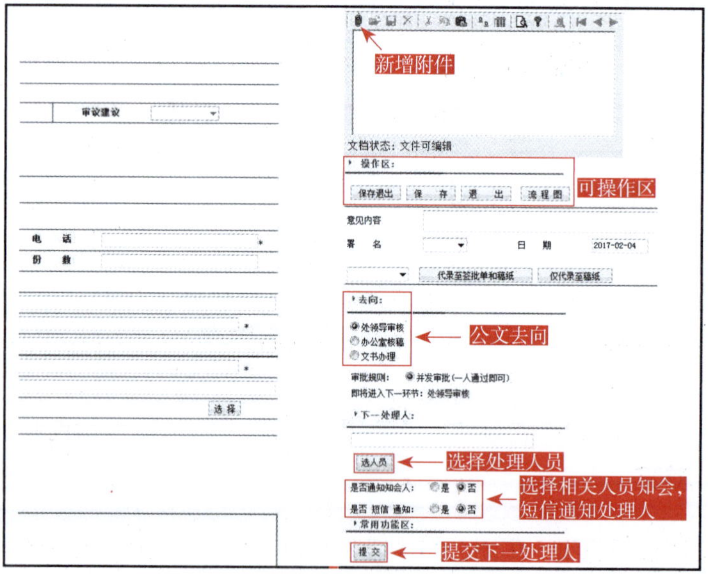

图4

① 标注“*”的必填项有字号，年度，缓急，是否总师审核，密级，电话，文件页数，主送，标题。

② 标题输入：发文文件的标题信息，在文本框中需输入文件标题。

③ 主送：发文主送单位，在文本框中需要输入主送单位。

④ 抄送：发文抄送单位，在文本框中需输入抄送单位。

⑤ 拟定会签部门：点击“选择”按钮，自动弹出总部机关部门，双击选定，或点击确定选定拟会签部门（图5）。

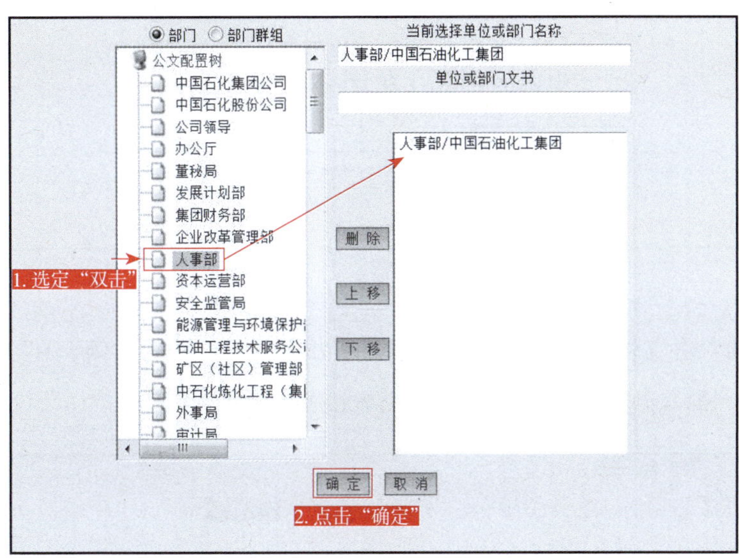

图5

⑥ 系统提供电子原文引入的功能，供用户直接在线阅文。电子原文可通过流程配置控制文件在办理节点的上载、删除、审核、编辑、清稿等管理权限。

点击附件区 图标，可上传已在本地计算机拟好的文件稿件，文件可上传多个，上传后的文件排列在附件框中（图6）。

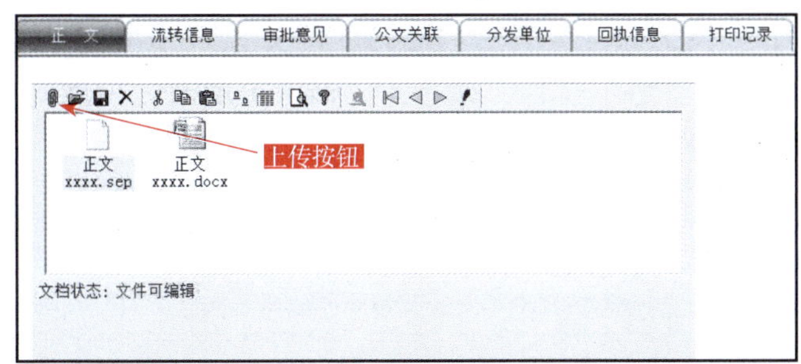

图6

⑦ 保存：填写页面中的信息后，如果不需要直接提交下一步，可进行保存，

点击操作区的“保存”或“保存退出”按钮保存录入信息。

⑧ 自动生成签批单：在新建页面，公文稿纸相关数据填写完毕，点击“签批单”按钮，自动跳转签批单页面，并自动获取公文稿纸相关数据（图7）。

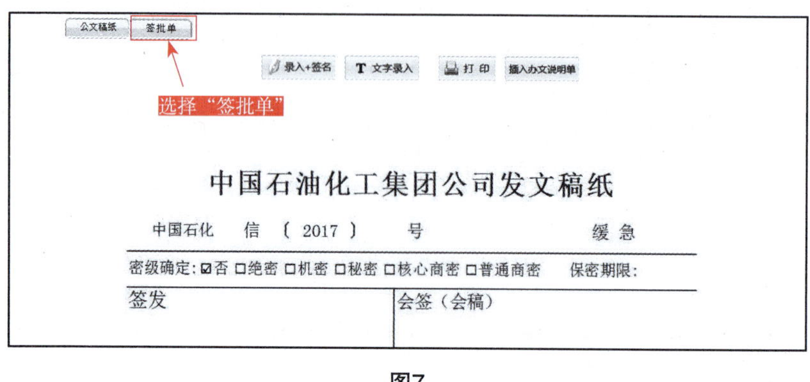

图7

⑨ 插入办文情况说明单：在需要增加办文情况说明的时候，在“签批单”页面点击“插入办文说明单”增加办文情况说明签批页（图8）。

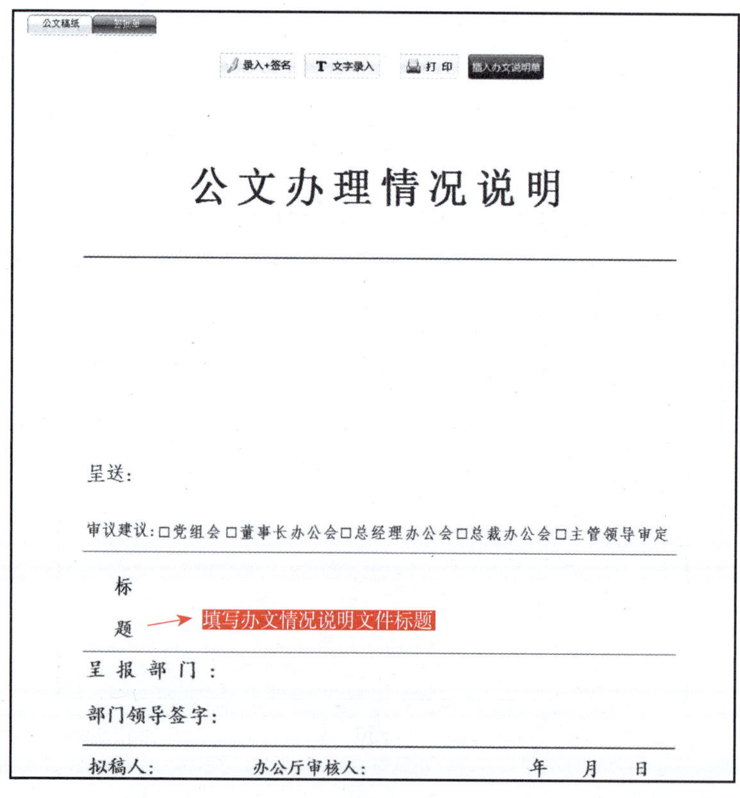

图8

⑩ 提交：拟稿人拟稿完成，选择“去向”，选择下一步公文处理人，点击“提交”按钮，提交成功后页面自动跳转到公文处理列表，可在全部文件中查看到自己处理过的文件（图9）。

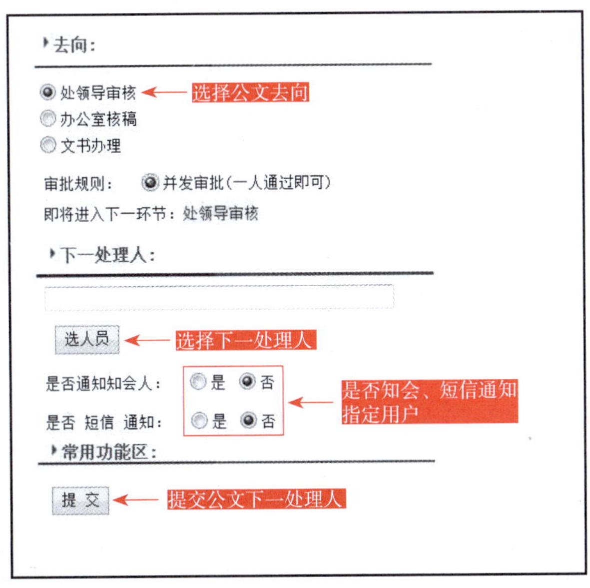

图9

⑪ 流转信息及审批意见查看：点击稿纸下方的“流转信息”或“审批意见”或点击“签批单”，可时时查看流转信息或审批意见（图10）。

正 文 | 流转信息 | 审批意见 | 公文关联 | 分发单位

按照此流程流转： 公司发文

是否催办： 是 否

现在的环节号： 3

当前处理人： ×××

需要处理此文件的人： ×××

当前处理状态： 文书办理

流转过程：

(1) ××× 起草 2016-12-5 11:07:39[PC]	(2) ××× 处领导审核 2016-12-5 11:12:48[PC]
(5) ××× 办公室核稿 2016-12-5 11:30:26[PC]	(6) ××× 部门领导审核 2016-12-5 13:05:25[E人E本]
(9) ××× 驳回 2016-12-5 14:07:02[PC]	(10) ××× 文书办理 2016-12-5 14:07:40[PC]

图10

（2）如何审核及填写意见。

拟稿人完成文件拟稿，需提交相关领导审核，审核一般分处理领导审核、部门办公室审核、部门领导审核、其他部门会签、办公厅核稿和公司领导签批。审核主要有以下三个步骤：

① 查看、修改附件：在附件区双击选定的附件，附件文件自动打开，可对文件进行批示，自动留痕修改记录（图11）。

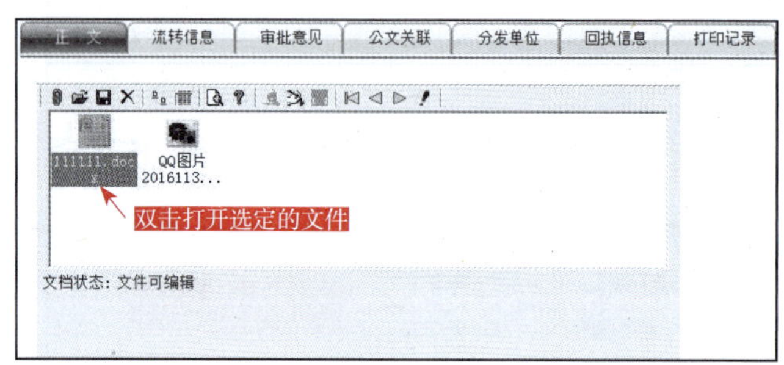

图11

② 填写意见：点击“签批单”上的“录入+签名”或“填写意见”按钮，然后点击意见录入位置，进行意见填写（图12）。

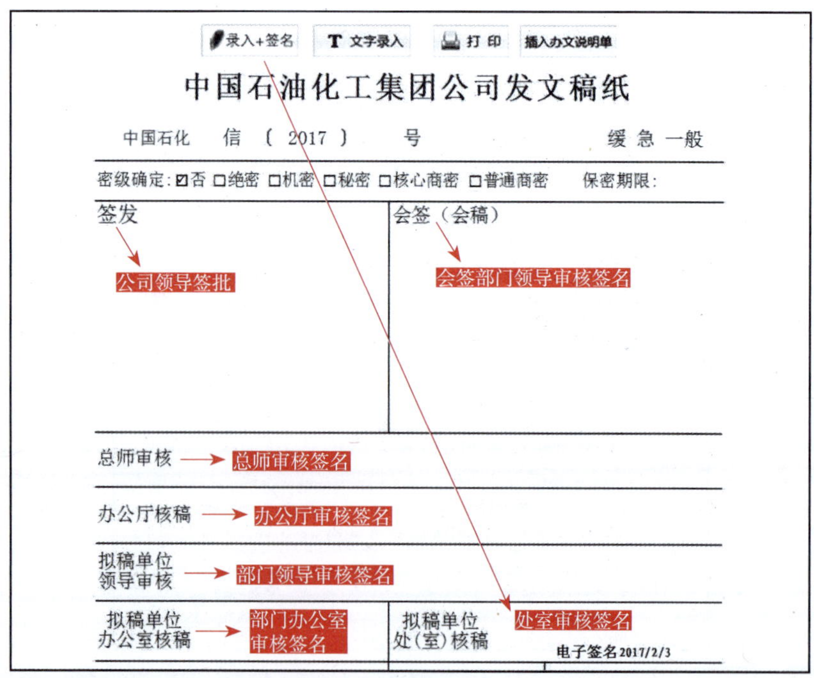
录入+签名　文字录入　打印　插入办文说明单

中国石油化工集团公司发文稿纸

中国石化　信〔2017〕　号　缓急 一般

密级确定：☑否 □绝密 □机密 □秘密 □核心商密 □普通商密　保密期限：

签发 公司领导签批	会签（会稿） 会签部门领导审核签名
总师审核 → 总师审核签名	
办公厅核稿 → 办公厅审核签名	
拟稿单位领导审核 → 部门领导审核签名	
拟稿单位办公室核稿 → 部门办公室审核签名	拟稿单位处(室)核稿 处室审核签名 电子签名2017/2/3

图12

（3）如何送部门会签。

需其他部门会签的文件，由拟稿人在拟稿人改稿环节点击“送部门会签”，选择会签部门，将文件送相关部门会签。会签部门以部门收文方式进行内部会签流转，然后由会签部门领导签署会签意见返回本部门文书，由文书进行会签反馈，结束部门会签。所有会签部门均反馈会签意见后，拟稿部门方可继续文件下一步流转（图13）。

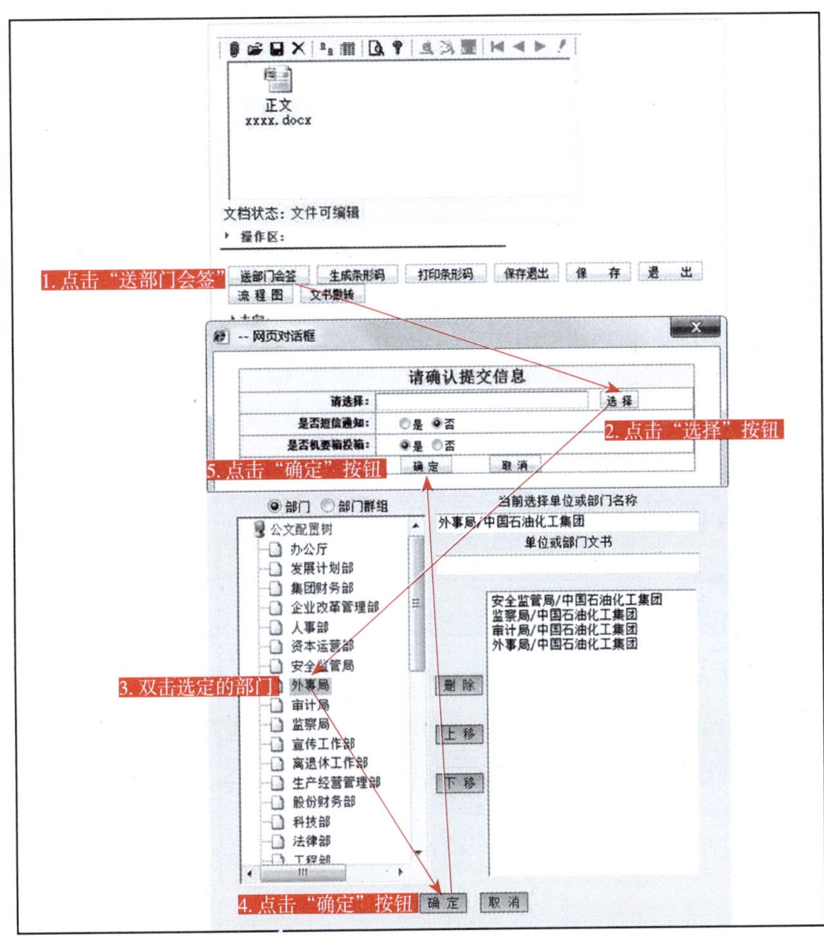

图13

（4）如何编号。

点击操作区“编文号”按钮，可自动生成公文编号。

（5）如何进行排版。

提交排版环节，由负责排版人员点击公文管理系统提供的排版功能进行文件的排版，按系统提供的编订好的文件版式给文件套用上格式、红头等。相关步骤如下：

① 清稿：选择需要排版的文件，点击“清稿”按钮，生成痕迹稿和清除原文的修改痕迹，并生成痕迹文件。

② 排版：按系统提供编订好的文件版式给文件套用上格式、红头、定位盖章位置等（图14）。

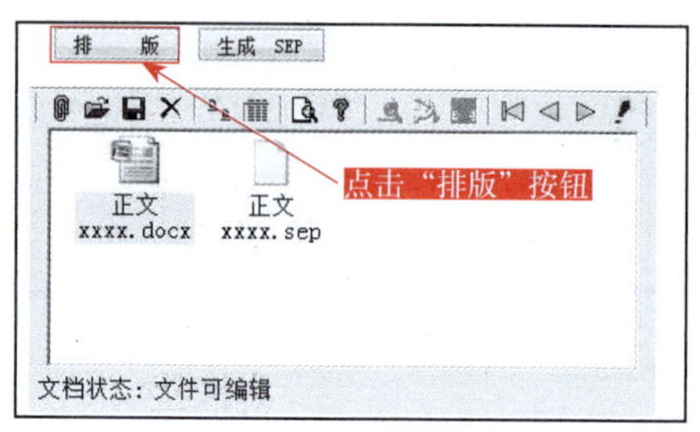

图14

③ 生成SEP：将排版完成后的文件，生成SEP文件，用以盖章。

（6）如何校对。

在排版人员完成文件排版后，提交至拟稿人校对环节，由拟稿人完成校对。将校对后的文件提交至排版环节。

（7）如何盖章。

由排版人员将校对后的文件提交至盖章人员，由盖章人员在专门的电子印章文书机上，插入印章Ukey，打开需盖章文件，选需盖章的sep文件，点击“盖章”按钮，在弹出的印章选择框中选择印章，输入印章密码进行盖章（图15）。

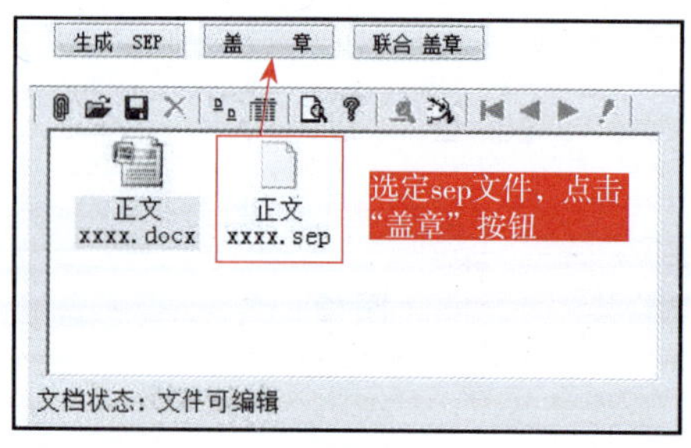

图15

（8）如何分发、归档。

由盖章人员将盖章完毕的文件提交至分发人员，由负责文件分发人员进行分发并自动完成归档至档案系统。

① 分发：点击操作区的“选择单位”，选定您要分发的单位，然后点击“分发”按钮进行文件分发（图16）。

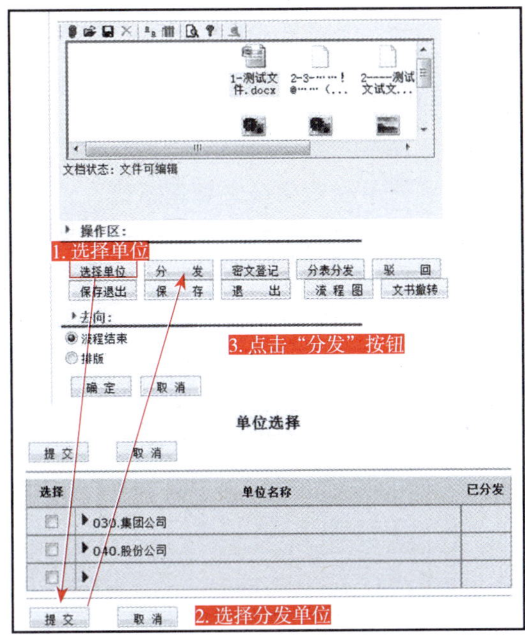

图16

② 分表分发：当文件不同接收单位需接收不同附件时，可点“分表分发”按钮，在分发界面为不同单位选定不同分发附件然后点击“发文”按钮进行分表分发（图17）。

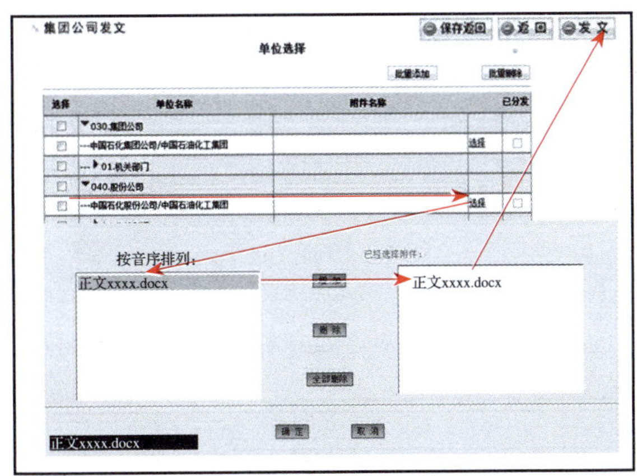

图17

2. 部门级发文。

包含部门发文、函、工单等类型文件。以“办公厅发文”为例，标注“*”的为必填项。

（1）如何拟稿。

登录系统后，点击“中国石化”—“部门办公业务”—“办公厅发文”，不同用户根据不同权限划分看到不同的文件类型（图18）。

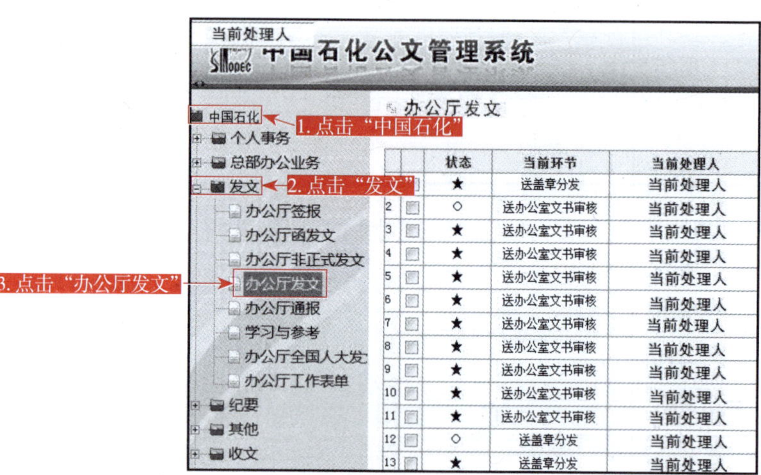

图18

在“中国石化”—“发文”—“办公厅发文”点击右上角“新建”按钮，进入文件拟稿页面，部门级发文没有“签批单”页面（图19）。

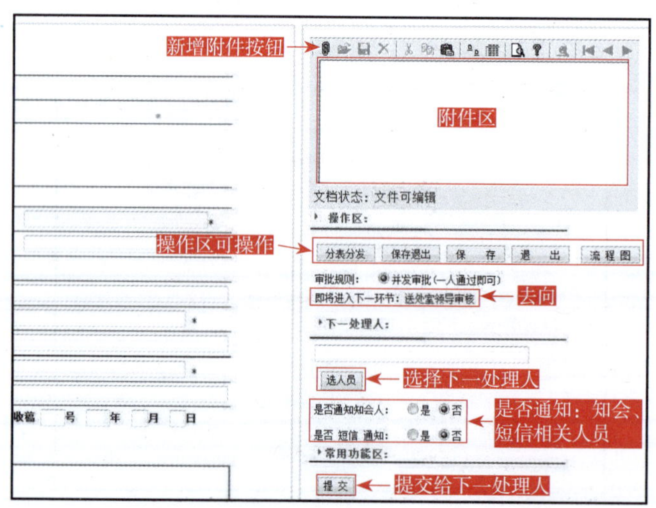

图19

（2）如何审核填写意见。

部门及发文审核内容与方式与公司级发文相同，填写意见是直接点击操作区“填写意见”按钮进行意见填写，意见根据审核环节自动填写到相应的意见栏（图20）。

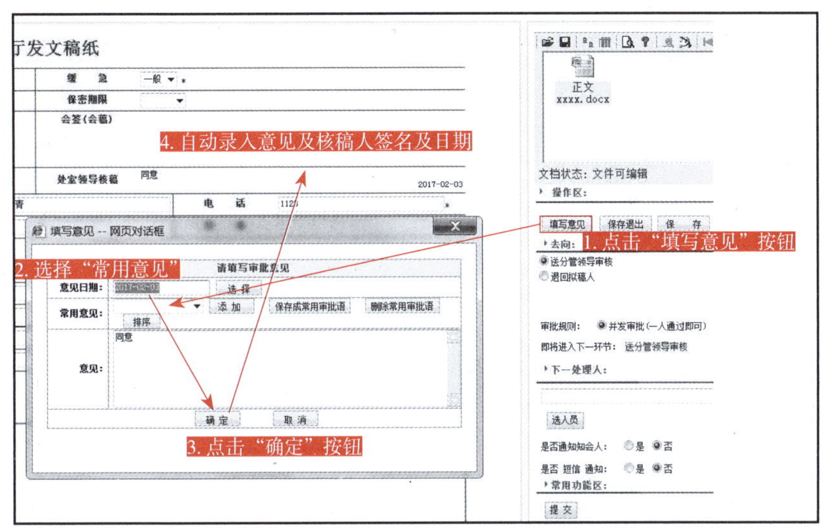

图20

（3）如何编号、排版、盖章、分发。

部门级发文的编号、排版、盖章、分发操作均与公司级发文的操作相似，根据部门流程由部门文书、专门排版人员、拟稿人等完成。可参考公司级发文操作，在此不再赘述。

（三）收文

包含集团公司、股份公司和部门收文。

1. 总部公司级收文。

以“集团公司收文”为例加以说明，标注“*”的为必填项。

（1）如何接收、登录文件。

机要文书负责文件接收登录，收文登录方式分为系统内来文接收登录和纸质来文手动录入登录方式。

① 系统内来文接收登录：点击左侧模块导航中“集团公司收文”—“从邮件登录”进入待接收文件列表，选择要接收文件，点击“接收文件”或直接打开要

接收的文件点击“接收”按钮进行文件接收，然后点击“脱密”按钮进行文件脱密（图21）。

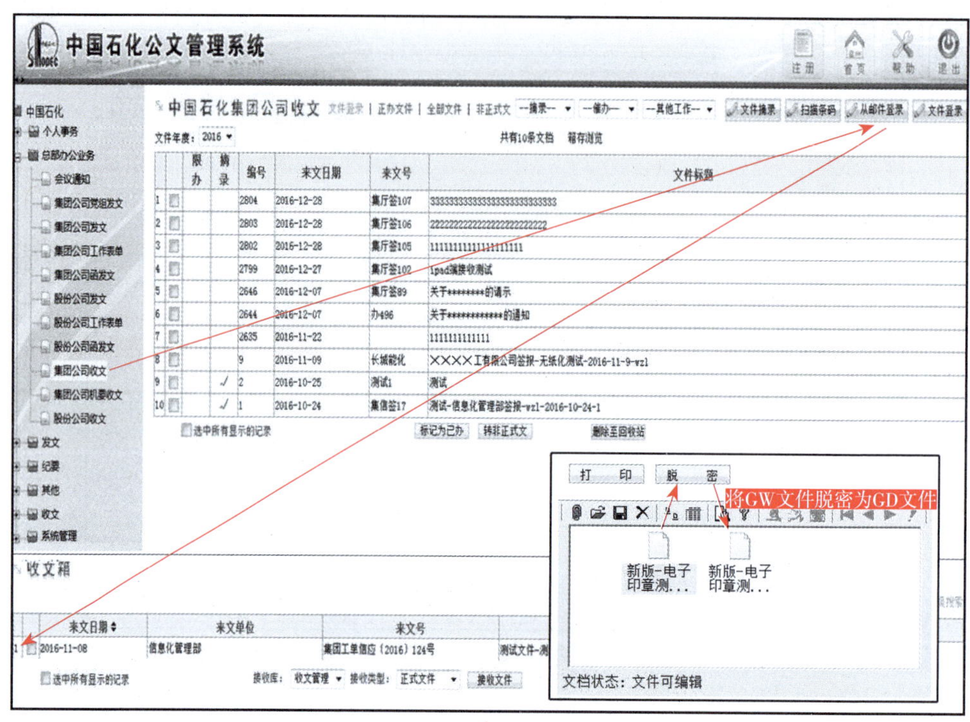

图21

② 纸质来文手动录入登录：点击侧模块导航中“集团公司收文”—“文件登录”进入文件登录页面，录入文件基本信息，上载文件扫描件（图22）。

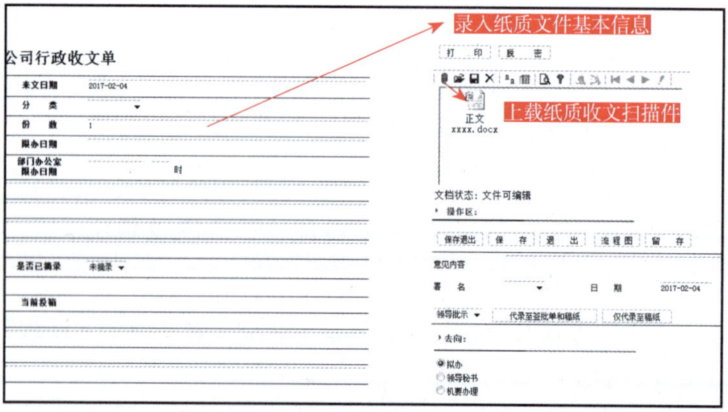

公司行政收文单
录入纸质文件基本信息
上载纸质收文扫描件

图22

③ 生产条形码、加盖收文签章。

接收、录入文件基本信息后，保存，然后点击操作“生成条形码”按钮生成文件条形码，点击“签批单”—“盖章”加盖收文签章（图23）。

图23

（2）如何送拟办和领导批示。

完成文件登录后，在“去向”选择“拟办”可将文件送办公厅领导拟办；在拟办返回后，在“去向”选择“领导秘书”送相关领导的秘书，由秘书送相应领导批示。

（3）填写批示意见。

与发文填写意见相同，点击“签批单”上的“录入+签名”或“填写意见”进行批示意见填写（图24）。

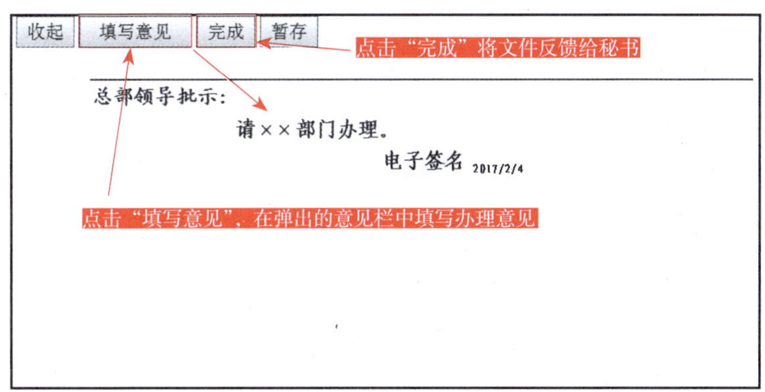

图24

（4）送部门办理。

领导批示完反馈机要办理环节的文件，由机要文书根据领导批示意见，点击操作区“送领导和部门”，选择办理部门，将文件送相关部门办理，承办部门将文件接收为部门收文进行部门内部流转办理（图25）。

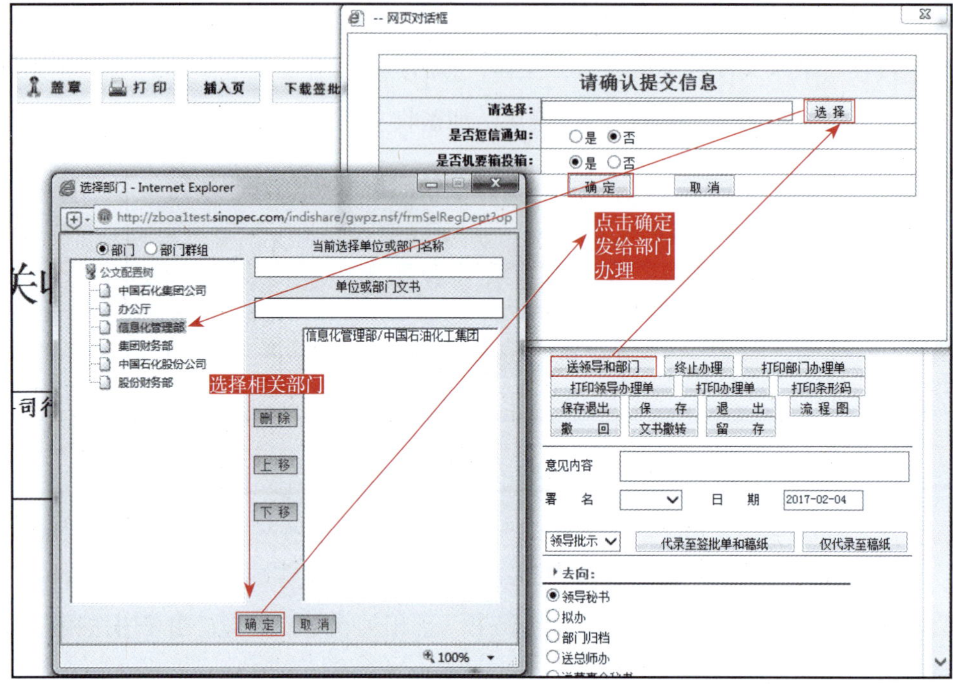

图25

（5）承办部门办理反馈。

① 承办部门文书在首页待办中点击打开待接收文件，点击“接收”将文件接收为本部门收文（图26）

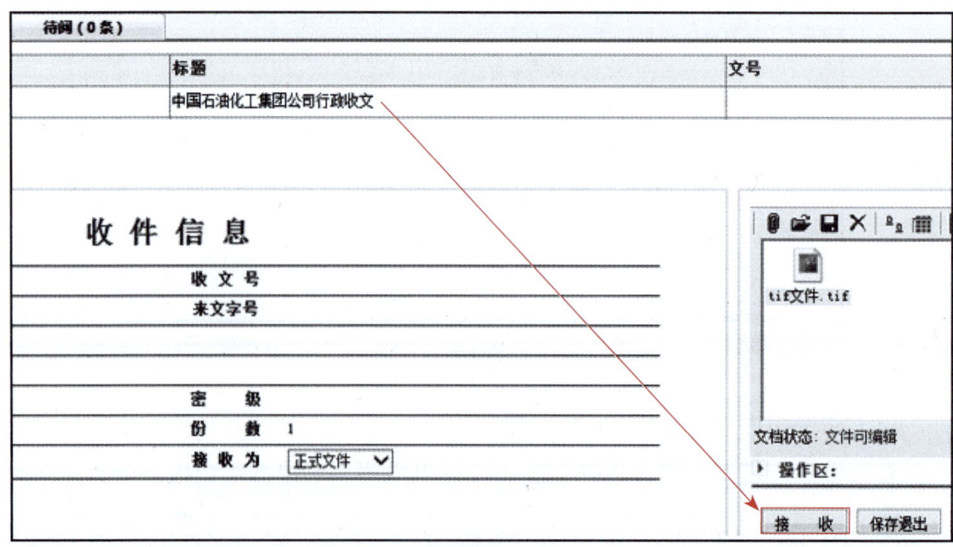

图26

② 将收文送本部领导和人员办理（图27）。

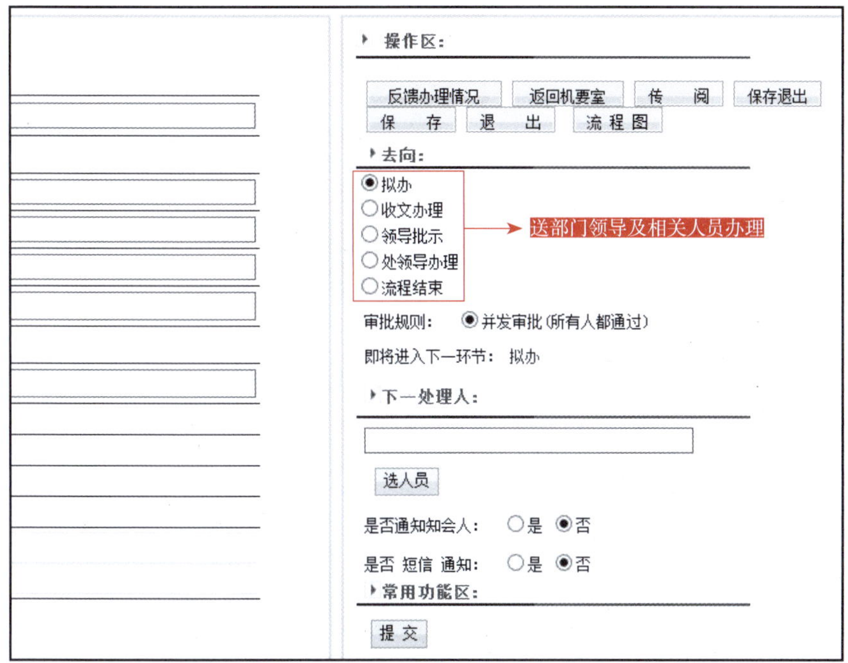

图27

③ 承办部门填写办理意见（图28）。

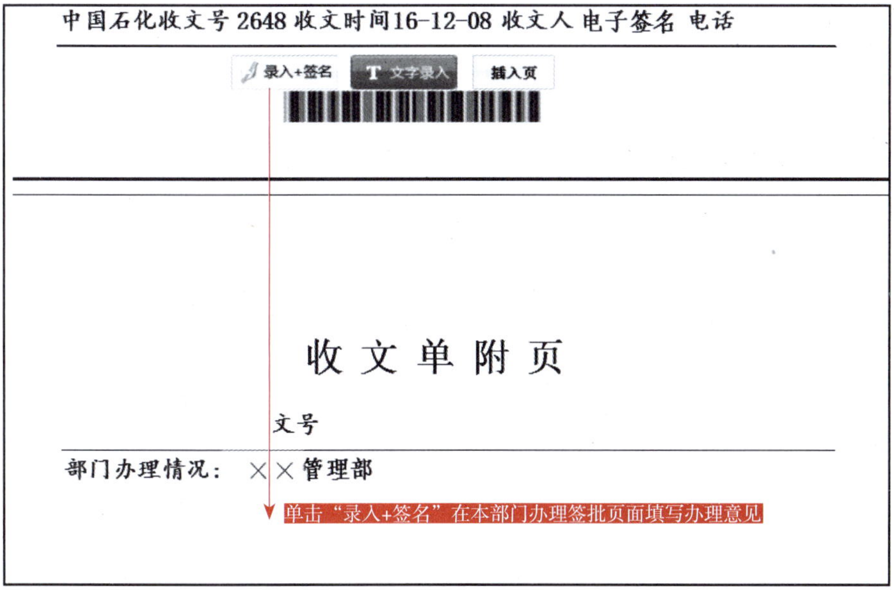

中国石化收文号 2648 收文时间16-12-08 收文人 电子签名 电话

录入+签名 文字录入 插入页

收 文 单 附 页

文号

部门办理情况： ××管理部

单击“录入+签名”在本部门办理签批页面填写办理意见

图28

④ 承办部门反馈办理结果（图29）。

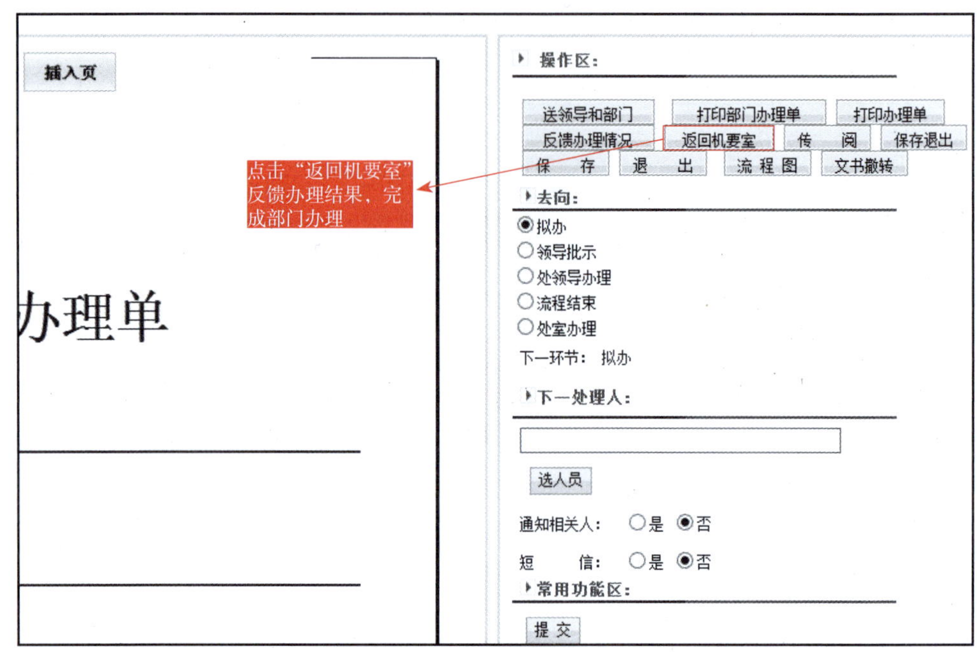

图29

2. 部门级收文。

部门级收文接收登录方式与公司级收文接收登录方式相同，按部门收文流程仅在本部门内进行流转，批示和填写意见方式与部门发文相同，在此不再赘述。

（四）会议纪要

1. 总部公司纪要。

以“集团专题纪要”为例加以说明，标注“*”的为必填项。

（1）起草纪要。

点击左侧导航“纪要”下的“中国石化专题会”导航，进入集团专题纪要管理界面（图30）。

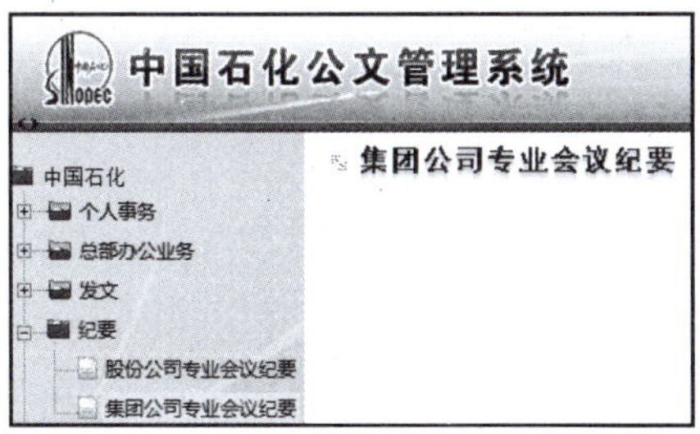

图30

点击“新建”按钮，进入文件拟稿页面（图31）。

中国石化会议纪要签发单

期号：中国石化专题会（2016）　号

纪要种类： ○党组会 ←1. 选择纪要种类 ○董事长办公室 ○总经理办公室 ○总裁办公室 ○中国石化专题会 ○中石化股份专题会 ◉总师办公室 ○党组巡视 ○其他	签　发
	办公厅审核
密　级： ←2. 选择密级 ◉否 ○绝密 ○机密 ○秘密 ○核心商密 ○普通商密 保密期限： ←3. 选择保密期限	部门会签
紧急程度： ←4. 选择紧急程度 ◉一般 ○急 ○特急	

拟稿单位办公室核稿		拟稿单位审　核		办公厅核稿	
拟稿单位	××管理部	拟 稿 人		拟稿人电话	
会议议题（纪要标题）	中国石化会议纪要 ←5. 填写会议议题（纪要标题）				
发放范围	纪要发放范围 ←6. 填写发放范围				
拟会签部门	7. 选择拟会签部门 → 选择				

收稿号 2016年 12月 7日

图31

（2）审核纪要。

纪要审核和意见填写方式与发文相同，在“签批单”上进行意见填写（图32）。

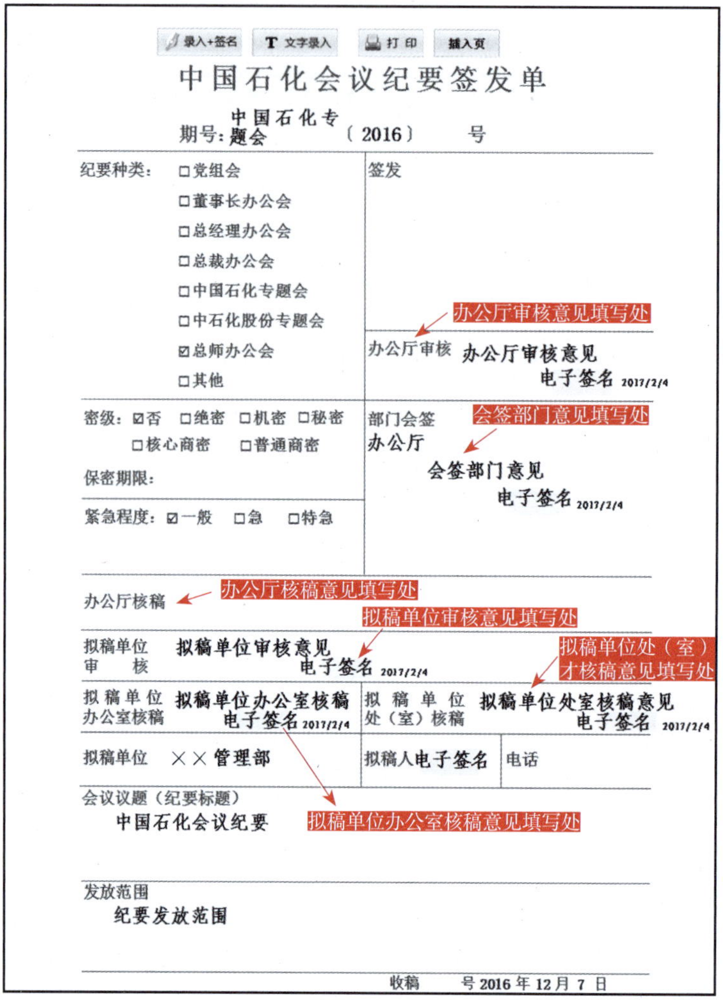

录入+签名 | 文字录入 | 打印 | 插入页

中国石化会议纪要签发单

期号：中国石化专题会〔2016〕 号

纪要种类：□党组会 □董事长办公会 □总经理办公会 □总裁办公会 □中国石化专题会 □中石化股份专题会 ☑总师办公会 □其他	签发 办公厅审核意见填写处 办公厅审核 办公厅审核意见 电子签名 2017/2/4
密级：☑否 □绝密 □机密 □秘密 □核心商密 □普通商密 保密期限： 紧急程度：☑一般 □急 □特急	部门会签 会签部门意见填写处 办公厅 会签部门意见 电子签名 2017/2/4

办公厅核稿 办公厅核稿意见填写处

拟稿单位审核意见填写处

拟稿单位审核	拟稿单位审核意见 电子签名 2017/2/4		
拟稿单位办公室核稿	拟稿单位办公室核稿 电子签名 2017/2/4	拟稿单位处（室）核稿	拟稿单位处室核稿意见 电子签名 2017/2/4
拟稿单位	××管理部	拟稿人电子签名	电话

拟稿单位处（室）才核稿意见填写处

会议议题（纪要标题）
中国石化会议纪要 拟稿单位办公室核稿意见填写处

发放范围
纪要发放范围

收稿 号 2016 年 12 月 7 日

图32

（3）如何编号、排版、盖章、分发。

编号、排版、盖章、分发等操作与发文操作相同。

（五）签报

以“办公厅签报”为例加以说明，标注“*”的为必填项。

1. 起草签报。

点击左侧导航“办公厅签报”—“新建”按钮，进行签报拟稿，与发文起草操作相同（图33）。

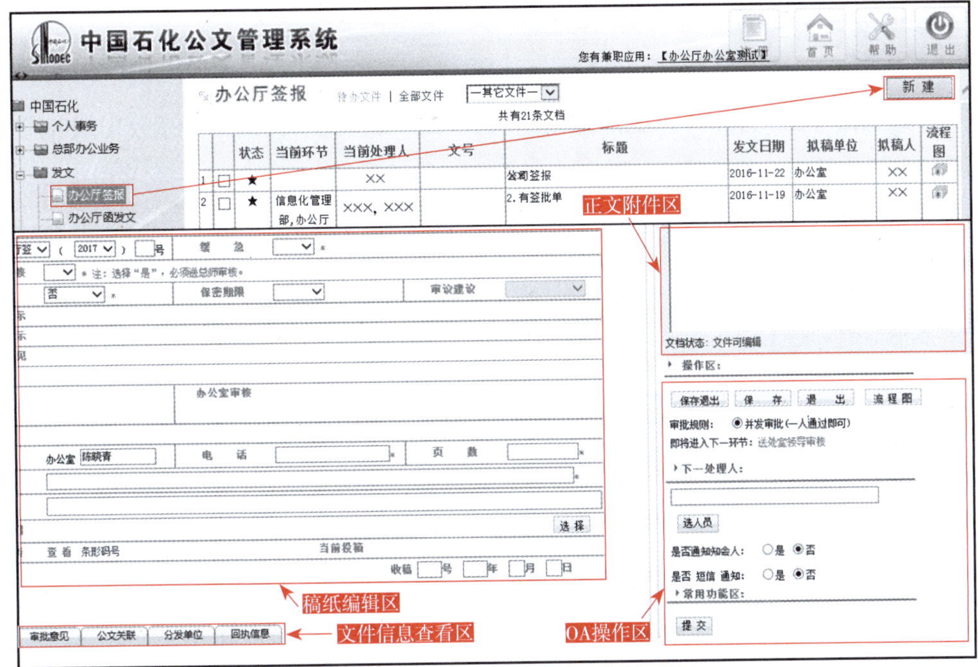

图33

2. 部门审核。

签报审核与发文审核方式相同，完成签报部门内部审核流程后在去向选择“送办公厅审核”由办公厅审核。（图34）。

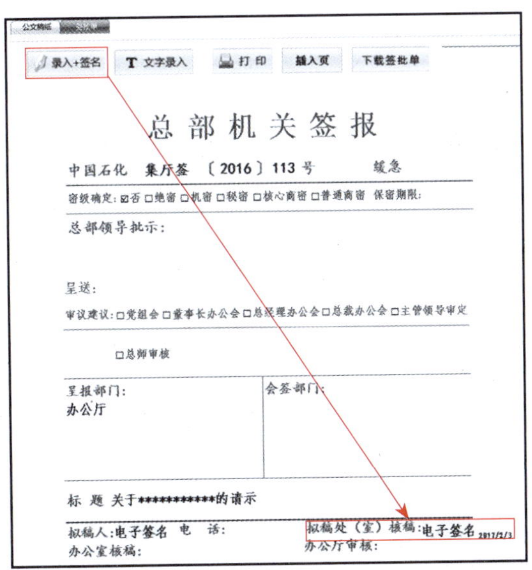

总 部 机 关 签 报

中国石化 集斤签 〔2016〕113 号 缓急

密级确定：☑否 □绝密 □机密 □秘密 □核心商密 □普通商密 保密期限：

总部领导批示：

呈送：

审议建议：□党组会 □董事长办公会 □总经理办公会 □总裁办公会 □主管领导审定

□总师审核

呈报部门：
办公厅

会签部门：

标 题 关于***********的请示

拟稿人：电子签名 电 话：

拟稿处（室）核稿：电子签名 2017/2/3

办公室核稿：

办公厅审核：

图34

3. 公司领导审批。

① 办公厅呈报总部：办公厅填写“呈送”对象、“审议建议”和相关审核，完毕后点击“呈报总部”，呈报到集团或股份公司收文中，由机要按公司级收文流程送领导签批（图35）。

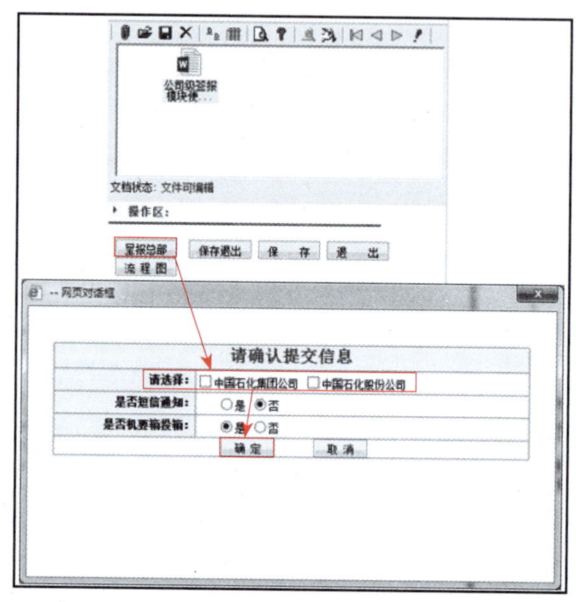

图35

② 机要接收送公司领导签批：机要室以收文方式接收签报登记，按收文公司收文方式送领导签批。

4. 机要将签批结果返回呈报部门。

领导签批完毕返回机要室后，由机要点击“反馈领导批示”将签报返回呈报部门（图36）

总部机关签报处理单

收文编号	2016 - 6	来文日期	2016-11-03
来 文 号	中国石化集厅签（2016）113号	分 类	签报
密 级		份 数	1
办文方式	正办 □急办件	限办日期	将领导意见反馈给部门
领导秘书限办日期	时	部门办公室限办日期	时
来文单位	办公厅		反馈领导批示
来文标题	关于***********的请示		

图36

（六）文件查询

每个文件类型管理界面都有文件查区，可使用快速搜索和高级搜索进行文件查询（图37）

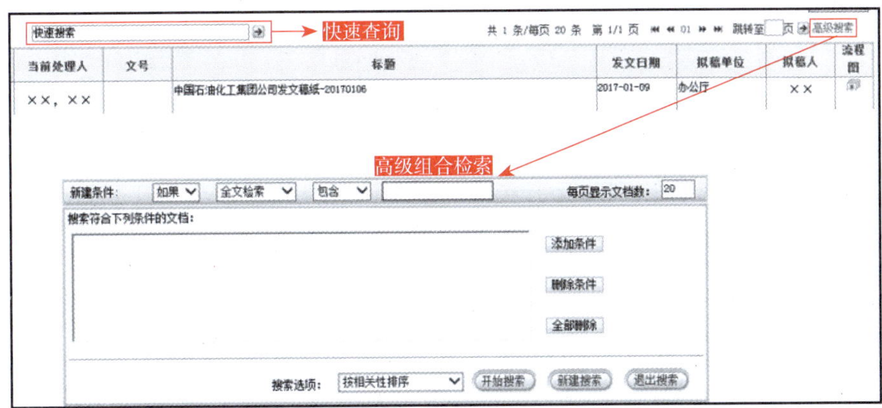

图37

石化总部机关公文管理系统移动办公

（一）安装APP

1. 下载移动应用中心。

扫描移动应用中心二维码，下载中国石化统一的移动应用中心。

2. 下载移动APP应用。

根据自己使用设备下载应用。

① 移动应用中心安装完成后，点击客户端图标：

② 输入您的石化邮箱及密码，登录移动应用中心。登录后可看到名为“总部移动应用（E人E本版）”的应用，点击右侧下载按钮：

③ 客户端下载完毕后选择“安装”即可。

（二）移动端公文审批

1. 公文审批有待办、已办、待阅、已阅四个模块。

2. 点击页面中部公文待办列表名称，可查看待办正文内容（标题为灰的待办为移动端不支持的类型）（图38）：

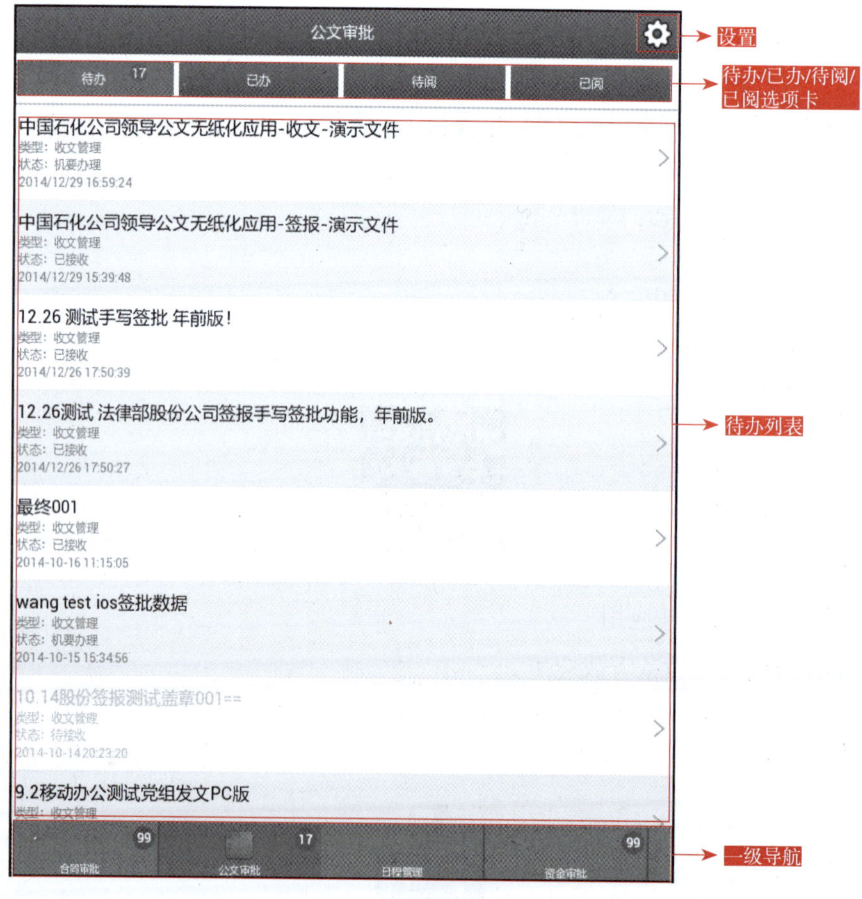

图38

3. 进入待办公文后，页面中显示有签批、正文、详情页面和提交按钮。在签批页面对签批文件进行手写签批（图39）：

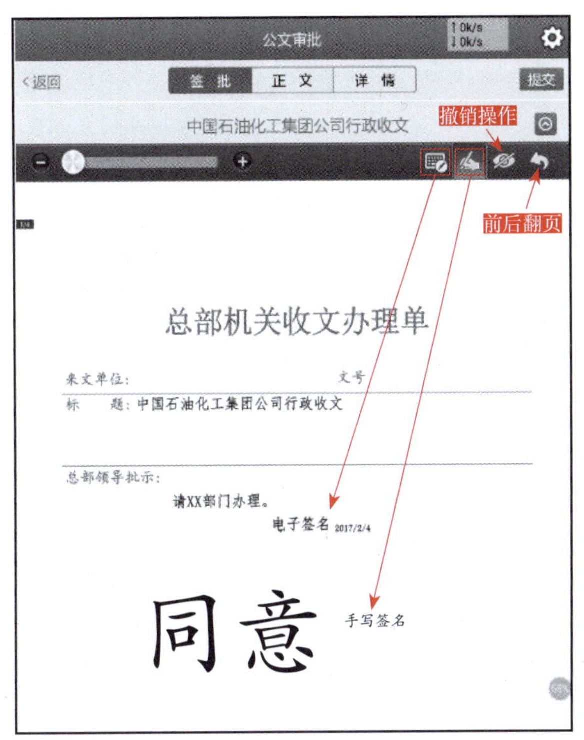

图39

4. 点击按钮，弹出输入框，在输入框中点击按钮，可输入常用审批意见（图40）：

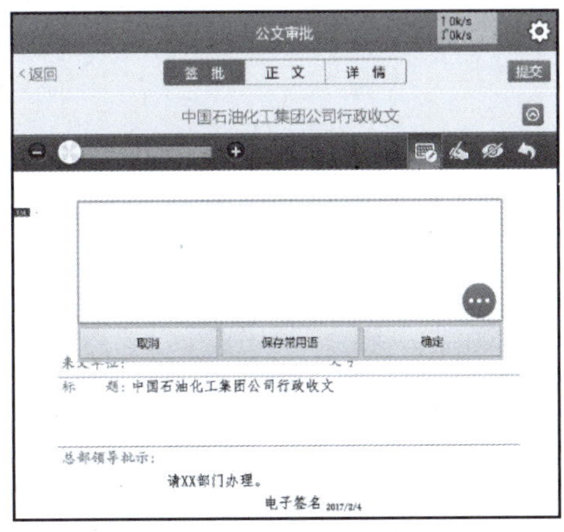

图40

5. 进入待办公文后，点击“正文”标签，可查看公文中带有的附件；点击附件正文时左侧可以滑出附件列表（图41）：

公文审批
↑0k/s
↓0k/s
‹返回
签 批
正 文
详 情
提交
附件列表
3-3-2016年7月份原油资源配置运输...
1---测试文档.txt
2-测试文档.txt
3-3-2016年7月份原油资源配置运输...
3-测试文档 - 副本 (2) - 副本...
4-3-总部公文管理系统运维情况需求情况...
5-3-电子公文培训5.sep
7-3-电子印章线下生成SEP和线上生成...
15-3-测试文件.rtf
1_测试文档.txt
02-测试文档 - 副本.txt
源配置（采购）计划

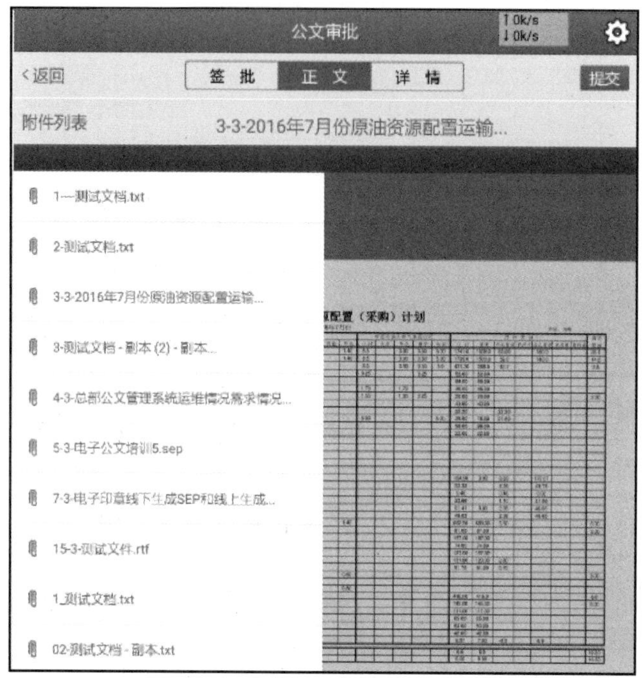

图41

6. 点击“详情”标签，可以查看公文的基本信息（图42）：

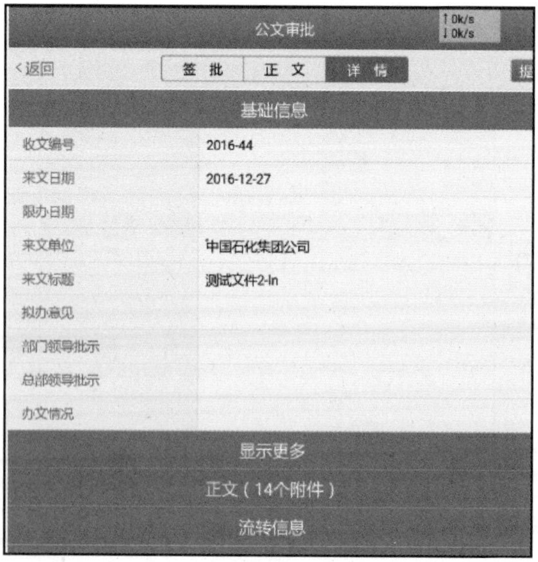

公文审批
↑0k/s
↓0k/s
‹返回
签 批
正 文
详 情
基础信息
收文编号
2016-44
来文日期
2016-12-27
限办日期
来文单位
中国石化集团公司
来文标题
测试文件2-In
拟办意见
部门领导批示
总部领导批示
办文情况
显示更多
正文（14个附件）
流转信息

图42

7. 点击 提交 按钮，弹出环节处理页面（图43）：

图43

8. 点击按钮可选择下一环节处理人（图44）：

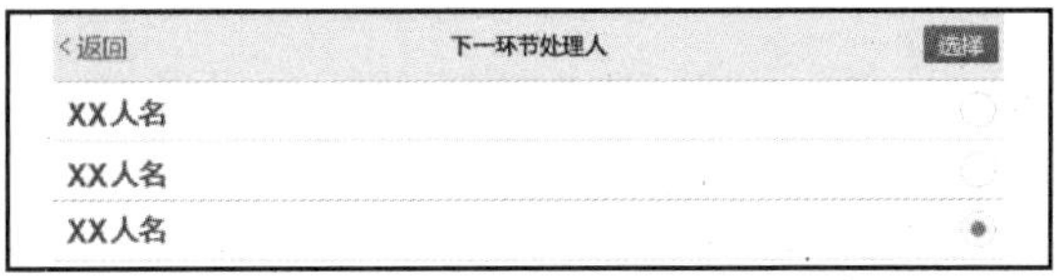

<返回 下一环节处理人 选择
XX人名
XX人名
XX人名

图44

9. 点击“选择”按钮，返回环节处理页面点击“确定”即提交；点击“取消”可回到签批页面。

后　　记

近年来，中国石化总部机关及企业很多同志建议对公文工作进行系统梳理，编写一部公文处理方面的指导用书，以帮助工作人员特别是从事公文办理工作的同志，了解公文处理的基本知识，掌握业务技能，促进公文工作的制度化、规范化、科学化。2016年年初，中国石化办公厅牵头组织，胜利油田、新星石油、镇海炼化、天津石化、扬子石化、浙江石油、石化管理干部学院参加，共同编写出这本手册。

在本书的编写过程中，始终得到了有关方面的热情鼓励和支持。书稿完成后，先后送中国石油、中国海油、中国移动、中国电信、国家电网、五矿集团等单位的同行，以及中国石化总部企业改革管理部、资本运营部、物资装备部、炼油事业部、化工事业部等部门办公室主任、文书人员审阅，马延辉、马广印、孟宪强、于然旺等同志还参与了讨论，审阅和讨论的同志提出许多宝贵的意见建议。中国石化总部人事部培训开发处同志还就培训教材相关业务给予专门指导，石化出版社教育编辑室同志从书稿启动编写到印制发行全程指导帮助。借此机会，向给予我们大力支持与帮助和付出辛勤劳动的同志们致以衷心的感谢！

此外，在本书的编写过程中，我们参考了大量的公文处理有关书籍，限于篇幅不再一一列出篇目和作者，在此一并深表谢意。

由于时间和能力所限，本书肯定存在许多问题和不足，希望读者在使用过程中，发现问题及时与中国石化办公厅文件处联系反馈，以便今后修订完善。

本书编委会

2017年1月